中国社会科学院创新工程学术出版资助项目

乡村治理
制度建设与社会变迁
——基于西部H市的实证研究

周庆智 等著

中国社会科学出版社

图书在版编目（CIP）数据

乡村治理：制度建设与社会变迁：基于西部 H 市的实证研究/周庆智等著.—北京：中国社会科学出版社，2016.6
ISBN 978-7-5161-8494-3

Ⅰ.①乡… Ⅱ.①周… Ⅲ.①农村—群众自治—研究—中国 Ⅳ.①D638

中国版本图书馆 CIP 数据核字（2016）第 146096 号

出 版 人	赵剑英
责任编辑	安　芳
责任校对	李　楠
责任印制	李寡寡

出　　版	中国社会科学出版社
社　　址	北京鼓楼西大街甲 158 号
邮　　编	100720
网　　址	http://www.csspw.cn
发 行 部	010-84083685
门 市 部	010-84029450
经　　销	新华书店及其他书店
印刷装订	北京君升印刷有限公司
版　　次	2016 年 6 月第 1 版
印　　次	2016 年 6 月第 1 次印刷
开　　本	710×1000　1/16
印　　张	23.5
字　　数	398 千字
定　　价	86.00 元

凡购买中国社会科学出版社图书，如有质量问题请与本社营销中心联系调换
电话：010-84083683
版权所有　侵权必究

前　言

　　有关乡村治理的学术研究和政策研究，著述颇丰。但问题是，过于宏大、抽象的宏观理论分析与专注于个别经验的微观研究，以及各种建言献策，似乎不能对乡村治理的经验事实带来多大解释力，也就是说，一方面，学术研究进展不大；另一方面，学术研究与政策研究没有连接，与乡村社会变革之间没有发生某种影响关联。因此，搞清楚乡村治理的现状是什么，从乡村治理的经验事实出发，进行理论和实践的思考，并以此推动乡村治理的现代转型，乃是理论研究的实验性与社会变革的实践性的统一。

　　改革开放以后，乡村社会治理基础发生了结构性的变迁。一方面，治理主体多元化，除了政府，还有基层群众自治组织、基层市场体系、社会组织等；另一方面，政府与社会、政府与市场的关系也发生了改变。最大的变化，就是过去威权治理体系的不断弱化，乡村社会公共空间不断扩大。然而，分化和多元并没有带来基层政府治理规则的变革，并没有使基层政府改变传统的管制社会规则和威权治理模式。

　　本研究对乡村治理的阐释放在国家与社会关系的视角上。笔者认识到，目前乡村治理研究似乎不太介意乡村社会变迁如何影响国家权力，或者说，与国家权力的互动关系，对乡村治理的现代转型究竟意味着什么。反过来说，不能依靠没有经验依据的想象来规划乡村治理的未来，尤其不能把国家权力排斥在乡村之外。站在现实的基础上来检讨乡村治理和乡村研究的价值，也许更有意义。事实上，在当前的乡村治理中，一直难以辨识国家权力与社会的边界在哪里，亦即官治与民治的界限在哪里，这也是中国乡村治理体制转型的关键问题所在。国家权力体系与社会自治体系之间规则不明，且国家权力可以任意进入社会领域，社会主体性不存在，社会自治空间非常狭窄。从国家权力与社会变迁的关系中，也许能够更深入地观察当前乡村治理转型面临的挑战和问题。论述难免挂一漏万，但本研究的立论建立在经验和实证上，而且，笔者也深知对经验材料的阐释取决于研究者的立场和角度，并不存在哪一种解释是正确或错误的价值评判，本研究只是试图接近经验事实的本质并给出逻辑因果关系解释，如此而已。

当今乡村治理面对的现实是，基层权威治理的一元化与社会结构的多元化之不适应、分歧、矛盾乃至冲突所带来的失序和失范的治理秩序。在分析乡村治理发展上，这是一个基本的出发点。同时，乡村治理是一个整体，第一，无论是行政关系或是经济社会关系，乡（镇）与村是一个生活共同体和经济社会文化共同体。尽管在研究单位上，可以做出"理想型"的划分，但这只是为了分析的方便。第二，在国家行政体系当中，乡镇政府是国家行政体系的一级，所谓乡镇治理制度异化，也只是国家体制的副产品，也就是说，乡镇政权并没有脱离国家体制控制，它一直是国家行政体系的一个层级。而在乡镇治理体制中，村只是乡镇的下属一级，后者没有自治和自主的公共政策领域。第三，乡村治理的主体有政府、村庄、社会、公民个体等，乡镇政府的治理基础和治理对象就是乡村社会，或者说，作为公共组织的乡镇政府，代表国家权力与乡村社会发生关系，而这种关系主要集中在公共产品供给与公共服务领域方面。

乡村治理问题的根源在于体制，在于体制的权力运作逻辑和实现方式。反过来讲，不从体制上思考乡村治理的转型，就不可能进行一系列制度化机制建设，也不可能让基层政府行为建立在法治基础的框架之内。这是问题之一。问题之二是，关于乡村治理的理论研究和政策研究是否能够真正与乡村治理结合在一起。现实的情况是，乡镇政府成为学术界所指的矛盾和冲突的源头，乡镇政府是在执行国家的政策，它没有也不可能脱离国家控制，不仅如此，乡镇因为国家的政治、财政支持，不断获得深入乡村社会公共领域的能力和效率。然而，面对这样一个现实，许多理论研究是把乡镇政府描绘为一个可以随意游走于体制内外的怪物——"地方法团主义""地方政府即厂商""地方性市场主义""村镇政府即公司"等。不能把乡镇政权放置在整个国家体制当中来进行恰当的思考，这妨碍了对乡村治理的完整研究，事实上，乡镇政权受到的政治和行政约束是制度化和秩序化的，而且它自身的权力就不完整，它只是整个国家体制的一个环节而已。

乡村治理变革的关键在于基层政府治理的民主化和法治化。今天乡村治理的现状之形成，根源在于基层权威，变革的主导方也在于基层权威。这个基本事实可以从如下方面理解：第一，一元化的权威治理之存续，有两个制度保障条件：一是经济社会一体化；二是政府或国家垄断资源和资源配置方式。第二，经济社会结构已经发生结构性变化，但基层权威并没有做出适应性调整，不仅如此，还在不断地强化旧体制与旧结构，这使得基层权威成为乡村治理的矛盾和冲突中心。

没那么容易就能够在制度上建构国家、社会组织、村民三者合作互补的共治关系。由于历史因素和现实制约条件，在基层治理实践中，如何在制度上厘清和区分不同主体的权力、责任和能力。这不仅是一个理论问题，更是一个实践问题。事实上，乡村社会结构的变化，带来了治理的新问题，使得传统基层治理体制面临挑战，但新的治理结构的出现或形成是社会分化和社会整合的结果，也就是说，新的治理结构是社会力量博弈的结果，乡村社会治理变革取决于政府能不能调整自己的治理观念和治理思维及方式，更取决于新的社会力量的成长能不能确立在现代法治化基础之上。

另外，乡村治理关系与基层研究分析单位毕竟不是一回事，前者主要关注基层不同的治理主体之间的关系构成情况；后者涉及的只是研究分析单位的解释力问题。认识到这一点，在思考乡村治理上，我们可以做到学术研究包括政策研究与乡村治理实践的某种关联，甚至成为相互促进的关系。这样，我们就可以避开一些学理上的争论或困扰，使学术研究和政策研究的结合可以直接进入乡村治理实践的社会关系结构情景当中。

本书是中国社会科学院政治学研究所"政治发展与地方政府治理现代化研究"项目组对西部某市所做的田野调查和问卷调查的研究成果。本书的叙述结构、篇章安排及全书统稿由周庆智完成。本研究由周庆智、韩旭、郑建君、李国强、王少泉、程文侠、柳楚佩等项目组成员完成。本研究得到了 H 市党政机关、干部和当地群众的大力支持和配合，他们包括市委组织部、H 市政府、市民政局等相关职能部门，以及各县乡（镇）政府、乡镇干部、村委会、村干部和村民等，参与机构和人员众多，恐有疏漏，在此不一一列出他们的名字，重要的是，他们都为本研究的完成做出了贡献。

周庆智
2016 年 2 月

目 录

导论 …………………………………………………………（1）

第一章 乡村治理：国家权力与乡村社会变迁 ……………（21）
    一　乡村治理结构 ………………………………………（22）
    二　乡村社会变迁 ………………………………………（27）
    三　制度建设：政策与推动力 …………………………（34）
    四　乡村治理转型 ………………………………………（38）

第二章 乡（镇）、村关系：权威治理及其结构形式 ………（43）
    一　治理结构及形式 ……………………………………（43）
    二　"行政权支配社会" …………………………………（52）
    三　权威治理机制与实现形式 …………………………（58）
    四　乡（镇）、村治理的影响因素 ………………………（78）

第三章 乡镇治下的村民自治 ………………………………（82）
    一　村民自治 ……………………………………………（83）
    二　村党组织领导下的村民自治 ………………………（89）
    三　村民自治与压力型体制 ……………………………（98）
    四　村级党建 ……………………………………………（105）

第四章 社会公正与社会发展：乡村社会保障体系……（114）
  一 乡村社会保障体系的结构……（115）
  二 乡村社会保障的影响因素……（128）
  三 乡村社会保障服务的"落实"途径……（134）
  四 现行乡村社会保障的三个缺位……（138）
  五 社会保障与乡村治理现代化……（144）

第五章 地权与治理……（150）
  一 土地流转：模式与阶段……（151）
  二 政府：土地流转的主体……（158）
  三 农户、私营部门、村组：土地流转的参与主体……（162）
  四 "四位一体"：土地流转趋向……（170）
  五 土地流转与乡村经济社会发展……（175）

第六章 农村权威……（179）
  一 乡政村治……（180）
  二 传统与现代……（187）
  三 治理行政化……（208）
  四 农村权威与社会基础……（223）

第七章 乡村秩序：国家与社会关系视野中的维稳体制……（228）
  一 乡村维稳二十年……（229）
  二 压力型考核……（236）
  三 精细化管理……（242）
  四 布点式防控……（248）
  五 "硬壳秩序"及其悖论……（254）
  六 法的秩序：国家与社会关系的变迁……（261）

第八章　乡村治理的现状与发展趋势
　　——基于问卷调查的实证分析……………………（269）
　一　乡（镇）村关系 ………………………………………（271）
　二　乡（镇）村关系的现状 ………………………………（271）
　三　乡（镇）村关系的发展趋势 …………………………（276）
　四　村民自治 ………………………………………………（279）
　五　农村社会保障的现状及其满意度影响因素分析………（290）
　六　土地制度改革 …………………………………………（305）
　七　乡村秩序的现状与发展趋势 …………………………（316）

第九章　公民权与乡村治理的现代转型 ………………（326）
　一　公民权与乡村治理变迁 ………………………………（327）
　二　权威治理下的农民权利 ………………………………（331）
　三　基层社会改革：制度建设与公民权利保障……………（336）
　四　多元权利主体共治的制度化、民主化与法治化………（340）

参考文献 ……………………………………………………（344）

附录　农村地区社会经济发展情况调查问卷 ……………（357）

导　论

一

考察 H 市乡村治理，是集中考察生活当中的乡村治理是怎样的结构和形态。尽管 H 市地处中西部，经济社会发展水平后进，但与东南部发达地区的基层治理比较，在一元化治理的结构和制度上，没有什么本质的不同。也就是说，前者的一元化治理结构几乎没有发生任何有意义的变化，后者只是一元化治理结构因应经济社会的变化做出了一些适应性的调整而已。实际上这个区别没有什么理论上的意义。也就是说，乡村治理的主导力量是乡镇政府，在这方面两者没有任何本质区别，社会结构上的不同，只是表现在社会多样性与利益群体多元化上。

乡村治理不只是一个制度法治化问题，也是一个制度变迁问题，后者甚至更具有本源意义，因为制度的适应性植根于民族性深厚的历史文化资源之中。"一个国家虽然可以建立一个自由的政府，但它没有自由的精神。片刻的激情、暂时的利益或偶然的机会可以创造出独立的外表，但潜伏于社会机体内部的专制也迟早会重新冒出于表面。"[①] 因此，从基层正式制度变迁层面上，来思考基层治理从传统向现代的转变及其复杂性和适应性问题，事实上是一个"现

[①] 托克维尔：《论美国民主》（上卷），商务印书馆1988年版，第67页。

代性问题",而且这个问题从来都是一个不见得有什么共识但又非常值得深入阐述的问题,因为这是治理现代化的应有之义。

把基于西方制度文化和法治文化之上的治理理念,直接适用到中国的政府治理和社会治理的实践上,不是一个有意义的问题,原因是:任何国家的治理都是基于本土的历史文化资源上,任何国家的治理都是基于传统和历史之上的治理,换言之,任何的治理都不可能是某一种模式的翻版,也就是说,治理是"地方性"的——民族的、地域的、地方的,治理面对的只是地方性的事实,但它并不否认另一个事实,即治理对制度建构具有一般性意义。换句话说,相对性是指治理的地方差异性,但治理基于一般性的制度意义之上。

对于乡村治理现代化的讨论,本书是在这样一个意涵上展开的,即乡村治理现代化是指传统治理向现代治理转型过程中,发生的制度变迁或转化,这包括现代权威的建构、政治参与的扩大、国家与社会关系的权利意涵等方面的内涵。因此,本书把乡村治理现代化的讨论集中于基层制度变迁或转化上,试图阐述基层治理发展从传统走向现代转化的一般逻辑和一些制度变革的形式,以及现实制度发展中的传统变异,并分析植根于历史文化资源中的乡村治理体系现代化的历史基础和现实条件。

从某种意义上讲,中国的现代性始于近代以来的政治现代化过程,现代政体不同于传统政体的特征主要在于它的权威的合理化、分化(职能)的结构、大众参与——所谓理性化的标志——以及随之而来的实现广泛的目标的能力。历史地看,对基层治理而言,这个政治现代化的进程直到今天还在进行之中。

在讨论中国现代国家形成与现代性构建关系时,孔飞力所著《中国现代国家的起源》一书从中国历史文化资源出发,试图从中国个案思考具有现代民主国家建构的普遍意义。他的知识关怀和价值关怀有别于西方中心主义论者,那就是"在破除一种视中国人无力实现自我转变而只能依靠西方引进现代化的偏见的同时,我们是否无意中又对中国历史形成了另一种偏见,即中国历史上只有那些已由西方历史所界定的导致现代性的变化才是值得研究的重要变化？"① 孔飞力是从中国现代国家形成与现代性构建关系的思考来把握中国政治发展的，从这个立场出发，我们能够把孔飞力的思考角度和叙事方式放在一个讨论中国现代性的恰当位置上。

贯穿于孔飞力著作中的一个主题，现代国家建构的展开是在政治参与、国家对社会的控制以及国家与地方的关系上。而他关注现代性的"中国经验"，是要发掘它的特殊性之中所包含的同中国自身的历史文化资源及其内在逻辑相通的普世性价值和意义。这不仅蕴含着世界对于中国"现代性"构建的影响问题，也涉及了中国的经验和经历对于世界范围现代性构建——亦即作为普世性进程的现代性构建——的意义和影响问题。这个问题意识和知识关怀，使他的讨论跳脱了西方中心主义偏见。

孔飞力以政治参与、政治竞争、政治控制为主轴，将中国现代国家形成及发展的建制议程归结为三组相互关联的问题或矛盾：第一，政治参与的扩展与国家权力及其合法性的加强之间的矛盾；第二，政治竞争的展开与公共利益的维护和加强之间的矛盾；第三，国家的财政汲取能力同地方社会财政需求之间的矛盾。他认为三组问题跨越了朝代鼎革之大变一直存在到帝国晚期，并在帝制崩溃后继续成为20世纪中国现代国家构建时的基本问题。孔飞力分析了晚清现代政治的走向及其失败，也分析了建立现代政治制度的成功及其排斥现代政治的地方，对比晚清与新共和两次现代政治的实践，可以看出现代政治的矛盾之处。现代政治一方面需要扩大政治合法性的基础；另一方面扩大政治参与的目的是建立强大的现代性政治国家，两者在中国被视作手段与目的。②

上述讨论与中国学者运用"国家政权建设"（state-making）的视角来分析中国现代国家构建问题具有契合的地方。从国家政权

---

① 柯文：《在中国发现历史》"新序"，《历史研究》1996年第6期。
② 孔飞力：《中国现代国家的起源》，生活·读书·新知三联书店2013年版，第5—37页。

建设的视角看，中国的所谓"国家政权建设"乃是由外部压力促成的"历史的惯性"所致，它要解决两个非常迫切的问题：一是社会监控和动员能力；二是国家财税汲取能力。至于明确民众权利以及与国家的权利关系（这是"国家政权建设"的内涵之一），则不为传统和现实所支持，也不那么要紧。新的治理原则——国家与社会的权利关系、公民权利的法律规定等——既没有历史的基础，也没有现实的条件。在此，所谓"国家政权建设"乃是国家至上主义主导的现代化过程。强制性的权力比基于民众同意的税制和规范各种权利关系的法律构建，来得更实在、更有效、更可信。

具体来讲，近代以来以国家权力为中心的基层社会权力结构的重组过程——如税制的改革、基层政权的建立、社会和教育服务等职能的履行，是中国现代国家建构历程的起点。与现代国家建构互为表里，基层政府治理现代化一直与一个有深厚历史渊源的势力在博弈，这个势力就是与国家争夺财税的"中介势力"——胥吏、土豪劣绅、地主等。而近代以来的基层政府治理现代化（它是国家权力强化的必然结果），就是加强国家的财税汲取能力和社会动员能力，但帝制晚期的制度改革没能铲除中介势力，而民国不断向下推进的基层政权"官僚化"（乡镇机构设置）建设带来的却是国家政权"内卷化"（即"经纪化"）。士绅势力退场之后，在场的却是"掠夺性经纪人"，它败坏了国家试图构建的权威统一，恶化了国家与农民的文化联系。其结果，现代国家的税制和规则不能贯彻到底，包括基层政权组织在内，国家政权的公共性规则不能确立下来。

中国共产党通过土地革命彻底埋葬掉这个中介势力。新政权在致力于公民权利和规范的法律构建——事实上是一种大众政治的做法——的同时，是将更大的国家力量投入国家现代化——汲取财税和社会控制能力——的建设上。也就是说，新政权的建设目标：把社会组织起来，加强社会监控和动员能力和国家财税汲取能力。换言之，它没有把政权建设的目标确定在国家与公民之间（基于各种权利配置规则）的现代关系构建上，进一步讲，发生在中国的国家政权建设并没有朝着构建现代宪政秩序的方向去努力。在权威主义国家观念的主导下，以不同级别的政府之间的管辖权的分割为表征，国家权力向基层渗透与集中只是为了更便于从乡村汲取资源，构建"全能主义"①的政治统治而已。

亨廷顿认为，进行现代化的国家，首先是树立权威和积累权力，即一个有强大的权力和权威的政治体系是避免国家陷入动荡和混乱的第一功能——政府控制其人民，然后才能建构起第二个功能——政府控制其自身。反过来说，如果不能完成第一种功能，那么第二种功能就无从谈起。国家权威的建构是现代性的第一步，接下来才是赋予政府以现代性——组织化达到了一定水平的政府建立在自由和公平选举的基础之上。这个现代性建构的逻辑是"人们可以有秩序而没有自由，但他们不能有自由而没有秩序。必须先有权威，然后才能对它加以限制"②。从这个逻辑出发，现代性的建构是必须确立在国家权力能够提供有效的权威的基础之上。③ 至于是否完成民主化和公民与国家关系的现代建构，恰好应该包括在随后进行的现代性建构过程之中。亨廷顿认为政治现代化的内容主要有三个方面。第一，政治现代化涉及权威合理化，并以单一的、世俗的、全国的政治权威来取代传统的、宗教的、家庭的、种族的等五花八门的政治权威。第二，政治现代化包括划分新的政治职能并创制专业化的结构来执行这些职能。第三，政治现代化意味着增加社会上所有的大众参政的程度。亨廷顿认为，要达到政治现代化的三个标准，必须首先满足两个前提：一是国家适应性能力增强，不断地推动社会的经济改革；二是国家有能力将新生的社会力量纳入制

---

① 在全能主义（totalism）的模式下"政治权力可以侵入社会的各个领域和个人生活的诸多方面，在原则上它不受法律、思想、道德（包括宗教）的限制"。（邹谠：《二十世纪中国政治——从宏观历史与微观行动的角度看》，香港：牛津大学出版社1994年版，第223页。）
② 亨廷顿：《变动社会的政治秩序》，上海译文出版社1989年版，第8页。
③ 同上。

度之内。

总而言之，政治的现代性是权威的政治秩序的建构、民主化、法治化，或者说，现代性的政治框架基本上是植根于权威合法性来源的变迁之中，现代性的特征是传统精英及统治者的传统合法性的弱化，并在意识形态和制度上确立可以说明统治者与被统治者关系的原则，公民权利与国家权力的结构性关系的规范、政治参与的扩大、政治的开放，等等，此乃一个现代国家建构或政治现代化的基本内涵。对于中国国家治理体系现代化来说，除了"拥有强大、灵活和配合密切的政治体制；高效率的官僚机构、组织完善的政党"[①]外，还有一个公民权利的规范和国家与社会现代关系的重构过程要走。这成为中国基层治理现代化的应有之义。

二

从历史上看，新中国成立后，基层治理的发展逻辑是从革命党向执政党的转变。革命攻击一切现存的权力和一切的旧势力，经历新中国成立后的镇压反革命、土地改革等运动，在农村逐步建立起基层权威，恢复了社会经济秩序，为进行国家现代化奠定了前提条件。在建制上，建立新政权，改造旧政权，组织和动员基层民众，参与到新中国的建设上来。

其时，基层政权紧迫的现实目标就是恢复生产为国家现代化积累财富，也就是说，它的目标就是汲取财税和提升社会组织和动员能力。对基层政权来说，就是建构一个高度集权的体制。这个体制以党政一体化为权力基础，以强制性管制为主要管理手段，以权力单一中心和权力运行单向度为治理机制，以政治立场、政治觉悟、政治表现作为任用和评价官员的主要标准。简言之，这是一个政治与行政高度统一治理体系。在这一时期，基层治理强调政治统率一

[①] 亨廷顿：《变动社会的政治秩序》，上海译文出版社1989年版，第1页。

切，一切工作都服从和服务于政治，政治目标成为政府的主要追求。基于此政治取向，执政党和政府以阶级斗争为纲，把一切工作都纳入阶级斗争轨道，突出和强化政府的阶级统治职能，并以发动群众性的革命化运动作为治理的主要形式。进一步讲，基层治理革命化的核心内容，就是基层政权直接占有绝大多数社会资源，并将这种占有转换成权力分配形式。换句话说，基层治理就是以对绝大部分社会经济资源的所有权和强制性的管理权力的结合，对基层社会进行统治的一种权力形式。因此，基层治理对资源的控制——财税汲取能力，驱使其不断地强化、巩固和扩大权力。

从基层政权的建政过程来透视一下上述政治逻辑以及改造旧制度建立新制度——给旧制度赋予现代形式——的建制是如何贯穿于基层治理革命化之中。

第一，行政权威主导的治理体制机制。行政权威治理需要执政党及其政府对社会进行严格管制。管制是一种支配性和强制性的管理，它具有如下特殊内涵：其一，强调整个社会管理系统必须以执政党及其政府为中心，它是社会的决策中心、资源的分配中心，社会中的一切组织、党派、团体和个人都必须围绕它运转，接受它的有关资源的权威性分配。其二，社会中的一切资源、一切活动都必须听从执政党及其政府的指挥，按其设计的理想目标进行安排，把整个社会强行纳入预设的计划体系。其三，控制是此类管理的最高行动准则，整个管理系统无论是机构的设置，还是程序的安排，抑或手段的选择，都是以便于控制为原则进行组织，而不考虑管理对象的便利。为此，执政党及其政府建立了中央、省、市、县、公社五级党政管理系统，而且还编织了一个严密的计划网，从时间和空间两个维度严格规定一切组织和个人的行为倾向和行动路线，告诉公民什么能干，什么不能干，应该干什么以及何时干什么。其四，指示、指令、命令、强制是执政党及其政府实施管理最常见的手段。政府管理依据的不是法律，而是执政党的政策。为了贯彻其意志，执政党频频下达各种指示、指令、命令，并以强制性手段来推行。

第二，城乡基层管理体制。从新中国成立后到人民公社解体前，中国农村相继经历了农村基层政权建构、合作化改造、人民公社政社合一三个阶段。在此历史进程中，国家权力的下移、深入和渗透是农村社会变迁的根本动力源泉，体现的是规划社会变迁的特点。农村土地制度从耕者有其田、土地入股到集体化；农民从个体农业生产经营者到变成公社社员；农村基层政权从乡政并立到政社合一；社会发展战略从新民主主义转向过渡时期，所有这些，都是在国家现代化话语下进行的。国家权力对农村社会的深入、渗透和强制性动员，使得有限的社会资源和各种不利因素得到调动和克服，走社会主义道路成为农村社会的主流和强势话语。在此总体性社会语境下，农村社会结构、社会关系，农民的行为方式、价值观念发生了根本的变化。但是，以政治动员、运动为手段的国家权力的强化，并不能从利益上把农民连接起来。国家权力的下移、深入，是与农村社会的低度整合、城乡关系的失调和农民利益的被剥夺相伴随的。因此，人民公社体制转向后公社体制，就有一种制度变革的必然了。

第三，户籍制度——一元化治理体系的社会结构性条件。户籍制度是指通过各级权力机构对其所辖范围内的户口进行调查、登记、申报，并按一定的原则进行立户、分类、划等和编制。以此作为掌握人口信息、征调税役、分配资源和维护秩序的基础，它是一项涉及政治、经济、军事、文化教育和法律的综合型社会制度体系。与国家工业化的资本积累和计划经济体制、等级社会相适应，户籍制度有利于社会的稳定和管理，也就是说，户口簿不仅成为一种身份的体现，更是一种资源享有权的确认。因此，户籍制度造成公民在事实上的不平等根本原因是户籍制度承载了太多的附加功能，而且，它的功能定位趋向于管理型，而不是社会自主的发展。进一步讲，现代化必须指向的民主权利的构建和确认与之不和谐甚至是对立的，比如利益表达的诉求、政治权利的要求、经济权益的保障，都与威权主义的国家政权建设目标不能调和。以控制公民自由迁徙为基本特征的户籍制度，把全体公民人为地划分为不可逾越的"农业户口"和"非农业人口",城乡壁垒日益森严,二元社会结构也逐步形成。也就是说,这个制度造成了城乡分割,强化了中国的二元结构。不仅如此,由于在传统的户籍制度下,社会也被分成完全不同的两个群体,形成了所谓的"城里人"和"乡下人"的身份区别。这个户籍制度有利于"城市剥夺乡村"的国家财富积累方式,但它也成为国家的经济社会发展的障碍。新中国成立以来,农业始终是为工业化提供积累的主源,国家通过对农村的一系列制度,大量转移农村财富。简言之,户籍制度最根本的目的就是国家财富的积累和强制禁锢起来的社会秩序。

新中国成立以来,基层治理经过1956年的工商业社会主义改造和1955—1958年的合作化、集体化运动,国家与经济的关系发生了巨大的变化,国家通过各种手段占领了大部分社会领域,社会不再拥有能够自由地、真正地为其代言的机构和组织,可以说民间社会已不复存在。[①] 这也被概括为"总体性社会",意指"社会的政治中心、意识形态中心、经济中心重合为一、国家与社会合为一体以及资源和权力的高度集中,使国家具有很强的动员和组织能力"[②]。这种社会具有以下一系列特征:社会动员能力极强,可以利用全国性的严密组织系统,动员全国的人力、物力资源,以达到某一国家目标,特别是经济建设、争夺项目和应付危机;缺乏中间阶层的作用,国家直接面对民众;社会秩序完全依赖于国家控制的力度,当国家控制受到削弱时,社会具有一种自发的无政府、无秩序倾向;社会自治和自组织能力差,中间组织不发达,控制系统不完善;全部社会生活呈政治化、行政化趋向,社会的各个子系统缺乏独立运作的条件,支配不同功能系统的是同一运行原则;换言之,总体性社会是一种社会高度一体化,整个社会生活几乎完全依靠国

[①] 邹谠:《二十世纪中国政治——从宏观历史与微观层面看》,香港:牛津大学出版社1994年版,第206—224页。

[②] 孙立平:《转型与断裂——改革开放以来中国社会结构的变迁》,清华大学出版社2004年版,第1页。

家机器驱动的社会。[1]

三

改革开放以来,基层治理的经济社会结构发生了巨大变化,利益群体的分化、社会分层展开、社会的多元化和多样性,给基层治理带来前所未有的挑战和压力。上述变化是在这样一个治理结构发生改变的条件下开始的:乡村已不再是政权组织,1986年推行开来的村民自治使村落重归以家庭为主体的在国家正式制度之外的自治状态中。换言之,这个变革并不意味着国家正式制度不再介入乡村生活,事实上,国家的正式制度安排是要依靠乡村自生的秩序力量来将乡村社会纳入国家体制当中。从另一个角度讲,国家与社会关系进入了一个重塑过程之中,政治控制的放松,市场经济活动带来的解构力量,使得与国家权力相对的社会权力有了成长的制度空间,国家与社会正在寻求一种新的结构平衡关系。

上述变化与基层治理直接相关的方面大致分为以下两类:其一,社会动员。由于文化、教育、交通的发达、大众传播媒介的敞开,以及城市化的结果,以往的社会、经济、心理上的信条被侵蚀甚至粉碎,人们的社会化和行为模式——看法、价值观和期望——发生改变。其二,经济发展。经济的发展表现为人均国民生产总值、工业化的水平,以及通过预期寿命、热量摄入、医院和医生的配备等指数测定的个人福利等。"社会动员涉及个人、集团和社会的抱负的变化,而经济发展则涉及个人、集团和社会的能力的变化。"[2] 这两方面的变化促成基层治理制度层面的变革的现实条件。

三十多年来的市场经济改革,经济发展促进了分工与合作,促

---

[1] 孙立平:《转型与断裂——改革开放以来中国社会结构的变迁》,清华大学出版社2004年版,第1、31页。

[2] 亨廷顿:《变动社会的政治秩序》,上海译文出版社1989年版,第37页。

进了社会的分层和分化。这些变化不仅表现为整个经济活动的产出与增长，而且更表现在利益群体的多元化，维护权益的意识越来越表达得非常清晰，财产权的意识深入人心。市场经济的不断发展，使得限制人口迁徙和流动的户籍制度变成进一步发展的障碍。不仅如此，二元结构下的公民身份与经济平等的要求变得不能调和，而且激起伸张公民权利的意识。更重要的是，经济的发展并没有促进社会的整合，相反，社会对立和冲突愈演愈烈，比如群体性事件、各种维权事件的不断发生，等等。

从某种意义上讲，改革开放三十多年来的经济社会发展，对传统的基层治理发展出相当的解构力量，那就是，传统的治理理念和治理方式已经不适应多元化的经济社会结构的变化。简单地说，价值观的多元化，使得依赖于意识形态的统合力量和权力强制性的管制方式，已经基本失去作用。人们关注自身的利益，而不能从传统的忠诚和服从当中获得期望的好处。个人主义、利己主义，越来越获得正当性，而所谓的集体主义则逐渐退出人们的精神和物质生活当中。

在基层经济社会结构变化的同时，基层治理的政治逻辑和治理方式没有发生实质性的改变。事实上，迄今基层政府（县乡）的治理观念和治理方式没有发生多大改变，尤其在广大的中西部地区，基层政府采取的一贯做法仍然是行政权力的控制和主导方式，基层群众自治组织只具有程序上的意义，自主性的社会组织几乎不存在。而发达地区只是行政权力的一元化治理表现得不那么强势而已。简言之，一元化的权力治理结构没有实质性的改变，而基层政府一直在沿着传统的汲取财税和社会动员的功能和治理方式的路径走下去，如果说有什么改变，那就是借助现代科研手段（比如"社区网格化"管理）以强力渗透的方式不断地巩固和强化传统的权威结构和功能取向。

1. 权力与资源关系的变化。之前，计划经济的难以为继在于没有市场的资源分配证明无法"满足最广大人民的需求"。三十多年来的市场经济改革，与之前比较，基层政府的政策领域范围日益扩大，资源及决策权方面集权化程度更高。它控制了所有的资源以及掌握分配资源的权力。从金融开始，贷款权、资源权，行业进入的特许权，在经济产业上游，设置了各种各样的门槛，民营企业聚积在产业中游和下游部分，需要越过一道道门槛，才能获得这些资源。这样的权力性质驱使它不断去获得尽可能多的资源，以应付不断增长的机构和官员。然而，这个权力结构本身是不受制约的、专权的结构，它对自身权力的所有改革都不能触及它的根本，它陷入了它自己设定的陷阱里——权力寻租的网络当中。韦伯说，掌握资源意味着控制权力，在这个意义上讲，资源在多大程度上集中，权力就在多大程度上集中。控制资源，以获得更大的权力，这就是基层政府治理的核心所在和利益最大化的地方。

2. 财政与经济发展。财政问题是治理的核心。理论上，市场经济的发展，客观上要求政府必须承担两项基本职能：一是服务于市场，即为市场经济创造安定的政治环境，实行稳定的经济政策，建设必要的基础设施和较健全的服务体系；二是调控市场，即根据各地具体情况，运用经济、法律和行政手段，有效地对市场活动进行调控，保证社会经济有序而均衡地发展。这种调节和服务集中体现在税制上。但对基层政府而言，税制只具法律工具意义。政府是在征收和使用自己的钱，跟纳税人没有什么直接的关系，纳税人的权利无从谈起。这是一个"习惯于用别人的钱来讨论自己开支"的税制。而代表人民的代议机构——人大，则只是赋予执政者的税政意志以法律的存在形式，而不能成为政府与纳税人利益进行交涉与协调的场所。简言之，这个税制并没有把纳税人作为税收法律关系的主体。在财政本质上，它是国家财政——以经济增长（GDP）为目标，而不是公共财政——以满足社会公共需要为目标，前者专注于国家财富的积累，后者的重心在社会福祉。因而，作为基层政府治理的核心，这个税制基本无法体现现代政府治理的法治意义。

3. 一元化治理方式。传统的基层治理逻辑是发展能够解决一切治理问题，它的实现形式就是 GDP 至上。这个经济发展的政治意义是，如果不断增长的 GDP 令国家富裕起来了，那么作为个体的人民也会富裕起来。在这样的政治逻辑支持下，一切治理问题都是围绕着 GDP 的增长，每一个公民都是 GDP 的税源，阻碍 GDP 增长的一切治理问题都必须予以清除之。在这样的治理思维主导下，基层政府的治理方式依然是传统的财税汲取与社会动员和控制能力的强化。（1）权力主导方式。举凡国企、民企、公民个人的经济行为，无不在权力的覆盖之下。一句话，经济领域的行动者都处于权力制定的规则和运作方式之下行动，这样，在造成自身腐败的同时，它把市场上的所有竞争者都置于不平等和不公平的位置上。它不仅强迫而且诱使竞争者进入它的寻租网络之中。要之，经济秩序的维持和获得是权力获取财富的基本条件。（2）资源汲取。几乎所有的县域经济发展数据，都表明了这样一个事实：财政收入的不断攀升、GDP 不断提速的百分点，而民生的投入则相当不成比例。近十年来，基层政府为加强执政的社会基础，施政时一直尝试以社会政策为重心。它表明，合法性与社会福祉的关系，比 GDP 产值更加重要也更实在。但问题是，基层政权体制并不是确立在这样的公共性之上。（3）加强体制力量。这包括三个方面：一是使基层群众自治组织成为体制内的力量。二是装备传统的体制力量，比如挂靠政府的社团组织、工青妇组织，进而发展出所谓"网格化管理"（如苏州、昆山）、"平安协会"（如新泰）所整合起来的体制触角，等等。三是对体制外的社会力量进行分而治之，使其分享体制的红利，认同体制，进而为体制服务。（4）参与的限制。多年来，社会组织不断涌现，不计其数，但这类社会组织的自主性与自主性禁不住考验，或被收编或被翻新改造，大多成为体制的一部分。而那些浮出水面或者没有浮出水面的社会组织，因其不容置疑的自主性与促进性特质而不被体制所容纳。（5）维持稳定成为政府的负资产。逐渐完备的所谓"维稳体制"正在吞噬着市场经济改革带来的繁荣、正在侵蚀着社会竞争活力。

概括地讲,促成现代性转化与经济社会的结构性变化几乎是"不经意"间发生的,要辨识出某种因果关系并不容易,也没有意义。但突出的解构力量一定是经济制度的推动作用,随之而来的社会变迁,以及反映在日常生活中的价值层面之上。进一步讲,改革开放三十多年来,带来了经济制度的转轨、社会结构的转型、带来了利益的多元化、社会的多样性。但是,一方面,在传统的政治统治思维惯性主导下,基层政府行政权仍然发挥着资源配置的功能,在几乎所有的经营性和竞争性领域里发挥着主导性作用。也就是说,社会主义市场经济下的资源配置机制,仍然是以行政权作为资源配置方式,而不是以产权作为资源配置的方式。另一方面,尽管从1979年改革开放之前的社会控制到改革开放以来的社会管理再到现在的社会治理,其进步是巨大的,但是,基层政府行政权管控社会的思维以及传统的社会管理方式几乎没有发生多少实质性的变化。

四

对基层治理而言,经济社会结构的变化可能会导致两个结果:一个是社会动员的广泛发展导致体制毁坏的结果,造成社会动荡不已;另一个是政治体制与经济社会体制的适应性发展,促使基层治理向多元民主治理的方向转化。前一个结果是由于没有建构起具有共同性基础的、足够强大的权威所导致的;后一个结果是由于传统的权威对行将破坏早先共同性基础的社会和经济变化做出的适应性制度变革的结果。[①]

一般来讲,实现经济发展,继而实行社会改革,而政治稳定将是前者一种自然和必然的结果。但实际上,经济发展和政治稳定是两个相互独立的目标。一项目标的进展同另一项目标的进展并无必

---

① 亨廷顿:《变动社会的政治秩序》,上海译文出版社1989年版,第1—9页。

然的联系。在某些情况下，经济发展计划可能会促进政治稳定，而在另外的情况下，经济发展计划可能会严重破坏政治稳定。同样道理，某些形式的政治稳定可能激发经济发展；而另一些形式的政治稳定又会阻碍经济发展。① 这概括的是政治现代化过程当中的结构性因素在其中所起到的作用，也表达了现代性困境的一般含义。

对这个所谓的现代性困境，一直以来，成为中国学者思考基层治理变迁的主流话语，但大致可以分成两个思考方向和逻辑：一个是站在维护现行体制的角度来思考；另一个是学者的经验论述。然而，两者面对的是同一个问题：基层治理必须做出适应性变革，避免基层政府陷入治理危机当中。

张静在其《基层政权：乡村制度诸问题》一书中，讨论了中国乡村社会的权力分布、角色性质及其与国家政治的关系，阐释单轨政治下基层政权的不稳定结构，并用此解释乡村冲突的结构来源和政治后果：一方面，基层权威道德的、管辖的合法性下降，以其为中心的社会整合变得越来越困难；另一方面，其离间社会和国家之联系的作用越来越明显。张静认为，当代中国乡村社会中存在的授权来源和国家政权建设中存在这种"治理矛盾"：一方面，为协调基层冲突和政治稳定，它不得不采用各种方法限制基层政权的恣意行为，比如限定税金——规定税金占收入比率的底线；另一方面，国家又不得不依赖基层政权从事发放贷款、实施免税、捐赠、福利和其他管制，这又等于支持了基层权威的合法性，助长了他们的权力。国家于是经常处于尴尬的境地：如果保护基层政权的威信，往往激化了基层政权和社会的利益冲突，如果保护村民权益，有不能不在结果上"损害"基层政权的权力。国家不得不徘徊于两极中间，因事而异，不断弥合基层政权和社会之间出现的冲突。② 事实上，上述"治理矛盾"涉及了当代中国农村政治的一个核心问题：

---

① 亨廷顿：《变动社会的政治秩序》，上海译文出版社1989年版，第6页。
② 张静：《基层政权：乡村制度诸问题》，浙江人民出版社2000年版，第45页。

即中国的基层政治具有二元结构属性,传统社会是"官民共治",而现在则演变为"党政二元",乡村社会日益成为国家权力和民间权威的交汇场所。乡村社会治理的二元结构产生有其内在逻辑:一方面,现代国家建设要从乡村社会中汲取大量的经济政治资源,就必然将国家权力的触角深入乡村,也就是常说的"政权下乡"和"政党下乡";另一方面,乡村社会的治理必须依靠国家权力来维持基本的社会秩序,提供基本公共物品。这样一来,村庄治理组织实际上具备了双重功能:既帮国家办事,也要维护村民的共同利益。因而,执行这一治理职能的村政人物,自然就具有了双重角色:既是国家政权在农村的代理人,又要扮演村庄社区代言人的角色。这样在实际工作中必然会产生角色冲突的问题。之所以存在这一问题,正是由于上述二元结构作用的必然结果。所以,必须通过制度创新,在基层政权和社会之间建立共同的利益关联结构。张静认为,要建立这样一个平衡的结构,基层权威的授权来源问题就必须提上议事日程。很明显,社会授权关系在基层治理中的作用,是防止权威和社会脱节乃至对立,因而它能够避免脱节积累引致的组织冲突和治理难题。因此,以制度化的方法确立权威的社会性来源,强化权威的社会基础,是基层长治久安的根本。[①]

改革开放三十多年来,农村社会发生了巨大深刻的变化。一方面,农民的日常活动已经完全脱离以往的集体化体制,与农业市场经济融合在一起,而村庄选举等一系列制度措施为农村治理注入了新的活力。另一方面,作为国家政权末端的乡镇政府却并没有相应的转型来适应新的社会变化。赵树凯认为,乡镇政府陷入了治理的僵局,表现为财政危机、政策失灵、权威下降和制度异化。各种制度不适应社会需求逐渐空置,无法有效运转。究其原因,除了传统体制的强大惯性这一历史原因,一个新的因素不容忽视,这就是基层政府的自利性追求膨胀,"极端的表现是,有的基层政府既不是

[①] 张静:《基层政权:乡村制度诸问题》,浙江人民出版社2000年版,第46页。

中央的基层政府,也不是民众的基层政府,只是地方官员的政府"。① 自利性的追求不断冲破规则的约束,对治理产生了长远的负面影响:在行政体系内部,基层的自利性会破坏公务部门的连贯性。经过自利的过滤,上级的政策被选择性地下达,下级的信息被选择性地上报,变通、隐瞒和规避等风气自然形成行政阻塞,使得政策无所作为;在行政体系外部,基层政府的自利性会破坏干部和农民的关系,将公务人员的服务、承诺角色变成争利、指挥角色,形成双方的隔阂、疏远甚至埋怨,干群合作自然难以进行。如赵树凯所观察的,迄今为止,基层政府的制度环境没有改变,基层政府的行为逻辑也没有改变,也就是说,基层政府的传统治理理念和治理运行机制并未发生根本变革。

其他社会学者和政治学者同样就此进行了思考,曼(Michael Mann)认为问题的关键在于区分两种类型的国家权力:国家强制性权力(despoticpower)与基础性权力(infrastructuralpower)。② 按照曼对权力所作的国家强制性权力与基础性权力的区分,同样可以将乡村社会的权力分为强制性权力与基础性权力两种。前者是指作为一种国家力量,在面对农民时所具有的强制性控制能力,即不必与农民进行例行化、制度化讨价还价的前提下自行行动的权力;后者是指作为一级政府,所应承担的公共服务与管理职能,即国家事实上渗透乡土社会,在其领域内有效贯彻其政治决策的权力。越来越多的研究表明,以打碎国家的控制结构、降低国家对社会经济的干预程度为标志的第三波民主转型浪潮在大多数转型国家已告失败,民主转型范式业已破产。不难发现,凡是明显缺乏基础性权力的国家,必须着力于建设基本国家制度并强化其运作能力。

概言之,当代中国基层治理所面对的问题仍然是一个现代性或

---

① 赵树凯:《乡镇治理与政府制度化》,商务印书馆2010年版,第291页。
② Michael Mann, *The Sources of Social Power*, Vol. II: *The Rise of Classes and Nation - States*, New York: Cambridge UP, 1986, pp. 44 - 91.

政治现代化的问题，与1979年之前不同，基层政府治理的经济社会基础发生了结构性的变化，这种结构性的变化要求基层政府治理必须做出适应性的调整和改变，建构有效而深入的政治参与的民主形式，才是真正重要的治理问题。但是，基层政府却不能从体制机制以及治理理念上做出变革，它还在用传统的治理功能和思维来应对基层的经济社会结构的变化所带来的挑战和压力，不仅如此，它甚至表现出强化现行治理体制的强化态势。这就是基层治理的所谓现代性困境。

五

自清末以来，中国的基层治理一直在面对传统向现代的转化问题，这个问题经常以革命的方式表现出来，到了今天，这个问题似乎具备了实现结构性转化的现实条件。然而，现在的问题与清末魏源和冯桂芳所讨论的问题没有什么本质的不同，或者说，那时的危机是传统的体制面临内外挑战和压力，现在的问题是政治体制与经济社会结构的变化不适应。尽管都面临变革的时代要求，但是，历史的发展和现实的条件已经发生变化。

也就是说，现在的变革思维和路径就不能与清末的变法采取相同的思维和路径。道理很简单：其一，当今中国社会总体性结构已经发生变化。三十多年来的市场经济发展和社会结构的变迁，造就了利益的多元化和社会的多样性，表现为个体的权利意识和自主性意识的发展和成长。其二，社会资源占用的多元化，造成权力的多元和分散，不同利益群体（或利益集团）的利益诉求和维护权益的所为，使得基层公共权力面临越来越严重的挑战和压力。其三，社会力量的基本结构正经历着动态的整合和分化，新生的社会力量在壮大并顽强地表达着自身的力量和权力。

但是，不变的是，中国历史发展的逻辑内涵。孔飞力把耒阳暴动与毛泽东的农村集体化联系起来并不令人不可理喻，事实上，孔飞力是把中国的变革放在一个中国的逻辑里在讨论的，这个解释力只是撇开了中国学者的历史进化论观点而已。事实上，中国的政治现代化仍然面对的是孔飞力提出的问题，一是政治参与——在官僚体系外扩大参政基础。这个问题，按照孔飞力来看，其实已经具备了现代性政治的征兆。二是政治竞争与政治控制。而这个"建制性问题"恰是中国基层治理的现代性困境问题。

因此，基层治理体制机制改革滞后与基层经济社会的结构性变化之间形成强烈的张力，或者说，基层治理体系不能将新生的社会力量纳入体制之内，这不可避免地与后者构成冲突和对立的关系。这就是基层治理面对的现代性困境和难题。换言之，行政权主导的基层治理造成基层公共权力经营性和竞争性经济领域的所作所为，与基层民众之间不断积累起矛盾和冲突，直接危及基层社会秩序，也就是说，对于基层治理来说，其公共权力的功能必须做出适应性调整或改革，"除非把强力转变为权利，并把顺从转变为义务，否则，再强大的人也绝不足以成为永久的统治者"①。这包括限制权威和分割权力，还权于社群，还权于社会，基层自主治理，并将其权力置于社会的监督和约束之下。

总之，改革开放三十多年来基层治理的社会基础发生了巨大变化，但是，无论经济制度转轨，或社会结构转型，这个变化主要是"基层政府主导型"的变化。换句话说，基层社会变化主要不是社会自发的变化，而是基层政府控制下的变化。因此，基层公共权力与社会力量还不成比例，前者保持着强大的介入能力，后者还是处于弱小和不堪一击的成长状态。或者说，前者一直处于压倒性的地位，后者虽弱小但却曲折艰难地潜滋暗长。但是，"不论一个社会的情况有多么复杂，各集团之间的力量对比总是处于变化之中，但如果社会要成为一个共同体的话，那么每个集团的力量应通过政治体制而发挥，而政治体制则对这种力量进行调节，缓和并重加引

---

① 亨廷顿：《变动社会的政治秩序》，上海译文出版社1989年版，第10页。

导,以便使一种社会力量的支配地位与其他许多社会力量协同一致"[1]。相对于传统社会,新生的社会力量带来了不断成长的解构能力,比如,上访和群体性事件,表明一种抗争甚至组织起来的力量,而且,利益多元化和社会的多样化逐渐扩展,迫使基层治理体系必须做出适应性调整,以公民权为核心将基层公共权力的功能、范围和边界确认下来。

周庆智

---

[1] 亨廷顿:《变动社会的政治秩序》,上海译文出版社1989年版,第11页。

第 一 章

乡村治理：国家权力与乡村社会变迁[*]

关于乡村治理的大量研究，大致有如下一些解释路径：一个是从宏观的经济制度上来解释"三农"问题出现的原因，并把这个问题概括为两个基本命题：一是人地关系高度紧张的基本国情矛盾制约下的土地制度变迁；二是城乡二元结构的基本体制矛盾制约下的农业剩余分配制度。或者说，分散的小农在人地关系高度紧张的矛盾下必定采取平均地权的办法解决内部合作机制问题，而无论如何，他们在农业生产剩余的分配中必定在城乡二元结构下处于弱势。[①] 另一个是从农村的民主建政出发，村民自治无法让基层政权真正成为公共服务部门，公民权利也无法最终建立起来，主张解决农村政权的社会授权问题才是解决农村问题的长治久安之道。[②] 一个是从乡村治理的社会基础研究的概况出发，[③] 关注的是"文化"而非"权力"，研究重点是中国农村是什么以及不同政策在不同类型农村如何实践，一方面，政策实践的过程是这一研究路径的主要关注点；另一方面，区域比较研究是转型期乡村社会性质的主要操作手段，这主要是通过构建不同地区的村治模式来进行的。上述研究取向都集中在一个问题上：试图从基层政权及农民的多重角色出发，从微观治理机制及其隐含的宏观

---

[*] 本章由周庆智执笔。
[①] 温铁军：《"三农"问题与制度变迁》，中国经济出版社2009年版，第9页。
[②] 张静：《基层政权：乡村制度诸问题》，浙江人民出版社2000年版，第46页。
[③] 贺雪峰：《乡村治理的社会基础》，中国社会科学出版社2003年版，第2页。

政治体制上理解改革后国家与农民的关系。或者说，由于农村政权的地位和农村的衰败，以至于这个问题具有乡村治理现代化不能向前推进的理论和现实的意义。

在这里，不把上述研究梳理清楚，就会陷入没完没了的讨论当中，也没有意义。事实上，从"实践逻辑"①（对正在发生或业已变迁的社会事实，不能忽视其产生正在形成的实践之时间实在性的东西）出发，亦即不从脑子里已经存在的预设出发（因为后者很可能错误地瓦解实践逻辑，使之消解于理论逻辑之中），只要集中考察一下上述研究的对象——乡（镇）、村，并且从乡村治理的"社会事实"出发，来审视上述研究，就会发现，原来我们看到的诸多研究和分析根本就不是我们正在讨论的问题，或者说，理论与现实在很大程度上没有交集之处，而这正是本研究要集中检讨的地方。

本研究从经验观察出发，来讨论乡村治理问题，要明确的是，乡村没有变的是什么以及变的是什么。而且本研究认为，从经验层面来讨论乡村治理问题，才能明确现实的乡村社会的体制性与结构性问题所在，而不至于因理论的偏好而随意设计乡村社会的未来。

一 乡村治理结构

多年来，学术界和公共政策领域一直讨论所谓的"政社分开"。事实上，在发达地区，基层政府也不断地在"政社分开"方面进行创新，比如政社互动、激活基层群众自治组织等。但对广大的中西部地区，学术界和公共政策领域倒是谈得很少或者没有什么想象力。似乎更热衷于理论上的预设，而罔顾经验依据，即使有经验层面的探讨，也只是就事论事的意有所指而已。结果是，好像"政社

---

① 布迪厄提出惯习、实践和场域三个概念，认为惯习作为一种结构进行运作，实践感就是惯习与场域相互作用、相互影响下的产生的即时性、反思性，并有着自身自在逻辑的一系列行动。人类实践行为产生的根源是因为"实践逻辑"在起作用。（布迪厄：《实践感》，译林出版社2009年版。）

分开"是可以设计出来的,而且完全可以从理论上把这个问题说清楚。

中西部地区或者说不发达地区的乡村治理是怎样的,是不是与东南部发达地区面对的是同样的经济社会的结构性变化。明确这一点是讨论中国乡村治理问题的前提,因为不同的经济社会发展条件和发展水平对治理结构和治理方式的影响是直接的甚至是决定性的,也就是说,在讨论乡村治理时,必须考虑地方性差异这样一个事实,但同时并不否认另一个事实,即无论东西部,其社会治理的现代性和现代化元素以及向着民主多元治理结构的转化,是中国乡村治理的基本走向。

有充分的经验事实支持,中西部的乡村治理是一种一元化治理体系和治理方式。这种治理思维和治理方式始于1949年,而三十多年来的经济社会发展并没有改变这种治理思维和治理方式,不仅如此,当今的乡村治理只是不断地强化一元化的治理结构和治理方式。这个基本事实表明,所谓的"政社分开"、基层群众自治组织对一元化治理来说只具有工具性意义。

不可否认的是,这个一元化治理结构有其显而易见的合理性和合法性要求。这就是,当下中西部的经济社会发展水平和发展条件,要求这个一元化治理体制必须有所作为:一方面,汲取资源和维持基层秩序;另一方面,基层社会非常弱小,单靠社会力量无法改变其生活环境和生存处境。简言之,乡镇政府依然是配置性资源和权威性资源中心。

这个一元化乡村治理模式(从历史上看,它一直是行政权力主导的基层治理模式)的制度结构和治理方式,一般具有如下特征:第一,行政权力主导。从实地调研看,乡镇政府主导的乡村治理方式依然是自新中国成立以来一贯的治理方式,也就是说,乡镇的治理并没有因为政社合一的公社体制解体而发生结构性的改变。具体来说,它的治理方式是行政性的,采取任务下派的方式把行政任务分派到行政村,与行政村签订一个《行政目标责任书》。这个行政目标责任书的内容涉及方方面面，所谓"上头千条线下面一根针"，其后就是监督、落实、考核等。事实上，行政村即乡镇政府的执行部门，但由于村是自治组织，它没有行政权或财政权——"村财镇管"，大部分社会资源也是由上而下分配，所以，社区制既承担着政府的管理任务，也承担着居民和社会的自治诉求。它只是要把乡镇的行政任务落实，乡镇给村干部一定的"报酬"。乡镇在行政村派有"驻村干部"，负责行政任务的监督落实。通过上述安排，村民自治组织的功能科层化。第二，群众参与的有限性。在中西部地区，行政村既要承担乡镇政府的行政管理任务，也要表达村民的多元利益诉求。也就是说，村（居）委会不是一个完整意义上的自治组织——它既是城乡基层群众自治组织，又被"法定"在基层政权范畴之内。一方面要完成乡镇的行政事务；另一方面要回应居民的自治需求。事实上，当前基层治理仍然是以乡镇（街道办）和村（居）委会为主要决策主体，社区村（居）民、社会组织基本没有参与到社区决策过程中。城市社区社会组织发育参差不齐、参与渠道不畅，社区资源整合程度也不高，社区企事业单位掌握着丰富的资源，却并不与社区共享。农村社区中，资源供给主要取决于村庄的经济实力以及领导干部的威信。城乡居民和社会组织大都游离于基层社会管理和公共服务之外。第三，基层群众自治组织的行政化和工具化。所谓行政化，是指乡镇政府自上而下构建"纵向到底，横向到边"的基层社会管理体制。20世纪90年代，上海市提出的"两级政府、三级管理、四级落实"模式就是典型的"行政覆盖模式"，即"政府通过街道行政权力渗透和行政功能扩展，吸纳所有社会组织"，行政权力在政府内部分配，通过扩展街道办事处的权力和功能，以行政拉动为动力，吸纳其他社会组织于行政网络之中。所谓工具化，是指乡镇政府包揽了全部社区事务，因此也背负了过重的财政负担，它把这些负担几乎都转嫁到行政村的头上。法理上基层群众自治是政府管理之外的社会自治，即政府管理行政事务，而村（居）民通过自己选举产生的自治组织来管理社区事务。

然而，从实地调研看，村居委会并不是自治组织，"在民主国家当中，至少在大规模的民主国家当中，独立的组织十分必要。只要民主程序在像民族国家那样大规模的国家当中被采用，自治的组织就一定会产生。它们对于民主程序自身的运行，对于使政府的高压统治最小化、对于政治自由、对于人类福祉也是必需的"[①]。乡镇政府在传统的政治思维主导下，依然采取权力强制式的治理方式，它构建的是一个行政体系内命令——服从的关系，压制、控制基层民众的对立行动和维权行为。换言之，在乡村治理的基层实践中，村委会所具备的自治权力被行政化和工具化，没有独自决策的权限，成为乡镇政府所代表的国家行政权力的简单延伸。

这个一元化治理体系的基本特征就是，乡村社区事务与政府的行政事务不分，交叠混合在一起。或者说，从乡镇说，所有的事务都是行政事务；从农村社区来说，为实现乡村的事务，前提是要完成乡镇政府的行政事务。进一步讲，农村基层的"乡（镇）—村"一元化治理体制，在相当程度上延续了人民公社体制一贯的权力运行逻辑，将国家的力量延伸到社会基层，对基层社会实施单向的管理与控制。这种自上而下建构的治理体系形成了金字塔式权力结构，不但压缩了基层社会空间，而且湮灭了基层社会活力。因此，在这样一个治理体制下，所谓的村（居）民自治，没有多少实质意义。"自治意味着不像他治那样，由外人制定团体的章程，而是团体的成员按其本质制定章程（而且不管它是如何进行的）"[②]，"因为'自治'的概念，为了不致失去任何明确性，是与一个根据其特征以某方式可以划定界限的人员圈子的存在相关联的，哪怕是特征会有所变化，这个人员圈子依据默契或者章程，服从一项原则上可由它独立自主制定的特别法"。"依据默契或者制定成章程的制度，

[①] 罗伯特·达尔：《多元主义民主的困境》，周军华译，吉林人民出版社 2006 年版，第 1 页。

[②] 马克斯·韦伯：《经济与社会》（上卷），商务印书馆 1997 年版，第 79 页。

赋予一个人员圈子的自治,在本质上也不同于纯粹的缔约自由。"①所谓自治,是人民通过自治组织直接参与一定区域的公共事务管理,行使民主权利;所谓自治权,是一种在社会团体内,经过团体内多数人认可或默示的,合法地、独立自主行使具有约束力和支配力的一种权力。

这与东南部发达地区县乡等地努力推动的所谓"政社分开"创新恰成对照。比如太仓市的所谓"政社互动",其目标是要约束政府行政权力并发挥基层自治组织的功能和作用,把政府的公共职能转移到提供公共产品和公共服务上来。实际上,可以从以下三个方面来解析太仓市"政社互动"的所谓"创新":一是权力持有者要求限制自己的权力,它试图规范自己,依据行政权力的本来范围和各种法律法规甚至"红头文件"列出一份经过清理的貌似精简了的"权力清单"②;二是正视基层自治组织乃是国家行政权力体系之外的自治体,强化其主体意识;三是把国家权力与基层自治体的行政干预关系以"协助管理协议书"的形式(之前是"行政责任书")明确为一种社会契约关系。但类似太仓"政社互动"创新与中西部比较并不具有实质性的意义。一个协议书不足以说明乡镇与基层群众自治组织就确立了某种权利契约关系,自上而下的行政主导是一个单边行动的结果,动员式的参与不能表明治理的结构是多元的、不同主体参与的结果。在有限的意义上讲,这只是个形式大于实质意义的一种游戏规则而已。

概括地讲,中西部的一元化乡村治理代表了中国乡村治理的基本制度结构和治理方式,而事实上东南部发达地区的乡村治理只是

---

① 马克斯·韦伯:《经济与社会》(上卷),商务印书馆1997年版,第56页。
② 有两份"权力清单":一份是把基层自治组织协助政府工作事项计78项工作,减少为40项,经与各政府部门协商后,又将40项合并为27项,涉及18个政府部门,名曰"基层群众组织协助政府工作事项"。另一份是根据《村民委员会组织法》《城市居民委员会组织法》及其他法律法规等,将基层群众自治组织依法履行职责的事项归纳为10个大项(涉及21项具体职责)。

反复印证着一元化治理的内在矛盾和无法避免的社会对立和冲突而已。它表明两个事实：治理体制的现代化与社会经济发展的水平和条件密切相关；同时，政治发展与经济社会的发展并非步调一致，甚至是两个相互独立的目标。"社会改革和政治稳定之间的关系事实上同经济发展和政治稳定之间的关系相像。在某些情况下，改革可以缓和紧张程度，鼓励和平的变化而不是暴力的变化；但在另一些情况下，改革反而加剧紧张程度，触发暴力，从而成为革命的催化剂而不是革命的替代物。"① 那么，如何调适政治体制发展与经济社会结构的变迁，就是一个思考当下中国乡村治理的基本出发点和基本前提条件。

二 乡村社会变迁

在中国，农村衰败，这是个事实，也是一个有共识的事实；怎样走出衰败，这也是个事实，但没有共识。太多的研究告诉我们，乡村已经"空壳化"，太多的研究告诉我们，乡村社会已经解体，太多的研究告诉我们，乡村的出路要么重树权威，要么让政府走开。然而，经验的观察和研究也告诉我们，这一切只不过是学术界急功近利的想象力的产物而已。

法国社会学家孟德拉斯通过观察 20 世纪五六十年代法国农业转移人口向城市流动的历史性转变，提出了"小农经营模式将逐渐消失"的判断。孟德拉斯问："凭什么要迫使农业劳动者继续生活在过时的生产结构中呢？这种结构使他们无法得到劳动分工的好处，注定要走向贫困。"② 但过了 20 年之后，孟德拉斯注意到小农的终结并不意味着农业的终结或乡村社会的终结；恰恰相反，法国经验显示，在经历了 30 年的转轨之后，乡村社会经历了惊人的复

---

① 亨廷顿：《变动社会的政治秩序》，上海译文出版社 1989 年版，第 7 页。
② 孟德拉斯：《农民的终结》，李培林译，社会科学文献出版社 2010 年版，第 251 页。

兴。"10年来，一切似乎都改变了：村庄现代化了，人又多起来。在某些季节，城市人大量涌到乡下来，如果城市离得相当近的话，他们甚至会在乡下定居。退休的人又返回来了，一个拥有20户人家和若干处第二住宅的村庄可能只有二三户是经营农业的。这样，乡村重新变成一个生活的场所，就像它同样是一个农业生产的场所。"① 在法国，新的乡村生活方式与新鲜的农产品成为吸引城里人前往定居或短住的重要因素。

事实上，中国的中西部农村还属于自然经济小农的生产方式和生活方式范畴，在这里看到的是行政力量的巨大影响力和支配力以及小农千年不变的生产方式和生活方式。但农村没那么衰败，也没那么没落的感觉。也就是说，农村还在维持，但已丧失了竞争活力。对一个衰败的乡村谈论"自治"，是一种虚妄。或者说，在一个没有生机和活力的地方谈论发展，是一种不切实际的理想主义。维持农村基本结构的主导力量是一元化权力治理的结果。这与学术界广泛讨论的所谓乡镇长直选、村民参与、基层自主治理等说法，似乎没有多少关联，或者说，现实的农村生活场景与学术界的刻意建构的愿景好像是两个世界的话语体系。

从中国的中西部看，与其说农村衰落，不如说是"小农的终结"，是延续千百年来的小农生产和生活方式的没落。而所谓农村的衰落，是现行体制和制度等结构性因素造成的，或者说，现行的体制和制度使农民至今没有走出中世纪的经验视野范围——包括土地的观念、家庭的观念、文化共同体的观念等，这个判断基于这样一些基本事实：农村劳动力外流与实现农业耕作的规模化，市场体系对传统经营模式的冲击，农业传统理性与现代经济理性的碰撞、紧张与矛盾，农业合作组织的建立以及小农向现代经营者转变，等等。因此，所谓农村衰败，差不多都是制度性的根源，大概可以从如下三个方面来理解：一是农村的生产和生活方式差不多还是中世

---

① 孟德拉斯：《农民的终结》，李培林译，社会科学文献出版社2010年版，第279页。

纪的形态。尽管有新技术支持，但由于以农户为单位的小块土地分割的布局，新技术没有被农业劳动者接受和使用时，就不会有任何帮助。简单地说，土地问题成为农民进入工业文明的制度性障碍和不能跨越的一道坎儿。第一，农村土地制度缺乏规范化的法律保障，从而导致农村土地产权关系不够明晰、农村土地使用制度和流转制度市场化程度低、农民经营土地收入不高等一系列问题。（1）法律法规不健全导致农村土地产权关系不够明晰，多元化的所有权主体使得农村土地产权关系极为混乱。（2）承包经营权的内涵不明确、不充分。事实上，现在农地的承包经营权仅是土地的耕种权。经营权从其本质上来说应该属于使用权。使用权就可以衍生出转让、转租、入股、抵押、收益等项权利，而作为具有使用权性质的承包经营权现在就仅仅只有耕种权、部分的收益权以及极小的处分权。这使得承包经营者无法充分行使自己的全部权利，在实践中必然使产权主体的利益常常受到损害。（3）法律法规不健全导致农村土地使用制度与流转制度市场化程度低。在现行土地制度下，除了国家低价征用集体土地以外，农户的土地使用权只能通过两种政策方式，即农户转包和集体调整来实现有限的流动。缺乏市场化的土地流转机制，其结果是市场对土地资源的配置未能起到基础性作用，不能有效实现土地集中和农业经营规模的扩大。使农民通过土地取得经营性收入和财产性收入的机会大大下降。第二，土地经营规模。（1）难以形成规模经济效益。细小分散的农地结构，耕作经营十分不便，农民无法进行大规模的投入，农业技术进步的成果难以体现出来，导致农业的规模经济效益根本无法显现出来。（2）农业科技水平难以提高。家庭分散经营，每家每户分得的土地极其有限，农民一方面缺乏积累和扩大再生产的能力，难以进行更大、更多的技术改造；另一方面农民也缺乏提高农业科技水平的动力。因为每家每户土地有限，只要靠部分劳动力就可以耕种，不需要普遍使用机器等新技术，也不便普遍采用机械化耕作，因为小块土地分割阻碍了机械化的推广。（3）不能完全适应市场经济发展的需要。

在分散经营状态下，农户在进入市场的过程中遇到了诸多障碍：其一，农户经营规模狭小且分散，掌握的市场信息既不充分又不准确，在市场竞争中处于弱势地位；其二，农户个体的利益矛盾难以协调。家庭联产承包责任制所推行的土地经营分散化，难以协调农户在商品生产经营中的利益矛盾，难以克服分散农户在商品生产中的盲目性。其三，农产品进入市场交易的成本高。家庭经营的规模过小，专业化程度低，使个体农民也没有多少产品进入市场，即使进入市场的农产品，交易方式也是分散成交，加大了市场交易的成本。[①] 概括地讲，在家庭联产承包责任制以后，我国农村土地制度存在诸多问题，如治理结构问题、法律体系问题等，导致了农民土地产权不能得到很好的体现。尤其在城市化、土地非农化趋势明显以后，一般意义上的产权界定已不足以解决实际的运作。

二是农村的人口结构发生深刻的变化。尽管有户籍制度造成的二元结构，但城市提供的就业和发展机会，使得农村的青壮年纷纷涌向城市，留守农村的基本是孤寡老幼，他们不能成为农村发展和进步的推动力量。也就是说，农村中青壮年劳动力的流出，意味着乡村社会丧失了最具素质的人力资源和未来发展的希望，而留守乡村的老年人只能延续之前的生产方式，而无法给农业生产注入最新的观念和技术。数以亿计的农民工进入城市，离开本乡、本土的"熟人社会"，进入"陌生人社会"。根据国家统计局农民工统计监测调查，截至2008年12月31日，全国农民工总量为22542万人。其中本乡镇以外就业的外出农民工数量为14041万人，占农民工总量的62.3%；本乡镇以内的本地农民工数量为8501万人，占农民工总量的37.7%。在外出务工的14041万农民工中，按输出地分，来自中部、西部和东部地区外出农民工数量比例分别为37.6%、32.7%、29.7%。按输入地分，东部地区吸纳外出农民工占外出农

---

① 石传美：《试论现行农村土地制度的弊端及变革路径——以贵州省平塘为例》，《中共贵州省委党校学报》2009年第3期。

民工总数的71%，中部占13.2%、西部占15.4%。在本地就业的8510万农民工主要集中在东部地区，占62.1%，中部地区占22.8%，西部地区占15.1%。而且根据国家统计局《2011年我国农民工调查监测报告》，农民工总量在持续增长：2008年为22542万人；2009年为22978万人；2010年为24223万人；2011年为25278万人。① 这些新一代的农民工分散到形形色色的现代盈利和公司组织当中，其直接后果是：它分裂了传统的乡村共同体意识，瓦解了传统的生活方式和工作方式，带之而来的是：大城市、公司、工厂和车间孕育了一种新的团结方式和集体身份。

三是不完善的社会保障体系使农村成为被抛弃的飞地。现有的新农合、低保、低效率的医保、不断向城镇靠近的基础教育，使得农民成为不消费的群体，成为社会消极的一部分。第一，保障覆盖面窄。目前，农村保障形式主要为社会救济、社会优抚、农村五保、低保孤儿以及农村合作医疗，保障对象还局限于"最困难的人""最光荣的人"，农村大多数人仍游离于社会保障"安全网"之外，尤其是农村养老保险的缺失，不仅使越来越多的老年人无法规避生活风险，也使更多的老年家庭子女难以承受"422"式（一对夫妻供养四位老人和一两个孩子）的供养负担。以五峰农村低保为例，由于五峰属重点贫困县，人口总数少，贫困人口仍维持在3万人左右，加之因地理和气候等因素影响，灾害频发，且地方病突出，因灾、因病返贫率高，按比例保障的办法，无法实现应保尽保的目标。从而直接导致基层组织在以户为单位保障的操作过程中，顾此失彼，难以体现公开、公平、公正，部分群众怨气较大，甚至极少数地方出现不稳定隐患。第二，社会保障资源的分配严重失衡。从社会保障费用支出的情况看，占总人口80%的农民，只享有社会保障支出的20%。而占总人口20%的城市居民，占到社会保障费用支出的80%。首先资金来源不尽合理，按照民政部1992

---

① 《第一财经日报》2013年3月19日。

年印发的《县级农村社会养老保险基本方案》，关于"坚持以个人缴费为主，集体和单位为辅，国家给予政策扶持的原则"规定，国家和集体所体现的社会责任过小，财政投入部分集中用于城镇职工，由于改革开放以来实施的土地家庭承包经营制使集体经济实力严重削弱，根本无力承担农民的社会保障资金，农民参保几乎完全由个人缴费，超出了农民的承受能力，影响了农民参保积极性。其次，农民还没有在意识上树立社会保障是他们作为公民所理应享有的权利的理念，他们所依赖的避风港只有家庭和土地。最后，管理体制不健全。（1）体制高度分散、多头管理、政出多门、条块分割、统筹办法不一、信息无法共享，仅医疗保障就涉及劳动、民政、卫生、民族宗教等部门，再如农民的住房救助也同时涉及民政、扶贫、残联、民族宗教、移民等部门。部门之间缺乏联动效应，职责越位与缺位并存。（2）管理执行性责任全部由基层承担，由于地区性财力差异，导致有的地方工作经费、工作设施得不到有力保证，资金监管不力，使用不当，乃至截留、挪用、挤占等违纪违规现象屡见不鲜，严重制约了社会保障制度的发展。（3）农村社会保障工作的专业化水平不高，没有形成一支从研究到操作的专业化队伍，很多新措施、新办法的实施缺少前期论证，对已有政策执行情况难以进行科学评估。第四，法律制度不完善。集中表现为，立法层次低，尽管农村社会保障相继出现了一些条例和规章，但多是单项的，功能单一，缺乏力度，没有形成有机的法律体系，导致政府、社会、部门、家庭和个人责任不清，有些保障项目无法可依；非制度化特征明显，使一些社会保障办法的出台具有明显的应急特征，如对农村村干部的养老问题不少地方都在探索过程中，但因无章可循，头痛医头、脚痛医脚现象突出，有的地方甚至长期议而不决，被悬置起来。在某些制度的实施过程中，受财力、重视程度乃至领导个人的影响，随意性大，变通频繁，保障效果难以到位；由于地区差异，各地模式不统一，社会保障制度存在明显结构缺陷，难以实现跨地区的流动和对接，如农民外出务工期间的医疗保障就处于真空状态。

制约农保工作发展的重要因素，主要表现在以下几个方面：一是适应性差。首先，缴费机制设计时尽管考虑到农民收入季节性和不稳定的特点，但是明显缺乏弹性。如按暂行办法规定，按月缴费标准一直维持在 2—20 元之间，但十多年前的缴费标准是无法适应如今经济环境的发展变化的。其次，现行的养老金计发系数按 8.8% 的利率测算，具有 20 世纪 90 年代初期中国经济高利率和高通胀的鲜明特征。随着国家连续降息，如此高的利率已经是"可望而不可即"了。二是保障水平低。一方面，由于实行自愿投保，大多数参保人员采用一次性缴费方式，缴费总额又普遍降低。同时，养老金待遇是根据个人账户积累总额来确定的，由此造成保障水平不高。按民政部《农村社会养老保险交费领取计算表》计算，投保 2 元/月的农民，缴费 10 年后，每月可以领取养老金 4.7 元，15 年后每月可以领取 9.9 元，若再考虑管理费增加和银行利率的下调和通货膨胀等因素，农民领到养老金会更少，农村养老保险的作用受到质疑。另一方面，待遇享受没有设计增长机制，几十年同一标准。随着物价水平的变化，养老金事实上是在不断地"缩小"之中，不仅难以吸引农民参保，更难以真正起到保障老年农民基本生活的作用。三是政府重视不够。由于中国传统的城乡二元经济结构，造成了"城乡分割"的保障格局，国家把大量的物力、财力投入城镇社会保障建设，城镇社会保险工作取得了一定的进展。现有农保的主要做法是采取个人账户、基金预筹的方式，根据个人账户积累总额确定养老金待遇。农保资金的筹集尽管规定以个人缴费为主，集体补助为辅，国家予以政策扶持，但在制度设计中缺乏确保实现政府责任的具体机制，变成完全依靠个人积累和基金自身的增值来实现保障和收支平衡。面对增值渠道不畅通的现实，以理论上较高的支付系数和实际中缺乏政府投入的事实，基金明显孕育着较大的财务风险。

中国农村在衰败，但那是"小农的终结"——传统意义上的自给自足小农经济的死亡。现代性的生产和生活方式在创造过程之中。如果国家治理思路依然是拼命地维持所谓的"粮食安全",所谓的"耕地红线",因而拼命地维护现存农村体制——土地制度、城乡二元结构,以及农村的生产和生活方式,那么,小农经济的死亡换来的是农村和农业的萧条,混乱、冲突和对立的乡村秩序,换来的是中国现代化的失败结局。

三 制度建设:政策与推动力

显而易见,乡村治理需要制度改革,摒弃传统农业时代乡村治理的思维和理念,适应城镇化进行城乡治理变革,埋葬传统意义上自给自足的小农,走现代化的农村复兴之路。制度变迁是指新制度(或新制度结构)产生,并否定、扬弃或改变旧制度(或旧制度结构)的过程。它未必一定是向更有效率的制度演化。制度变迁的理论应该包括:制度变迁的主体、制度变迁的动力、制度变迁的方式、制度变迁的效率评价等方面。在当下中国,推动制度变迁的力量主要是基层政府,也就是说,制度变迁是由政府以命令和法律形式引入和实行制度变迁,但社会力量的影响因素和参与力量则必须以合作的方式予以推动,最终形成一个多元治理格局。

那么,农村走出衰败,就是要完成农村现代化,如此,才能使乡村重新获得社会的、文化的和政治的生命力。这个变革大致也可以归为以下三方面:一是城镇化发展。所谓城镇化,是指社会生产力在工业化和信息化的基础上,在经济结构、人居环境、人口素质等领域,由传统农业经济到现代化城镇经济、传统农业文明到现代城镇文明的转变过程。"既表明人们的生产方式、生活方式、居住方式从农业和农村向工商业及城镇的转变,又意味着经济产业结构、社会组织体系、人居空间状态、公共管理服务、文化习俗传统方面的深刻变化,是整个社会形态由传统的乡村社会向现代的城市社会、农业文明向工业和城市文明转型的体现。"[1] 当下推进城镇化现实条件是，第一，中国经过了这么多年的发展，农村大部分有了一定的积蓄，他们要么在村里盖那种三层五层楼高的农村的房子，要么去县城或者像厦门泉州等大城市买房子。第二，现在村里已经没有小学了，幼儿园就更不用说了，所以现在小孩读书都要到镇上去，平时村里是空空的，只有老人，小孩也没有了。因为都到镇上读幼儿园或小学了，那么有小孩的家长都得在镇上租房子，所以，他们手头有积蓄的话，就希望在镇上有一套房子，读书方便，看病买东西也方便。这便是城镇化的动力。第三，农村城镇化，可以集合更多的人口和资源，这样可以腾出更多的农村用地，走农村合作社道路，使中国的农业生产走向现代化。第四，农村城镇化，可以盘活乡村经济，可以吸引进大型商超进驻，农贸市场，街道，进而提高农村消费。进一步讲，国家的正式权力要改变主要通过乡镇政权实现对广大农村进行统治。如亨利·勒菲弗（Henri Lefebvre）所言，这些乡镇（亦即勒菲弗所谓的城邑 ville）是近端秩序（ordre proche）和远端秩序（ordre lointain）之间的一个中介。"近端秩序，指的是城邑周围的农村的秩序，城邑通过强占其剩余劳动来统治、组织和剥削它。远端秩序，指的是社会总体中的秩序（奴隶制度的、封建制度的、资本主义制度的，等等）。作为中介，城邑同样也是我们所提到的社会矛盾的表现场所，比如政治权力与这种权力下的不同群体之间的矛盾。"[2] 要之，乡镇不再是政治上的近端秩序和远端秩序的一个中介，更主要的是一种经济上的产业中心，发挥着城乡资源的聚集、配置和再生产作用。

二是改革土地制度。在新中国成立之前，中国一直是小农经济体制，新中国成立之后的三十多年时间里，完成了土地制度的伟大

---

[1] 吴理财等：《城镇化时代城乡基层治理体系重建——温州模式及其意义》，《华中师范大学学报》2012年第6期。

[2] 亨利·勒菲弗：《空间与政治》，李春译，上海人民出版社2008年版，第66—68页。

变革,使小农经济体制转变成规模化的、合作化的大农生产体制。但是1978年改革开放,由于时势使然,农村土地制度又回到了数千年来的小农经济体制。20世纪90年代以来,中国工业化、城市化快速推进,房地产业异军突起,中国独特的土地制度起了重要作用,但在城乡二元结构下,现行土地制度在农地承包经营权、宅基地、农村集体建设用地及征地制度等方面均显得矛盾重重、难以为继,成为困扰农村进一步发展的障碍。进一步讲,城乡分割、分治的二元结构体制使广大农民没有享受到工业化发展带来的利益。大量的农村人口事实上被制度性排除在平等享受城市福利之外,由于公共福利、公共服务、社会保障的严重缺失,导致农民无法抛弃零散的土地,因为土地仍然是他们最后的生存保障线。如此一来,土地难以形成规模化经营,也影响了城乡生产要素和各种资源的自由流动和优化配置。农民因为城乡二元治理体制难以真正享受社会经济发展的成果;城镇也因为城乡二元治理体制难以得到应有的发展。事实上,"村民往往特指那些承包经营农村集体土地的农民,与城市社区居民存在户籍、土地产权和身份等系列差别。也就是说,农村集体土地的产权边界既是村民的身份和权利边界,也是村级组织的管理边界,尽管在改革开放以后允许农民进城务工,但进城务工的农民始终难以轻松脱离原有的乡村和集体,农民工无法享受与城市居民同等的福利和公民权利,无法真正融入城市社会;而村级公共服务和管理对象也限于本村村民,难以对外来人员提供平等的基本公共服务,也无法实施有效的管理,造成巨大的管理真空"[①]。这种长期存在的城乡分割、各自封闭运行的基层治理体制,造成中国农民的生存只有同时靠进城务工和在乡务农,才能维持较正常的生活水平,它阻隔了城乡之间人口的自然流动和各种资源的优化配置,影响了城乡社会的融合、经济发展一体化和公共文化服

---

① 吴理财等:《城镇化时代城乡基层治理体系重建——温州模式及其意义》,《华中师范大学学报》2012年第6期。

务均等化。

那么要缓解中国的"三农"问题,也只能立足现行基本制度,走长期的、改良的、新农村建设的道路。核心内容是通过大力推动农民的合作来提高农业的组织化程度。以综合性的合作社为基础,进一步组织农民协会,以此实现乡村自治,也就节省了高昂的国家管理成本。[①] 中国的城市化,主要有三大考察指标:(1)农业经济的商品化、现代化、城乡经济一体化;(2)农村基础建设的城市化,即生活在农村的农民也能享受到主要由政府投资的,与城市相同的路、水、电、气、排污、通信等基础设施的便利;(3)农民身份的城市化,即农民拥有与城市市民相似的社保和医保待遇及享有医疗等基本公共服务的权利。其中,为了实现第二个目标,农村土地制度必须体现集约管理、统一规划、科学调整、尊重民意、化解冲突的要求。

三是建立完善的农村社会保障体系。1978年以来,开始由计划经济向市场经济转型,农村实行家庭联产承包责任制,人民公社迅速解体,农民获得了土地经营权,集体的保障功能逐渐削弱,农村社会保障面临严重困境和挑战。比如,当下农村空巢老人面临与子女空间距离远、贫困程度高、医疗保障低、文化活动少等问题;构建一种将水平适当的医疗、养老社会保障和以土地、非农业职业收入为内容的家庭保障结合起来的,以"社会和家庭为主、集体为辅"的农民保障制度;作为基本公共服务重要内容的新农保推进了城乡基本公共服务均等化。为进一步发挥新农保促进城乡基本公共服务均等化的功能,以构建农民表达机制,多管齐下以提高新农保经办管理水平,建立新农保监督、评估机制以确保公平兼顾效率,等等。

[①] 温铁军:《为何我国不能实行农村土地私有化》,《红旗文稿》2010年9月8日。

四 乡村治理转型

乡村治理体制的建构是个漫长的变迁过程，涉及结构性的改变。城镇化、土地制度变革、社会保障体系的完善，等等。但乡镇治理体制的发展方向确是不可逆转的，形成政府、市场、企业、社会等多元共治的格局。

在广大的中西部，乡镇政权从税费征缴年代"以'收粮、收税'为主要任务，具有一定财权、事务权和公共产品供给职能的相对自主性的基层政权组织转变为'以协调各类矛盾、维护地方稳定、完成上级交办的各项临时性任务、进行社会动员和组织'为主要任务，财政上主要依靠上级转移支付，没有什么实质性的财权、人事权和事务权，没有力量和动力提供公共产品的事实上的县级政权组织的派出机构，成为高度依赖县级政权组织的'政权依附者'"[①]。事实上，在中西部，乡镇政府的职能没有什么改变，也就是说，在后税费时代，乡镇政府的职能主要是维持秩序和提供公共服务。但乡镇政府的这些职能基本上是下派到村组织头上。进一步讲，乡村治理是一种一元行政化治理，基层群众自治徒具程序化与形式化意义。第一，乡镇政府垄断了公共资源的配置和实现公共权力的单向度运行。第二，单中心政府所具有的权力扩张的天然倾向不断蚕食村民自治的法理基础，使得"乡政村治"的传统乡村治理模式陷入运行不畅的困境，严重压抑了村民主体性的发挥。第三，同时，上级领导决策、技术部门规划、专家进行论证、农民负担成本（主要表现为"一事一议"和"出义务工"）的公共资源配置模式效率低下、供给不足，基层政府提供的公共产品难以满足村民的真实需求。

---

① 饶静、叶敬忠：《税费改革背景下乡镇政权的"政权依附者"角色和行为分析》，《中国农村观察》2007年第4期。

乡村的衰落是"小农的终结",避免小农的终结不至于成为乡村的末路,其可以预见的前景就是使乡村获得真正的自治,这包括国家权力的退场和社会力量成长的制度环境,也就是说,没有国家权力的强力介入与控制,乡村便能成长和壮大起来,反过来说,国家力量越强,则社会力量越弱,乡村就会丧失竞争的活力和动力。

当然,必须承认和面对不同地区经济社会发展的水平和条件有巨大的差异,乡镇行政主导有其历史的合理性,但不意味着国家权力就必须与乡村社会建立一种庇护或控制关系。东南发达地区现在面临的乡村治理问题,或许就是在可预见的未来中西部地区面临的问题;反过来说,中西部地区的乡村治理问题本质上与东南部发达地区具有"同构性",只是处置的方式略有不同而已。

在多元结构的民主治理发展方向上,中西部与东南部没有什么本质上的不同,政权的同质性表明,所谓的治理现代化,不过是多走或少走了几步而已。那么,在一元化乡镇治理主导下,基层治理的发展必然面对适应性调整问题,这些问题包括:(1)除了传统的村党支部、村委会和乡镇政府外,还出现了各种经济合作与互助组织、农民协会甚至家族组织等第三部门组织,它们作为市场、政府之外的一股独立的力量登上了乡村治理的历史舞台,成为乡村软治理的重要主体之一。(2)以农村社区治理为例,其治理的主体结构是典型的多中心治理结构,主要体现为政府(包括乡镇政府、村委会、村党支部)、社区管理与服务部门、私人部门(一般指各种乡村精英)和"农村第三部门"(包括各种农村经济合作组织与互助组织)的"协同治理"。(3)以乡村治理的典型案例——农村社区治理为例,其治理的主体结构是典型的多中心治理结构,主要体现为政府(包括乡镇政府、村委会、村党支部)、社区管理与服务部门、私人部门(一般指各种乡村精英)和"农村第三部门"(包括各种农村经济合作组织与互助组织)的"协同治理"。乡镇政府、村委会通常被看成"政府"在农村的代表,尽管从法理上来讲村委会是村民自治组织，与乡镇政府并没有上、下级隶属关系。但由于压力型的行政体制，在"乡政村治"的一元治理模式下，乡镇政府对村委会进行全方位的行政控制，使得村委会异化为"拿村民钱，办政府事"的半行政化组织。在这个一元化治理模式下，随着自治层级的提升和农村社区建设的加速推进，乡镇政府、村委会的作用将逐渐被农村社区所取代，农村社区组织成为乡村治理的重要主体。实践中，有的农村社区采取了将村委会和社区管理部门合二为一的做法，也有的农村社区依然保留了村委会组织，另行组建社区管理与服务部门。

回过头来看，当今一元化乡村治理是一种"单中心"治理模式，单中心政府治理所具有的权力扩张的天然倾向不断蚕食村民自治的法理基础，使得"乡政村治"的传统乡村治理模式陷入运行不畅的困境，严重压抑了村民主体性的发挥。同时，农民负担成本（主要表现为"一事一议"和"出义务工"）的公共资源配置模式效率低下、供给不足，基层政府提供的公共产品难以满足村民的真实需求。这一切都归因于一元化乡村治理模式的制度性根源上。

三十多年的改革开放，乡村的经济和社会结构发生了巨大的变化。在农村，除了传统的村党支部、村委会和乡镇政府外，还出现了各种经济合作与互助组织、农民协会甚至家族组织等第三部门组织，它们作为市场、政府之外的一股独立的力量，成为乡村治理的重要主体之一。

所谓多中心，就是多个权力中心和组织机制治理公共事务，提供公共服务。它涉及广泛的公共领域，在公共治理中主要指生产的多中心和治理体制的多中心。在多中心治理机制中，需要借助多样化权力和政府单位，以解决不同范围的公共治理问题。以乡村软治理的典型案例——农村社区治理为例，其治理的主体结构是典型的多中心治理结构，主要体现为政府（包括乡镇政府、村委会、村党支部）、社区管理与服务部门、私人部门（一般指各种乡村精英）和"农村第三部门"（包括各种农村经济合作组织与互助组织）的

"协同治理"。农村社区建成之后,社区党支部等党的基层组织专心党务工作,村党支部主要依靠法律权力治理农村社区公共事务。进一步讲,在实践中,村党支部的力量既表现为政党价值观念的吸引力和同化力,也表现为政党组织方式和行为方式的包容力和亲和力,还表现为政党所主张的社会发展的制度模式的感召力和凝聚力。目前农村的各种经济合作组织和互助组织力量还很弱小,只是在某个领域、某段时期的乡村软治理中享有一定的话语权,但农村第三部门对于实现乡村治理意义重大。在转型时期,在乡村社会传统行政权力式微的情况下,农村第三部门的发展对乡村社会各种力量的发展是一个良性的约束因素,可以有效地避免乡村政治社会的混乱。农村第三部门活动越是广泛深入,政府活动的成本就越少。实践证明:农村第三部门在组织动员农民参与、保护农民利益、提高农民素质、开发农村志愿资源、维护农民权益和农村社会稳定方面起着其他组织无法取代的"黏合剂"和"润滑剂"的作用。取消农业税后,农村社区居民对公共物品的需求相比税费改革之前有增无减,而基层政府财力有限,转移支付力度远远不能满足农民对公共物品的需求,在这样的大背景下,想建立一个公共物品供需基本平衡的乡村治理结构,只能引入更多的供给主体,鼓励各种专业合作社、民间志愿组织、村民互助组织等各类农村第三部门更广泛地参与农村社区公共物品供给。可以预计,农村第三部门在不久的未来,将会成为与农村社区居委会、农村社区党支部、乡村社会精英并驾齐驱的乡村软治理的主体。

新中国成立之前,乡村社会秩序是一种典型的"内生型秩序",士绅阶层是国家在乡村的"保护型经纪人",乡村社会秩序的维持和公共产品的供给主要依靠士绅的志愿精神及其对家族和农户的动员与汲取能力。在当下乡村治理结构中,乡村精英包含了政治精英、经济精英和文化精英。其中,政治精英和农村社区居委会、农村社区党支部时而合一,时而分开,这是因为政治精英本质上是乡村社会的"赢利型经纪人",当国家在农村的方针政策与乡村政治精英的利益诉求一致的时候,他们会成为政策的宣传者与执行者;当两者不一致的时候,乡村政治精英会成为政策的反对者与阻挠者,甚至会加入各种农民维权组织,与政府进行或明或暗的对抗与博弈。大部分乡村经济精英在成为"致富能手"后,会倾向于参选农村社区居委会成员,获取政策制定和执行的话语权,寻求从"致富能手"向"社区能人"或"能人村官"的转变。

第 二 章

乡（镇）、村关系：权威治理及其结构形式[*]

　　H市地处S省西南部，经济发展后进，乡镇政府与农村社会之间呈现一元化行政权威主导的关系。事实上，三十多年来的经济社会发展并没有改变这种治理思维和治理方式，不仅如此，当今的乡村治理只是不断地强化一元化的治理结构和治理方式。这个基本事实表明，所谓的政社分开、基层群众自治组织对一元化治理来说只具有工具性意义。

一　治理结构及形式

　　改革开放三十多年来，西部乡村治理的治理观念和治理方式没有发生多大改变，基层政府（县、乡）采取的一贯做法仍然是行政权力的控制和主导方式，基层群众自治组织只具有程序上的意义，自主性的社会组织几乎不存在。简言之，一元化的权威治理结构没有实质性的改变，而基层政府一直在沿着传统的汲取财税和社会动员的功能和治理方式的路径走下去。

---

[*] 本章由柳楚佩执笔。

(一) 乡镇政府行政权力居于主导地位

首先，H市下属乡镇政府与农村社会之间，乡镇政府行政权力居于主导地位，亦即行政权威治理结构。这个权威结构基于如下来源：一是农村治理传统。新中国成立后，"官督绅办、乡绅治乡"的传统乡村治理结构瓦解，从变革农村土地生产关系入手，对农村社会权力进行改革与重组，实行党的一元化领导。政社合一的制度作用已完全扩展到人们的意识形态、思维图式和生活方式，形成一种全社会的风气。改革开放以来，在国家宏观体制背景以及市、县（区）权力结构没有根本改变的前提下，乡镇政府行政权力在农村社会仍然居于主导地位。

> 切实将县上下达我镇的各项工作目标任务落到实处，镇党委、镇政府和各村（居）委会、各站所办层层签订目标责任书，将工作任务进行细化、分解，落实到具体责任人。
>
> 加强管理，进一步调动镇、村干部工作积极性，镇党委、镇政府实行考核奖励机制，制定了年度《Y镇2013年村两委会目标管理责任制考核办法》和《Y镇镇属单位目标责任管理责任制考核办法》等激励机制和考核办法，将镇、村干部的目标任务完成情况与工资和年度考核挂钩，奖优罚劣。[①]

二是源于现在的农村治理方式即乡镇一元化治理模式。由于农村社会弱小，不能促成自身状态得以改变，加之H市整体经济的落后，就要求乡镇政府有所作为，首先要发展经济，其次要维持基层社会的稳定，农村社会在成为乡镇政府汲取资源的主要对象的同时也使乡镇政府与乡村社会变成了一种管理和控制的关系。

[①] 《中共Y镇委员会Y镇人民政府二〇一三年工作总结》，Y字【2013】24号。

镇党委、镇政府始终不渝的紧紧围绕综治和平安建设工作需要，加大"四个力度"，推进"三大体系"，为全镇综治及平安建设提供有力保障。加大社会矛盾排查化解力度。镇党委、政府严格按照"警示在前，防御为先"的原则，突出抓好机构网络、经费保障、长效机制、基层防范四项建设。在此基础上实行综治、司法、信访、派出所、法庭"五位一体"的矛盾纠纷排查调处工作机制、坚持日走访，周排查，月抽查，季通报的矛盾纠纷排查调处运行模式，真正做到纠纷不出组，小事不出村，大事不出镇；加大经费投入力度。每年投入不低于5万元的工作经费用于改善各村（居）、镇属企事业单位办公设施配备和学校等重点部位的物防、技防条件，满足综治及平安建设工作需要；加大综治干部配备力度。遴选经验丰富，业务精湛，作风优良，政治过硬的同志担任综治办专职主任，并在去年2名综治工作人员的基础上，又调配1名干部充实到综治办工作。①

农村社会对于乡镇政府的依赖成为行政权力占主导地位的一种推动因素。罗素在《权力论》中谈到权力的三种形态，其中一种权力形态类似于毛驴与胡萝卜的谚语就是对此形象的描述，"谚语上所说的毛驴追求胡萝卜的故事，那就是我们要使它相信它的行为于自己有利，从而使它按照我们的意图来行动"②。

其次，以"项目制"的方式来推动乡村治理。"项目制"现象的出现可以给农村社会带来直接或间接的资金或物资支持，而要将这些支持最终给予农村社会主要依靠乡镇政府。"项目制"是"一

---

① 中共Y镇党委书记发言稿：《综治维稳促和谐　平安创建保增收》。
② 罗素：《权力论》，商务印书馆2012年版，第27页。

种新的国家治理体制"①，其产生是由于"分税制改革之后，随着'两个比重'的提高，各种财政资金开始以'专项'和'项目'的方式向下分配，而且越来越成为财政支出手段"②。自农村税费改革后，乡镇财政呈现"空壳化"形式，因财政"空壳化"导致乡镇政府"利用各种关系去上级部门跑项目、要资金。中央及省市财政支农的资金有相当大的比重是以项目的形式下达的，这些项目的资金分配有主观上的随意性"③。

  农村建设：2013年以来，D村、W村根据自身实际情况，制定了详细的产业发展规划，落实了产业发展项目及规模，将任务分解落实到户。并落实了村、组干部包抓户责任人，要求每位责任人要深入包抓户，指导和督促产业发展户发展产业。枣皮规范建园累计1200亩，其中连片建园500亩。板栗700亩，其中50亩连片三处，100亩建园一处。生猪养殖50头以上三户，全村发展400头。香菇、木耳9万袋。栽培天麻、猪苓5000平方米。D村在住建局的帮扶下，投资38万元，安装路灯19盏。④

  由此，乡镇政府"跑项目"的能力成为农村社会是否能得到资金或物资支持的依靠力量，乡镇政府则成为农村社会的依赖对象。

  8月31日，县委常委、常务副县长高XX在X镇X村主持召开会议，就J镇X村新农村建设有关问题进行了专题研究。县总工会主席王X出席了会议。县委农工部、县编办、人劳局、交通局、林业局和X镇政府的负责同志参加了会议。

---

① 渠敬东：《项目制：一种新的国家治理体制》，《中国社会科学》2012年第5期。
② 周飞舟：《乡镇政府"空壳化"与政权"悬浮"》，《中国改革》2007年第4期。
③ 同上。
④ 《中共Y镇委员会Y镇人民政府二〇一三年工作总结》，Y字【2013】24号。

会议听取了X镇关于X村新农村建设工作情况的汇报。会议认为，在各级领导的高度重视下，通过整合捆绑涉农资金。X村新农村建设取得了明显成效，为推动全县新农村建设起到了很好的示范作用。会议要求，镇村两级要切实提高工作水平，搞好新农村建设工作。

会议决定：

一、着力发展主导产业，拓宽农民增收渠道。镇村两级要增强农民在新农村建设中的主体意识，加大培育主导产业力度，把懂经营、有头脑的农民组织起来，建立农民专业合作社。通过专业合作社把农户组织起来，大力发展设施蔬菜、生猪养殖等产业，年内启动200亩设施蔬菜项目，列入县农业局计划盘子，并在市县现有补助的基础上，每亩再补助500元，共计10万元，主要用于农户贷款贴息。该项目的实施要通过专业合作社与农户发生经济往来关系，采取政府扶持，自主经营，自负盈亏的方式运行。

二、加快基层阵地建设，建好村级活动场所。X镇要把X村村级活动场所建设作为重中之重，切实抓紧、抓好。用地规模、建设规模要适度，并报相关部门审定后再进行建设。县计划局要把X村村级活动场所建设列入项目计划，给予资金扶持。

三、加大项目倾斜扶持力度，解决好建设资金不足的问题。县新农办要抓住X村列入市级新农村示范村的机遇，争取优惠政策和资金扶持。尽快实施后续1公里村组道路硬化工程项目和村组水毁道路的修复，由县计划局安排10万元水毁供排和道路设施恢复资金；县林业局要将许营村列入2011年村庄绿化建设项目中，并争取项目资金扶持。各包联部门要加大包联合扶持力度，根据各自部门实际，最大限度地给予资金扶持。X镇和X村要进一步加大村庄整治力度，落实好各项建设任务，改善村容、村貌，真正起到示范引领作用。[①]

上述资料中的 H 市 N 县 X 镇 X 村就是一个得益于"项目制"的例证。X 村拥有早已修建完备的通组公路，自来水进入每家每户，村民活动中心、图书室、篮球场、健身器材、音乐器材等应有尽有。作为各种项目的"示范村"，X 村是 X 镇镇政府向外展示政绩的窗口。

（二）村级自治组织行政化

首先，所谓自治，"意味着不像他治那样，由外人制定团体的章程，而是团体的成员按其本质制定章程（而且不管它是如何进行的）"[②]。但在农村，行政与政治混合、党政不分的现象存在已久，村党支部是村级各种组织和各项工作的领导核心。加之受过去人民公社这种全能主义的政治体制造成的农村治理传统影响，即"政治机构的权力可以随时地无限地侵入和控制社会每一个阶层和每一个领域的指导思想，全能主义政治指的是以这个指导思想为基础的政治社会"[③]。此两者结合，使得无论是村干部，还是村民对"自治"的理解远远不如对"党是社会主义各项事业的领导核心"的理解那样深刻，这是村民自治行政化的制度基础之一。

X 村党支部书记工作职责

1. 带领全村干部为建设文明和谐的农村而努力奋斗。
2. 组织党员、干部的政治学习和教育，及时贯彻党的方针政策，定时组织召开学习会、生活会。

---

① 《N 县人民政府专项问题会议纪要》，2010 年 9 月 25 日。
② 马克斯·韦伯：《经济与社会》（上卷），商务印书馆 1997 年版，第 79 页。
③ 许远旺、陆继锋：《现代国家建构与中国乡村治理结构变迁》，《中国农村观察》2006 年第 5 期。

3. 负责党支部的建设和整顿，做好党员及干部的培养、教育和发展。

4. 负责村组班子机构的组建和素质教育、管理、检查、督促总结考核组干部的全年工作。

5. 负责村各项产业结构、政务、财务公开，年度计划工作的落实。

6. 督促村组的财务管理，实行村账镇管，定期公布。

7. 负责本村计划生育工作的落实，文化教育目标的实施。

8. 负责本村综治工作，维护社会稳定，创造文明和谐新村。①

由于乡镇党委与村党支部是上、下级关系，村党支部受乡镇党委的直接领导，而乡镇党委与乡镇政府的相关联系间接地导致村委会在一定程度上听命于乡镇政府。这是在乡镇政府对村民选举操控力明显减弱的前提下，乡镇政府的行政权威占主导地位的一部分原因。

其次，在 H 市下属各村，村干部是有薪酬的，且所有村干部的薪酬标准都由乡镇政府核定。乡镇政府根据一系列考核来确定村干部的工资水平，同时根据任务完成的情况给予一定的奖励。

表 2-1　　　　　　X 村 2009 年村干部实发工资表②

姓名	职务	月工资	总金额
许 XX	支部书记	300 元	3600 元
许 XX	村主任	300 元	3600 元
何 X	妇女主任	300 元	3600 元
芮 XX	会计	300 元	3600 元
合计			14400 元

---

① 《X 村党支部书记工作职责》。
② 资料来源：2014 年 4 月调研材料。

表 2-2　　　　　X 村 2009 年组干部实发工资表①

姓名	职务	组别	月工资	总金额
许 XX	村民小组长	1	58 元	696 元
许 XX	村民小组长	2	55 元	660 元
许 XX	村民小组长	3	56 元	672 元
黄 XX	村民小组长	4	50 元	600 元
陈 XX	村民小组长	5	37 元	444 元
张 XX	村民小组长	6	45 元	540 元
合计				3612 元

表 2-3　　　　　Y 镇 2013 年度村级个性目标考核一览表②

项目	考核内容	总分	完成情况	加减分	得分
工作部署	年初有工作要点，年终有工作总结（以资料为准，缺一项扣 0.5 分）	1			
政策贯彻落实	认真贯彻落实党在农村的各项方针、政策、国家法律、法规和镇党委、人大、政府的有关文件、决议、决定、会议精神（查看会议记录）	1			
	按时参加镇党委、人大、政府通知的各种会议（旷会 1 人次扣 0.5 分）并按时上报各种资料，按时上报各类表册、统计资料、报表（迟报或漏报 1 次扣 0.5 分）	1			

---

① 资料来源：2014 年 4 月调研材料。
② 同上。

续表

项目	考核内容	总分	完成情况	加减分	得分
经济发展	认真研究，落实镇政府下达的各项经济指标，做到思路清、任务明、责任实（查看记录，主要突出产业发展凡记录不明确、不清楚、责任不实者扣 0.5 分）	1			
	农业三大主导产业和优势产业发展（每项 5 分，按百分比记入。奖励分实奖实记，但不能超过每项基础分的 50%，以镇产业发展办考核结果为准）	15			
	农业增收效果明显，人均纯收入有明显增加（以报表为准，超出全镇平均线奖 2 分，低于平均线按每低一个百分点扣 1 分）	5			
安全生产	防火、防汛、防止地质灾害、动物疫情防控及安全生产工作有预案、机构健全、切实认真负责（查看记录和相关资料，缺一项扣 0.2 分）	1			
	村内未发生任何不安全事故，做到巡查、监测值班人员信息传递及时准确（查记录和相关资料及掌握的情况，凡发生一起安全事故者不得分，资料、记录不齐扣 1 分）	2			
清洁工程	X 国道沿线村必须按政府安排完成清洁任务，没有清洁任务的村要治理脏乱差	2			
扶贫工作	1. 按要求完成整村扶贫建设任务，并做到报账及时、资料完善、档案规范；2. 落实了包抓负责人，按要求完成移民建房任务，并做到手续齐备；3. "雨露计划"招生任务完成情况（以镇扶贫办提供依据为准）	2			

由此，村干部这群被"行政化"的村民，其回报乡镇政府的途径就是努力完成乡镇政府安排的各种行政任务。乡镇政府之所以能够在农村社会居于主导地位的另外一部分原因，即罗素在《权力论》中描述的第三种权力形态，"可以拿玩把戏的动物为例：赏与

罚使他们养成了若干习性"①。其通过发工资作为奖励形式，对村干部形成一种隐性控制，从而使自己处于主导地位。

二 "行政权支配社会"

孟德拉斯曾于《农民的终结》提出"在缓慢变化的社会，人们更为关切的是维护传统，而不是弹性和适应，当这种社会和处在这种社会的人们必须跟上迅速变化的工业社会的节奏时，他们就茫然不知所措了"，"小农经营模式将逐渐消失"②，同样，小农的终结在中国亦是不可抗拒的历史变迁，费孝通在《乡土重建》中就提到了中国20世纪40年代农村衰败的景象"……中国乡土社会里本来包含着赖以维持其健全性的习惯、制度、道德、人才，曾在过去的百年中，也不断地受到一种被损蚀和冲洗的作用，结果剩下了贫穷、疾病、压迫和痛苦"③。此次调研过程中，所访H市下属农村皆呈现出衰败景象，"家家门窗紧闭，户户老人稚子"。

H市地区农村社会力量的弱小主要体现在下述两个方面：1. 传统的农村社会自主性弱化。虽然有学者认为在传统帝制的中国，国家内各个部分都被辖于权力之网，并对"皇权不下县"提出质疑，"秦汉时代我国传统帝国的农村基层控制已相当发达和严密。汉以后除东汉后期到北魏的宗主督护制时期帝国根基不稳外，也一直维持着专制国家对'编户齐民'的控驭"④。但是，传统的中国农村作为传统中国社会特质的典型代表者，由于其自身具备地理边界（坐落位置，生产生活条件）及文化边界（地方习俗，宗族关

---

① 罗素：《权力论》，商务印书馆2012年版，第27页。
② 孟德拉斯：《农民的终结》，李培林译，社会科学文献出版社2010年版，第40页。
③ 费孝通：《乡土中国 生育制度 乡土重建》，商务印书馆2011年版，第400页。
④ 秦晖：《传统十论》，东方出版社2014年版，第84页。

系），① 传统农村社会具有一定程度的自主性。传统的农村社会自主性表现在四个方面："自我提供公共产品；自我生产帮扶体系；自我满足消费欲望；自我维持内部秩序。"② 时代在进步，中国社会的每个角落都被卷入一往无前的洪流中，各种因素如国家政权建设、市场经济、科技产品，强烈地渗入农村社会，使得传统的农村社会自主性已呈衰弱态势，具体体现为：

第一，在"自我提供公共产品"③ 方面，如今的 H 市农村社会已无条件满足村内部的公共需求。传统中国农村社会内部，宗族力量是其自我提供公共产品的主要依靠对象，由于新中国成立后，不仅党延续了新中国成立前"政党下乡"的方式从根本上改造农村社会内部结构分化，④ 政府还通过"行政下乡"⑤ 的方式将国家规则深入农村社会，即"要想建立一个完整的国家政治体系，政府就必须以一种前所未有的方式渗入社会的各个角落"⑥。在调研过程中，笔者在 H 市地区农村内部没有发现任何传统宗族势力的痕迹，加之大部分村没有集体经济，对于农村公共产品的提供，主要依靠政府行政力量，以 H 区 P 镇 N 村修建道路为例，在村民修整路基的基础上，政府出资铺盖混凝土。补贴标准为：2008 年以前，政府一公里补贴 4 万—6 万元，根据修路宽窄长短定，修的路越长、宽度超过 3 米以上，补贴就高一些；2008 年以后，H 区通村公路大多修建结束，剩余的少数公路目前补贴提高，一公里补 10 万元左右。⑦ 另外，如 N 县 X 镇 X 村，与村民文化建

---

① 刘伟：《难以产出的村落政治——对村民群体性活动的中观透视》，中国社会科学出版社 2009 年版，第 61 页。
② 同上书，第 61—63 页。
③ 同上书，第 61 页。
④ 徐勇：《现代国家的建构与村民自治的成长——对中国村民自治发生与发展的一种阐释》，《学习与探索》2006 年第 6 期。
⑤ 同上。
⑥ 费正清、麦克法夸尔：《剑桥中华人民共和国史——革命的中国的兴起（1949—1965）》，上海人民出版社 1990 年版，第 72 页。
⑦ H 市 H 区 P 镇 N 村调研，2014 年 7 月。

设相关的公共物品如图书、乐器、健身器材,都由市、县两级民政局资助。

  加大农业基础设施建设,增强农业发展后劲。一是新修 S 村至 H 厂的通村道路 5 公里,并进行申报了 W 村至 W 厂段的通村道路,另外整修砂石路 30 公里,公路养护 45.5 公里。二是抓好扶贫重点村建设工作,完成了新合村扶贫重点村建设任务,争取上级资金 90 万元,总投资 187 万元完成了人畜饮水,农村低压电网改造等 9 个项目,为群众脱贫致富打下良好基础。①

  第二,在"自我生产帮扶体系"② 方面,所谓帮扶体系,是建立在农村熟人社会基础上的,熟人社会的形成源于中国传统的宗族关系。但在如今的 H 市农村社会,自我生产帮扶体系的条件已不具足。一方面,新中国成立后,国家政权重建,合作化运动与集体化运动的冲击,包括"文化大革命"的打击,使得传统宗族力量对于农村社会的影响衰减。在所访 H 市下属各村中,"宗族"这个贯穿中国传统社会结构与传统文化礼仪几千年的核心名词,几乎不见踪迹。在调研过程中了解到,H 市汉台区 P 镇 S 村与 N 县 X 镇 X 村,祠堂不存在,绝大多数农户无祖谱,即便是祭拜祖先也只在逢年过节。而且祭拜祖先已成为各家各户相对独立的活动,大多数村民对于这一活动建立的初衷并不知晓和理解,祭拜祖先似乎成为村民日常生活中一项无感情的惯例活动。

  另一方面,计划生育政策在一定程度上动摇了宗族得以延续的血缘基础。关于计划生育,其针对农村的政策覆盖面较大的便

---

① 《X 镇二〇一二年工作总结》。
② 刘伟:《难以产出的村落政治——对村民群体性活动的中观透视》,中国社会科学出版社 2009 年版,第 61 页。

是申请生育第二个子女的审批条件中其中一项为第一胎是女孩，这便给予以男性为宗族得以延续的标志此传统观念沉重的打击。H市地区农村社会中人们传宗接代的观念并不强烈，以N县X镇X村现任村支书子女情况为例，村支书作为村中较有公信力的人，膝下只有两女，可以透视出该村整体对于传统观念中延续香火的意识不浓。再者，农村青壮年外出打工、进城务工人数大幅度上升，从而使农村社会自我产生帮扶体系所需的人力条件趋向瓦解。以N县X镇X村为例，劳务输出成为村里的支柱产业，对于一个缺乏青壮年劳力的农村来说，其社会内部产生帮扶体系几乎是不可能的。

第三，在"自我满足消费欲望（此处所讲的消费欲望主要是劳动剩余意义上的商品消费）"①方面，目前的H市农村社会满足村民消费欲望的能力不足。一是市场经济的确立使广大农村成为市场的一部分。一个传统的中国农村内定生活着小部分手工艺人，如木匠、编制工，这部分人在做农活之余亦承担着满足村内民众对于商品消费的需要。可在调研过程中，所访H市地区农村展现出的却是另外一幅画面，木匠已被小型的家具经销商替代，编制工等手工艺人也被各式各样的零售商铺替代。二是随着外出打工的农民增多，宽带网络的发展，以及电视传媒的影响，农民的消费欲望不再仅集中于修屋建房和支付子女受教育的花销，尤其是年轻女性已将注意力转向对美的追求。以S省H市汉台区P镇S村和N村为例，它们处H市区近郊，电视、电话、手机已基本普及村里的每家每户，有一部分农户还安装了宽带网络，在村里生活的农民户口的年轻女性穿着打扮已与城市女性无异。

所以，在越来越多的村民走出农村、走进城市，传统农村宗族关系萎缩，乡村内部结构变化和电子网络、传媒宣传、乡镇政府的

---

① 刘伟：《难以产出的村落政治——对村民群体性活动的中观透视》，中国社会科学出版社2009年版，第62页。

行政权力等这些外部力量冲击的双重作用下，农村社会的传统自主性走向解体，直接削减了农村社会的力量。

民间组织力量弱小。H市农村，由于经济发展水平不高，农业生产方式得不到提高，加之青壮年劳动力流失等因素，民间组织发展停滞。一方面，除H区P镇S村拥有农业生态蔬菜合作社外，所访其他各村基本无经济合作组织。经济合作组织在增强农村社会力量方面有十分重要的作用，其不同于以消遣、娱乐为目的的组织，它可以作为村民自主发展农村经济的依托，经济合作组织的势单力薄使农村社会力量的壮大失去了助推力。另一方面，各村无宗教组织。H市地区农村村民大多无宗教信仰，如此淡漠的宗教信仰氛围决定了宗教组织在农村社会建立是基本没有可能性的。但是，宗教组织之于农村社会是具有价值的，除了进行宗教活动外，由于其具备强大的号召力和广泛的社会资源，有能力提供各种形式的社会服务，可以作为构建农村社会自主性的承担者之一而存在。由此，宗教组织的缺失导致在加强农村社会自主性方面失去了平台。

在调研过程中，不乏听到一些乡镇干部质疑村民自治，认为农民素质太低，没能力自治；如果自治，农村社会就会一片混乱。对于农民而言，他们的生活早已不是整日面朝黄土、背朝天的状态，农村的开放、农村人口的流动带来了外界信息与外部资源，现在的农民可以谈论国外局势、国内形势，但这一切并没有促进他们自治意识和诉求的发展和成长。

现代意义下的自治，强调在得到团体内大多数人认可的前提下，合法、独立、自主行使一种具有约束功能和支配功能的权力，"因为'自治'的概念，为了不致失去任何明确性，是与一个根据其特征以某种方式可以划定界限的人员圈子的存在相关联的，哪怕是特征会有所变化，这个人员圈子依据默契或者章程，服从一项原则上可由它独立自主制定的特别法"。"依据默契或者制定成章程的制度，赋予一个人员圈子的自治，在本质上也不同于纯粹的缔约自由。"① 一个社会团体要拥有这种权力，需要团体内成员具备公民意识为基础，"一个健康的政治体需要的是积极的公民。积极的公民身份以个人作为起点，因为正是通过个人的行动，公民身份的结构性条件才能得到再生产和改善"②。从这个角度来说，H 市地区农村社会成员表现出的自治意识缺失主要源于固有的传统观念阻碍着对自治的理解。

  以对村民进行的访谈内容为例，首先，在与一对夫妻谈到关于低保问题时，因其家庭条件符合农村低保申请条件，妻子表露出明年要申请低保的意向，而丈夫却说"能过到现在这个水平，比以前好就行了，最起码饿不死，还申请什么低保，让别人怎么看我们"③。如此将公与私完全割裂的态度并不利于由一定数目的个人组成的自治团体的发展，由于"中国的公·私在由共同体的公·私整合为政治上的君·国·官对臣·家·民之间的公私的过程中，从道家思想吸收了无私、不偏概念作为政治原理，而包含了公是'平分'、私是'奸邪'，即公平、公正对偏颇、奸邪这种道义上的背反·对立概念"④，"礼教的真正意义在于反'个人主义'而不在于反'国家主义'"⑤。这就导致了农民对个人利益不能正确的理解，不能科学地正视有关个人发展与提升的利益需求，可是自治团体的发展却要依靠积极的团体成员，"人民知道自己的真正利益之后，自然会理解：要享受社会的公益就必须尽自己的义务"⑥。所以，农民所呈现的消极态度，在一定程度上解释了他们为什么对于"自治"这个词汇理解模糊。

---

① 马克斯·韦伯：《经济与社会》（上卷），商务印书馆 1997 年版，第 56 页。
② 基思·福克斯：《公民身份》，吉林出版集团有限责任公司 2009 年版，第 89 页。
③ H 市 H 区 P 镇 S 村村民访谈，2014 年 7 月。
④ 沟口雄三：《中国的公与私·公私》，郑静译，孙歌校，生活·读书·新知三联书店 2011 年版，第 49 页。
⑤ 秦晖：《传统十论》，东方出版社 2014 年版，第 85 页。
⑥ 托克维尔：《论美国的民主》（下卷），商务印书馆 1989 年版，第 709 页。

其次，在与这对夫妻谈到对村两委工作的满意程度时，妻子还未开口评价，丈夫便以"那是人家的事情，我们不评价"① 结束了谈话，这样的认识不仅把自己与自治组织分割，也将自治组织归于行政组织。由于新中国成立后，农村社会治理方式高度政治化，治理的授权来源在上，治理过程也只是对上负责，导致村民成为类似所谓"狭隘观念者"，"狭隘观念者指那些对政治体系所知甚少，甚至一无所知的公民。他们认识不到自己对政治体系可能施加的影响或是应该承担的义务"。②

与这对夫妻类似的情况，在调研过程中并不少见，农民对于自治的理解呈现出令人忧虑的状况。于建嵘在《岳村政治：转型期中国乡村政治结构的变迁》中亦谈道"目前岳村村民的公共参与总的特征是尚处于政治参与的初级阶段，主要表现为村民公共参与随意性强，个体参与一般不抱有一贯的和明确的目标，而往往随大流"③。虽然农民对于自治的理解也因前文谈到的，如乡镇政府行政权力占主导地位，农村社会缺少民间组织等此类外部条件造成，但是农民自身固有的传统观念也是十分重要的因素。

三 权威治理机制与实现形式

乡镇政府与农村社会之间一元化治理关系，意味农村社会的所有事务就是要完成乡镇政府下派的行政事务，对于 H 市地区的农村来说，乡镇政府与其维系关系的主要方式就是：目标责任书的签订、驻村干部与乡镇领导包村、村级事务"422"工作法、村财镇管。

---

① H 区 P 镇 S 村调研，2014 年 7 月。
② 加布里埃尔·A. 阿尔蒙德、小 G. 宾厄姆·鲍威尔：《比较政治学——体系、过程和政策》，东方出版社 2007 年版，第 37 页。
③ 于建嵘：《岳村政治：转型期中国乡村政治结构的变迁》，商务印书馆 2001 年版，第 418 页。

（一）行政目标责任书

在行政体系内，目标责任书是上级政府与下级政府签订，或是一级政府与其配套职能部门或单位签订的。乡镇政府与村民委员会签订行政目标责任书，意味着以行政体系内部的方式，将政府的行政任务下派给行政村，行政目标责任书的内容涉及农村经济社会生活的各方面，主要包括：社会治安综合治理目标管理责任书、安全生产工作目标责任书、经济指标及社会事务工作目标责任书、精神文明建设目标责任书、国土资源及村镇规划建设管理目标责任书、耕地及基本农田保护目标、计划生育村民自治目标管理责任书。同时，随行政目标责任书而来的就是后续的监督、落实、考核等。由此可知，乡镇政府与村民委员会签订行政目标责任书是村级自治组织被行政化在程序上的主要方式。从行政目标责任书的各项内容中，可以明了乡镇政府是如何运用自上而下的压力手段加强其对农村社会行政控制力度的。

1. 关于社会治安综合治理目标管理责任

一、责任目标

（1）辖区内中、省、市、区、处属单位，必须认真贯彻落实中央关于实行社会治安综合治理管理责任制的规定，把综合治理工作纳入全年重要的工作日程，机构要健全，人员要配齐。10分

（2）充分发挥治保、调解组织的作用，做到办公有场所、工作有记录。10分

（3）积极稳妥地做好民事纠纷排查、调处工作，做到小事不出组（车间），大事不出村（厂、公司），矛盾不上交，民事纠纷调解率达100%，坚决杜绝因调处不及时或调处不力而酿成民转刑案件的发生。15分

（4）健全矛盾纠纷排查调处机制，办事处每季度召开一次矛盾排查协查会，各村、各单位每月召开一次调解人员参加的矛盾纠纷排查会，做好记录，整理好相关的资料，年终检查考核，对排查出的矛盾实行定人、定责、定时的办法尽快化解。15分

（5）深入开展创建平安办事处活动，全面落实综治工作各项措施，充分发挥护村、护厂、护校巡逻队和治安中心户长的作用，防止各种事故的发生。15分

（6）严厉打击各种违法犯罪活动，切实做好安全生产和信访工作，使辖区内常住人口犯罪率控制在万分之三以内、无重大刑事案件、无重大治安案件和灾害事故、无重大群体性事件发生。15分

（7）建立健全反邪教工作机制，切实落实法轮功人员和门徒会分子的帮教、监控转化措施，确保"三零"目标的实现。10分

（8）配合公安深入开展严打整治行动，严厉打击贩毒、赌博等违法犯罪活动，保证辖区治安稳定。5分

（9）切实抓好普法和综治宣传工作，提高干部群众学法、懂法、守法的自觉性。5分

二、考核奖惩

（1）本责任书列入辖区各单位、党政主要领导和分管领导的任期目标，把抓社会治安综合治理工作的能力和实绩，作为考核领导政绩的重要依据。

（2）本责任书的完成情况，由办事处按照考核办法制定考核评分细则，并在年终进行检查考核奖励，实行一票否决。

（3）本责任书自签字之日生效，如责任人变动，由接任者继续履行职责。[①]

---

① 资料来源：《H区P镇人民政府2013年度社会治安综合治理目标管理责任书》。

从资料看，所提及的"民事"显然不仅涉及有关民法之事，也包含农村社会民众之间的事情，进一步说，充分利用农村熟人社会的特性，只要是矛盾纠纷，无论大小都在排查范围内，即"小事不出组，大事不出村，矛盾不上交"。将"综治"等同于民事，把行政事务转换为农村社会本身事务，意味着虽然农村社会内部的矛盾分歧由其内部解决，但后续的考核方式却又把本该属于农村社会共同体内部自我调节的内容纳入了行政事务的范畴。

由考核条目可知，乡镇政府对于行政村施加的压力主要体现在"本责任书列入辖区各单位、党政主要领导和分管领导的任期目标，把抓社会治安综合治理工作的能力和实绩，作为考核领导政绩的重要依据"。由于乡镇是党委政府混合运作的一级政权，把与党政主要领导政绩相关的行政任务下派到行政村，就意味着领导们会相当关注这些工作的进展程度；加之，后期考核并无农民参与，由乡镇政府根据责任书中细化的条目分数进行考核；那么，可以说从任务下派，自工作监督，到结果考核，整个过程都由乡镇政府主导。如此，乡镇政府给予行政村的压力被分为三个部分，贯穿于村干部工作的全过程。

2. 关于安全生产工作目标

一、考核指标

（1）建立健全安全生产责任制，把安全生产责任贯穿于各项工作的始终，列入年度办事处对各村（社区）和各单位量化考核的主要内容之一。

（2）安全生产工作实行属地管理，本辖区、本单位、本部门的主要负责人是安全生产工作的第一责任人，本着谁主管谁负责的原则，主要领导亲自抓，分管领导具体抓。

（3）建立安全生产分类管理机制，各单位对辖区内的易燃易爆和化工产品生产经营等重点安全生产企业每月进行一次安全生产专项检查，对其他安全生产监管单位每季度进行一次安全生产检查,发现隐患及时整改。

(4) 建立健全安全生产机构,配备专(兼)职安全生产管理人员和监督员,有安全制度,责任明确,有会议记录和安全检查记录,有重特大事故应急预案。

(5) 抓好高危岗位人员的培训和管理工作,对安全员每年至少培训4次,特种作业人员持证上岗率达到100%。

(6) 完善安全生产工作措施,安全隐患整改按期完成,整改率100%,安全责任事故死亡率为0。

(7) 加强烟花爆竹管理,预防爆炸事故,保障公共安全和人身、财产安全。

(8) 认真抓好安全生产宣传教育。充分利用各种形式,宣传《S省安全生产条例》及相关安全知识,安全生产教育培训率达到98%以上。

(9) 完成镇监站交办的其他工作。

二、考核办法

(1) 本责任书纳入全年目标管理考核范围,年终由办事处统一考核。

(2) 各单位不得隐瞒不报和虚报安全生产事故,如经查出,按照相关规定追究领导及有关人员的责任,对该单位实行一票否决,取消一切评优资格。[①]

安全生产是乡镇政府维持基层社会秩序稳定的主要工作之一。从考核指标内容"建立健全安全生产责任制,把安全生产责任贯穿于各项工作的始终,列入年度办事处对各村(社区)和各单位量化考核的主要内容之一",可见乡镇政府对安全生产工作的重视,但各村的生产条件有别,隐患亦不是展露于眼前,依靠村干部在各村的落实具体任务则成为乡镇推进安全生产工作的主要途径。由于

---

① 资料来源:《H市H区P镇人民政府2013年度安全生产工作目标》。

《中华人民共和国安全生产法》的相关规定以及安全生产与农村社会自身发展紧密相关,说明行政村与乡镇政府存在事实上的合作关系,这就是目标责任书能成为乡镇政府与行政村之间重要纽带的一个原因。

考核办法中"一票否决"是"压力型"惩罚的典型代表,结合"安全生产工作实行属地管理,本辖区、本单位、本部门的主要负责人是安全生产工作的第一责任人,本着谁主管谁负责的原则,主要领导亲自抓,分管领导具体抓",惩罚措施与领导督促的双重运用,使得村干部的一切工作都围绕责任目标展开。

3. 关于精神文明建设目标

一、积极开展《公民道德实施纲要》宣传,有村规民约,社会风气好,无赌博、无邪教、迷信、不赡养老人等不良现象。积极开展"十星级文明户""文明示范户""好媳妇、好婆婆"和文明村(标兵)升级达标的创建活动。

二、未成年人思想道德建设得到加强,留守老年人、妇女、儿童等工作的开展正常有序。

三、群众精神文化生活丰富多彩,村风、民风正。

四、注重发展文化产业和公共事业,积极开展经常性的群众文化、文艺、文体活动,全面完成村广播室建设。

五、加强对农家书屋的管理,做到借阅有序,按时开放。[①]

所谓精神文明建设,旨在提高民众的思想道德素质和科学文化素质,以适应现代化建设的需要。但是从资料内容可知,乡镇政府给予行政村的关于精神文明建设的任务只围绕宏观一般性的工作,如"未成年人思想道德建设得到加强","注重发展文化产业和公共事业"。可是每个行政村的情况不尽相同,"建设"到何种程度

---

① 资料来源:《H 市 H 区 P 镇人民政府 2013 年度精神文明建设目标责任书》。

可称"加强","发展"到什么水平可谓"注重",并不能一概而论;这就把分析本村实际情况并力所能及的工作这两大烦琐的任务交给了村干部。

4. 关于国土资源及村镇规划建设管理目标责任

一、工作目标

(1) 全面实施土地利用总体规划和村镇建设规划,认真落实土地用途管制制度。严格执行年度土地利用计划,村民建房用地指标及时落实到组、户,并控制在上级下达的指标之内。10分

(2) 严格实施基本农田保护六项制度,耕地及基本农田得到有效保护,全年无违法用地现象发生。10分

(3) 村民建房必须符合土地利用总体规划和村镇建设规划,依法报批村(居)民建房用地和规划手续,在十五个工作日内完成审查上报工作,做到资料完备、及时准确、程序合法、划拨及时。强化审批、划拨后的监督管理,做到无违法用地、无批少占多。10分

(4) 进一步加大国土资源及村镇建设规划管理法律法规的宣传力度,教育干部群众不违法批地,不违法管地,不违法用地。特别是"6·25"全国土地日期间,每村至少刷写20—30条宣传标语、1—2条固定标语和1条过街横幅。10分

(5) 全面落实动态巡查制度,发现违法、违规行为及时制止、及时上报,并积极主动配合国土所和村镇建设服务站,做好本村土地和规划信访及违法、违规案件的查处工作,对村民建房宅基地纠纷和矛盾做到小事不出组、大事不出村。10分

(6) 认真做好村民危房的调查登记和材料上报,突发性事件防、抢、撤措施扎实有效,确保村民生命财产不受重大损

失。10分

（7）切实加强党风廉政建设和反腐败工作，办理村民建房不吃、不拿、不卡、不要，不乱收费、不搭便车收费。10分

（8）积极支持重点建设项目征地、拆迁、安置工作，确保建设项目顺利实施。10分

（9）加强基础设施建设，改善生产生活条件。10分

（10）加大环境卫生整治力度，认真开展创建"卫生村"活动。10分

二、考核办法

（1）坚持平时和年终考核相结合，实行百分量化考核，并列入办事处全年综合目标考核内容。

（2）出现群众越级上访，经查反映问题属实的每件扣2分，由于监管不到位出现土地违法、违规案件的每件扣2分。

（3）发现村、组干部私自表态允诺村民违法、违规占地建房的，除每件扣2分外，要进行通报批评，情节严重的暂缓该村的村民建房用地审批。

（4）完成各项任务，考核在前两名的村、镇政府将予以通报表彰。[①]

从权力构成体系的角度来说，一方面，乡镇政权的权力是不完整的，表现为"乡镇对内部单位的人事管理缺乏自主，垂直单位的存在则基本上掏空了乡镇政府管理的实质内容"[②]。另一方面，乡镇政府责任沉重却无力承担，在调研过程中，H区P镇党委书记就说道："现在的乡镇政府基本是没有权的，顶多是个执行者，上边把以前有权力的、能执法的乡镇政府改成什么都不是了。"[③] 由于肩负

---

① 资料来源：《H市H区P镇人民政府2013年度国土资源及村镇规划建设管理目标责任书》。
② 赵树凯：《乡镇治理与政府制度化》，商务印书馆2010年版，第160页。
③ H市H区P镇调研，2014年4月。

重责,乡镇政府在对行政村下派行政任务时,甚至把具体到开会频率、标语数量都强硬地纳入了考核规定,如"特别是'6·25'全国土地日期间,每村至少刷写20—30条宣传标语、1—2条固定标语和1条过街横幅"。如此琐碎、刻板的任务规定,在一定程度上束缚着村干部的工作进程。

是否有越级上访现象,成为体现乡镇政府行政能力的一个重要标志。对上访者来说,之所以越级上访是因为自己的利益诉求得不到上级政府的解决。乡镇政府把自身处理行政事务的能力与村干部的工作质量相联系,"出现群众越级上访,经查反映问题属实的每件扣2分",导致村干部承担源自乡镇政府转嫁的压力,压缩了村级自治组织的自治空间。

5. 关于耕地及基本农田保护目标责任

一、主要目标

(1) 2013年年末,N村耕地保护量不得低于上级下达的面积。

(2) 依法保护基本农田,要达到面积、制度、责任、标志"四落实"的要求。

(3) 认真实施土地利用总体规划,严格执行土地利用年度计划,年内农用地、耕地转为建设用地面积不得突破上级下达的年度用地计划指标。

(4) 依法申报国家、集体建设用地及村民建房,辖区内无违法批地现象,无违法乱占滥用土地现象。

(5) 积极开展土地开发复垦整理,认真落实耕地占补平衡,按期完成村民建房的补充耕地任务。

(6) 加强国土资源管理法律、法规宣传教育,认真组织开展"6·25"全国土地日法制宣传活动,采取多种形式进行集中宣传,宣传覆盖面达到辖区村民小组数的100%,群众知晓率达到80%以上。

（7）落实动态巡查制度，及时发现和制止违法行为，尽量把违法行为制止和处理在萌芽状态。加大对国土资源违法案件的查处力度，严厉打击国土资源违法行为，全年违法案件结案率达到95%以上。

二、考核办法

（1）镇政府将对耕地及基本农田保护进行日常监管，定期对耕地的保有量和基本农田的数量、质量进行检查，并将耕地及基本农田保护列入村（社区）年度综合目标责任考核。

（2）对完成保护任务的村，且得分在前三名的，镇政府予以通报表彰；对没有完成保护任务的村，特别是违法占用耕地或发生重大土地违法案件的村要进行通报批评，问题严重的，依法追究责任人的法律责任和党纪政纪责任。①

由资料可知，"不得低于上级下达的面积""不得突破上级下达的指标"成为村干部关于耕地及基本农田保护工作的主要任务。但是，这里的"上级"是乡镇政府的上级，之所以出现在乡镇政府与行政村签订的目标责任书里，是因为上级掌握着对于乡镇政府的人事权，导致了乡镇政府只对其上级负责，便将上级安排的行政任务细化并下派给与自己无等级关系的行政村。尽管行政村与乡镇政府无等级关系，但"压力型"的考核办法却使得行政村不得不完成"上级"下派的行政任务。

乡镇政府虽然权力残缺，但由于乡镇政权党政不分，其内部则集权于党委书记，因此，在对行政村下派行政任务时会以行政与政治结合的方式，如"对没有完成保护任务的村，特别是违法占用耕地或发生重大土地违法案件的村要进行通报批评，问题严重的，依法追究责任人的法律责任和党纪政纪责任"。把行政惩罚转变成政治惩罚，使得压力形态改变，把行政村变成了乡镇政府的"下级"。

---

① 资料来源：《H市H区P镇人民政府2013年度耕地及基本农田保护目标责任书》。

6. 关于计划生育村民自治目标管理目标责任

一、工作任务及质量指标

(1) 全面完成2013年人口计划，辖区内常住人口、流动人口无计划外怀孕、计划外生育，计划生育率达到100%。7分

(2) 实行节育措施和孕情跟踪报告及生育服务登记制度，生育对象须加免费孕前优生健康检查，参加孕检人数占当年出生总人数的95%以上，建立孕情跟踪卡和节育措施督办制度，节育措施知情选择协议签订率达100%。6分

(3) 农村计划生育奖励扶助摸底准确率达100%，资料齐全完整，应奖励扶助对象无漏报。6分

(4) 流动人口无盲怀、无计划外生育，实行"五包五落实"管理机制，管理合同签订率达100%，办证、验证率100%，节育措施落实率达100%，流动人口户主承诺书签订率达95%以上，流动人口管理两单一卡档案资料齐全、管理规范。6分

(5) 重点对象"三查"率达100%（含流动人口），一般对象"三查"率达98%以上（含流动人口）。6分

(6) 出生统计无误差率为0。4分

(7) 计生村民自治双向约定协议书签订率达95%以上。5分

二、法律、法规宣传培训

(1) 广泛开展"四普及"知识教育和《人口与计划生育法》、国家《流动人口计划生育工作条例》、《S省人口与计划生育条例》等的宣传培训每年不得少于4次，受教育面不得低于95%，培训资料齐全培训规范，效果明显。3分

(2) 各村、辖区单位必须建有计生宣传栏、黑板报，固定性大幅标语不得少于五幅，宣传笔画保持清洁、新颖、定期进行维护更新。4分

(3) 计划生育宣传品进村入户率达100%，村有15种以上，中心户有5种以上，普通农户有3种计生宣传品。3分

(4) 各村辖区单位计生协会组织网络健全，"三自"功能发挥好，中心户做到八有：有标牌、有联系户挂牌、有职责、有活动记录、有报表、有宣传品、有报酬、有制度，中心户月报表按时上报，年开展活动不得少于12次，会员发展数不低于总人口的15%，中心户档案资料齐全规范。3分

(5) 村级计生学校培训规范必须做到5有：有教室、有教学计划、有教员、有教学内容、有考试试卷。资料规范有序，培训效果好。3分

(6) 各村（社区）必须建一个不低于30平方米的计划生育文化大院（长廊）。4分

三、计生村民自治章程和节育措施知情选择工作

(1) 各村应按法律、法规规定，不断完善村民自治章程和计生村规民约，提交村民议事会讨论后报镇政府备案，并以书面形式或村民大会等形式通知各村户和村民后予以组织实施。2分

(2) 镇政府全面实行节育措施知情选择，各村各单位做好宣传教育和引导工作，对生育对象认真培训，培训率达100%，并签订合同书，予以保证。合同签订率达100%。2分

(3) 各村各单位必须建立节育措施知情选择档案，建档率达100%，保持完整率达100%。2分

(4) 计划生育村务公开规范，按时更换内容。2分

(5) 生殖保健优质服务。各村各单位，一是认真向广大育龄群众宣传实行计划生育、免费落实节育措施的规定，公民人人享有生殖健康优质服务。二是村计生服务室增强服务功能和服务意识，加大服务力度，从人员培训、宣传教育、法律知识、送证上门、药具供应、术后回访等方面为广大群众服务好，并定期为婴幼儿进行计划免疫和体格检查，以最终达到

95%以上群众满意为考核标准（问卷调查为考核依据）。2分

四、考核奖惩

（1）本责任书实行百分考核制。考核分为平时考核、半年考核、全年考核。平时考核占20%、半年考核占30%、全年考核占50%。

（2）年终考核得分在98分以上的为优秀单位，授予计划生育"一类村"。优先推荐评选市、区、镇先进资格。

（3）年终考核得分在95—98分的为良好单位，授予计划生育"二类村"。

（4）年终考核得分在90—95分的为合格单位，授予计划生育"三类村"。

（5）年终考核得分在90分以下的为一般单位，予以通报批评。[1]

计划生育是一项基本国策，对于国策的执行，调动群众的积极性是十分必要的，乡镇政府考虑到行政成本因素，将计划生育工作先分块，如"法律、法规宣传培训""计生村民自治章程和节育措施知情选择工作"，再细化成具体条目以及考核分数下派给行政村进行落实。由于人口流动加快，外地户口的人员进入，其生育信息难以了解，计划生育工作则成为最难把握的行政任务。即便如此，由于《中华人民共和国人口与计划生育法》相关规定以及计划生育工作已纳入村民自治的范畴，加之行政村受制于乡镇政府对资源的掌控和村干部对于没有写进目标责任书的政治性惩罚的关注，计划生育工作在农村有效开展。

对于这项工作，乡镇政府将考核分为平时考核、半年考核、全年考核，使得村干部在推进工作过程中以完成目标、通过考核为重心；并且运用分类评比的模式，"（2）年终考核得分在98分以上的

---

[1] 资料来源：《H市H区P镇人民政府2013年度计划生育村民自治目标管理责任书》。

为优秀单位,授予计划生育'一类村'。优先推荐评选市、区、办事处先进资格。(3)年终考核得分在95—98分的为良好单位,授予计划生育'二类村'。(4)年终考核得分在90—95分的为合格单位,授予计划生育'三类村'。(5)年终考核得分在90分以下的为一般单位,予以通报批评"。改变奖惩方式,从而将压力转换为激励,促使行政村积极完成行政任务。

在调研过程中,不乏有村干部说"镇政府给村上布置的任务太多了,落实起来太难"。甚至还有质疑乡镇干部工作内容和工作态度的发言"我每次去镇政府办事,都看到很多干部在玩电脑,他们这么闲就是因为把工作全压到村上来了"[1]。从综合角度来看,乡镇政府与行政村签订的每份目标责任书是按照行政体系内部职能划分的类别而分类制定的,内容是与乡镇政府内部各职能部门结合而成的。行政目标责任书是乡镇政府采取行政任务下派的主要方式,通过转嫁压力、划分压力阶段、转化压力形态、大致的任务安排与细化的考核准则相结合的具体运作,利用政治奖惩方式和精神奖惩方式,致使行政村成为乡镇政府执行部门。

(二)驻村干部与乡镇领导包村

乡镇政府给予行政村的不仅是行政任务下派,还兼有领导的意味,其领导方式集中体现为"驻村干部(驻村指导员)""镇党委领导干部联系村党支部""镇领导干部联系村"。

1. 关于驻村干部(驻村指导员)

驻村干部担当乡镇政府与行政村之间联系者的角色,由于乡镇政府对村级组织的考核也是对驻村干部的考核,驻村干部会全面介入乡镇政府给行政村部署的行政任务,督促协助村干部落实。可以说,驻村干部是作为乡镇政府的代表而存在的,他们身为乡镇政府这一级政权组织的公职人员相对了解所驻行政村的情况,在督促、

---

[1] F县Y镇D村调研,2014年4月。

协助村干部完成行政任务的同时也将乡镇政府对于该村的领导意志渗入全过程中。

一、驻村（社区）指导员

T村：杨××   Y村：毛××
H村：袁××   D村：高××
W村：李××   L村：梁×
T村：任××   G村：王××
X村：闫××   S村：周×
社区：齐×× 王×× 张×[1]

2. 关于乡镇领导包村

党政不分使原本归属于乡镇政府的行政工作自然而然成了乡镇党委关注的范畴。乡镇政府与村级自治组织之间不存在等级关系，但以"镇党委领导干部联系村党支部"的做法，借用乡镇党委与村党支部的上、下级关系，就把乡镇对行政村的领导变得理所应当。至于"镇领导干部联系村"，从乡镇政府是一级政权组织而村是自治组织的理论角度来讲，其在乡镇领导行政村的方面是没有作用的；于现实来说，村干部对乡镇领导虽不至于言听计从，但传统观念中的怕官意识却让"镇领导干部联系村"获得了一定的实效。

二、镇党委领导干部联系村（居）党支部

王××：W村党支部
王 ×：S村党支部
谭××：D村党支部
杨 ×：Y村党支部   T村党支部
周××：T村党支部   G村党支部

---

[1] 《中共Y镇委员会Y镇人民政府关于2014年干部分工的通知》，Y发【2014】7号。

高××：L村党支部
董××：X村党支部
李××：H村党支部　社区党总支
三、镇领导干部联系村（社区）
谭××：D村
杨　×：T村　　Y村
周××：T村　　G村
高××：W村　　L村
董××：S村　　X村
李××：H村　　社区①

（三）村级事务"422"工作法

乡镇一级政权并未如村两委一般，能够通过参与农村社会日常生活获得村民的认同与信任，所以乡镇政权于农村社会来说缺乏融入性。正因如此，通过实施镇党委针对村党支部制订的工作方法即"422"工作法，有效地控制行政事务在村内的推进。"422"工作法的主要内容包括："四议"，即村党支部会提议，村"两委"会商议，党员大会审议，村民代表会议或村民会议决议；"两公开"，即决议公开，实施结果公开；"双明白"，即群众明白村上发展思路，村上明白群众的增收项目和发展计划。

Y镇关于推行村级事务"422"工作法实施方案

"422"工作法的内容和程序

（一）明确决策内容

凡是村级重大事务和与农民群众切身利益相关的事项，都要按照"422"工作法决策、实施。主要内容包括：新农村建

---

① 《中共Y镇委员会Y镇人民政府关于领导班子成员分工的通知》，Y发【2014】6号。

设长期规划和年度工作计划；村集体土地的承包、租赁；公益事业经费筹集、组织实施与管理；集体经济项目的立项、承包及公益事业的建设承包；集体资产购建与处理、集体借贷、集体企业改制；村组建设规划、土地征用及补偿分配、宅基地申报；计划生育、农村低保、新型农村合作医疗等政策和制度的落实；重大救灾救济款物的发放，以及其他应当民主决策的事项。法律规定必须由村民会议讨论通过的事项，按有关法律规定执行。

（二）规范工作程序

1. 四议

（1）村党支部会提议。对村内重大事项，村党支部在广泛听取意见、认真调查论证的基础上，集体研究提出初步意见和方案，使提议符合中央和省、市、县的要求，符合本村发展实际，符合群众意愿。

（2）村"两委"会商议。根据村党支部的初步意见，组织"两委"班子成员充分讨论，发表意见。对意见分歧比较大的事项，根据不同情况，可采取口头、举手、无记名投票等方式表决，按照少数服从多数的原则形成商议意见。

（3）党员大会审议。对村"两委"商定的重大事项，提交党员大会讨论、召开党员大会审议前，须把方案送交给全体党员，在党员中充分酝酿并征求村民意见；党员大会审议时，到会党员人数须占党员总数的2/3以上，审议事项经应到会党员半数以上同意方可提交村民代表会议或村民会议表决；党员大会审议后，村"两委"要认真吸纳党员的意见建议，对方案修订完善，同时组织党员深入农户做好方案的宣传解释工作。

（4）村民代表会议或村民会议决议。党员大会通过的事项，依照有关法律法规规定，在村党组织领导下，由村委会主持，召集村民代表会议或村民会议讨论表决。参加会议人数必须符合规定，讨论事项必须经全体村民代表或到会村民半数以上同意方可决议通过。

2. 两公开

①决议公开。经村民代表会议或村民会议决议通过的事项，一律在村级活动场所和各村民小组村务公示栏公告，公告时间原则上不少于7天。

②实施结果公开。决议事项在村党支部领导下由村委会组织实施，实施结果及时向全体村民公布。

3. 双明白

①群众明白村上发展思路。各村结合本村实际制订村"两委"的三年任期目标和全村5—10年经济社会发展规划，明确村上的发展目标、主导产业和分年度目标任务，让群众明白本村的发展思路和村"两委"的本届任期目标。

②村上明白群众的增收项目和发展计划。每户群众结合实际制定可行的产业发展项目、任务，村"两委"会将各户的发展计划进行收集汇总后，确定帮带负责人。

（三）完善配套制度

1. 健全党员联系群众制度。为了使党组织和党员更好地联系服务群众，加强农村党员教育管理，创新党组织和党员活动方式，建立"党员中心户"制度。组织开展党员设岗定责、承诺制、结对帮扶困难群众等活动，使每个党员都能够从自身条件出发，采取适当方式，有效地联系群众，在帮助群众解决生产生活实际困难中发挥作用，在了解群众意愿需求、反映群众意见建议中发挥作用。

2. 健全村民代表联系户制度。严格按照《村民委员会组织法》的规定和要求，把好政治关、能力关、结构关，足额选好村民代表。在此基础上，本着"就近居住、便于联系"的原则，每个村民代表分别联系若干农户，联系户覆盖面要达到100%。村民代表与联系户建立密切的沟通联系渠道，及时了解和反映村民的意愿和要求，提出合理化意见和建议，积极参与村级重大事项民主决策，同时宣传、引导联系户自觉执行各项决议。村民代表不认真履行代表职责的，可根据相关规定取消其代表资格。

3. 健全民主监督制度。设立村务公开监督小组和民主理财小组。村务公开监督小组在村民会议或村民代表会议领导下开展工作，负责监督本村重大事项是否按照"422"工作法的程序决策实施，并对公开内容的全面性、及时性、真实性监督评议。民主理财小组成员从村务公开监督小组成员中推选产生，负责对"422"工作法通过的村级重大事项的财务收支情况审核把关，并及时向群众公开。建立信息反馈机制，畅通民意渠道，及时收集和受理群众在决策实施过程中反映的意见、建议以及合理诉求，不断完善决策，促进工作的科学运行。

4. 健全责任追究制度。通过"422"工作法形成的决议不得随意更改，如因特殊情况发生变化确需变更的，要在村党组织领导下，通过村民代表会议或村民会议讨论决定。"四议"讨论决定事项的过程和情况，要形成书面记录并妥善保存。"凡不按照有关法律法规和决策程序进行决策的，任何组织或个人擅自以集体名义借贷、变更和处置村集体的土地、资源、资产等，均为无效，村民有权拒绝，造成的损失由责任人承担，构成违纪的给予党纪政纪处分，涉嫌违法的移交司法机关依法处理。"[①]

从资料内容看，"村党支部会提议——村'两委'会商议——党员大会审议——村民代表会议或村民会议决议"工作模式的运行，充分加强了党在农村工作开展过程中的基础性作用。

虽然工作方法的制定者是乡镇党委，工作方法的运用者是村党

---

① 《中共Y镇委员会关于印发推行村级事务"422"工作法实施方案的通知》，Y发【2013】50号。

支部；但工作方法却围绕一系列行政任务进行，且这些行政事务基本都与村民的切身利益有密切联系。一方面，村党支部将"422"工作法应用于和村民利益相关的行政任务，事实上体现出党的一元化领导。另一方面，关于完善"健全党员联系群众制度、健全村民代表联系户制度、健全民主监督制度、健全责任追究制度"这些所谓的配套制度，说明乡镇党委不仅通过党的组织系统控制村委会，还通过村支部来领导村委会。

因此，为加强党在农村工作中的基础性作用而制定的工作方法，通过党组织来约束居于农村社会权力中心的村党支部，使得乡镇政府对村的领导意志也通过规范党支部的工作方法从而带入村级事务推进。

（四）村财镇管

所谓"村财镇管"，简单地说，即村级财政由镇政府代管；具体来讲，是村集体财务在所有权、使用权和决策权三权不变的前提下，委托乡镇农村财务管理服务中心进行统一监督管理的方式。实际上，"村财镇管"的结果使村没有财政权，成为"空壳村"，"直接加强了乡镇政府对于村级组织的控制"[①]。

"村财镇管"之所以能在农村贯彻落实，在于中国农村社会并无现代意义上的"自治"传统。"在我国历史上大部分时期，血缘共同体（所谓宗族和家族）并不能提供——或者说不被允许提供有效的乡村'自治'资源，更谈不上以这些资源抗衡皇权"[②]，传统中国帝制对乡村的控制方式造成了农村社会成员对于"自上而下"治理方式的合法性的认可。N县X村村支书对"村财镇管"持肯定态度，"钱在手上就跟烫手山芋一样，不出事便罢，出了事就要担大责任，

---

① 赵树凯：《乡镇治理与政府制度化》，商务印书馆2010年版，第181页。
② 秦晖：《传统十论》，东方出版社2014年版，第41页。

不如交给镇上代管，减少好多麻烦"①，正所谓"任何人都不能同过去完全脱离关系，不管他们是有心还是无意，都会在自己固有的观念和习惯中混有来自教育和祖国传统的观念和习惯"。②

综上所述，乡镇政府控制村委会的做法表现为两点：第一，通过镇党委与村党支部之间的等级关系，加强对村委会的制约作用；第二，通过对村工作内容和经济财务直接或间接的干预，在相当程度上保持着对村委会的监控并维系着强烈的行政命令关系。乡镇政府对村委会这一村级自治组织的控制，意味着在农村社会开展的所有工作都以乡镇政府为导向，农村社会从属于乡镇政府。

四 乡（镇）、村治理的影响因素

从H市地区乡镇政府与农村社会的关系，可以看出促进乡镇政府与农村社会关系变化的因素，具体表现为，第一，农村社会在"自我维持内部秩序"③方面具备一定能力。由于农村社会是熟人社会，村民之间你来我往，相互关注；在这样的环境中，道德则成为村民心中评价人与事的主要标准，从而对每一个村民形成了有力的约束。因此，对农村社会来说，正常秩序的维持力量来自内部。

第二，村民的自治意识开始清晰。农村改革后，"农民群众已经从过去集体组织的成员或'社员'变成具有相对独立性的村民，拥有生产经营的自主权"④，加上农村人口的流动，信息沟通的灵活便捷，农村社会环境发生了深刻变化，一部分村民对于"自治"已有初步的意识。调研中，F县D村监委会主任对"村财镇管"持反对态度，这位村监委会主任刚上任不久，此前一直在外经商。类似

---

① H市N县X镇X村调研，2014年7月。
② 托克维尔：《论美国的民主》（上卷），商务印书馆1989年版，第55页。
③ 刘伟：《难以产出的村落政治——对村民群体性活动的中观透视》，中国社会科学出版社2009年版，第62页。
④ 项继权：《乡村关系行政化的根源于调解对策》，《北京行政学院学报》2002年第4期。

的例子在农村并不少有，他们的出现使得农村社会对乡镇政府崇拜和依赖局面开始改变；他们之所以能够改变局面是因为长期在外的奔走打拼，不仅收获了财富还吸取了信息，将农村社会一直缺失自立与自信在自身建立了起来；拥有自立与自信的同时也就意味着他们逐渐懂得村民自治中的有关内容，如自我管理、自我教育和自我服务，对乡镇政府的管控开始本能地抵触。这也就是在调研过程中一些乡镇领导感叹，"还是回到人民公社时期好，那时候的人比现在好管，比现在听话，现在的农民心思多了，不好领导"① 的原因。

第三，即乡镇政府的管控方式已不适宜农村社会。行政目标责任书的签订是乡镇政府对农村社会进行管控的主要方式，但是行政目标责任书并不是为一个或几个村制定的，一味地根据上级下达给乡镇政府的行政任务制定目标责任书，而不依据农村社会的具体情况，不考虑农村社会出现的困难，对于现在亟待发展的农村来说不再适用。农村社会要走出衰败，意味着要走出乡镇政府一元化的行政权威主导，以行政任务下派为主要内容的行政目标责任书不足以成为农村社会工作的重点，以《经济指标及社会事务工作目标责任书》为例。

一、农业目标任务
（1）农民人均纯收入增长23%，达到11806元；
（2）蔬菜复种面积达到461亩，蔬菜设施大棚及地膜种植面积300亩；
（3）生猪出栏1260头，生猪存栏650头；
（4）家禽饲养量2.45万只；
（5）完成植树4500株，绿化10亩；
（6）渠道清淤6.7公里；
（7）粮食种植面积1261亩，油料种植面积623亩；

---

① H市N县X镇调研，2014年7月。

（8）按时参加镇政府会计集中办公会议，按时报送各种统计报表。

二、社会事务目标任务

（1）农村新型合作医疗参合率达到96%；

（2）农村社会养老保险参保率达到97%。①

整份目标责任书基本由数字构成，村干部全年的工作也就是围绕这些数字推进，可是这些构成所谓"经济指标"的数字又能给农村社会发展带来什么？可以说，除了使村干部疲于应付指标完成，缺乏考虑本村发展的精力之外几乎无作用。

第四，无论乡镇政府如何管控、压制农村社会，它们之间确实存在一种事实上的合作关系，乡镇政府工作目标的贯彻执行，需要农村社会这个共同体的配合。乡镇政府对于农村社会的控制，首先的控制对象是村干部，而在农村这样的熟人社会中，村干部无法与共同体割裂，在越来越多的情况下，乡镇政府需要依靠村干部与本村天然的联系。以"农村清洁工程"项目为例，"农村清洁工程"要求每个农户把旱厕改造成"三格式"水冲厕所，要求村民将垃圾倒在指定垃圾房，不乱排污水等。可以说"农村清洁工程"的很多要求旨在改变农民的长期生活习惯，但这样的工作却必须得到农村社会整体的合作，要获得农村社会整体的合作，就需要村干部发挥作用，通过村干部的宣传、帮教，村民才会满足项目要求。

既然需要依靠村干部，必须与农村社会合作，那么乡镇政府就不能止于运用管控方式和压力手段处理与农村社会的关系。当下乡镇政府与农村社会一元化行政权威主导的关系已不合时宜。乡镇政府通过各种直接或间接手段在农村社会已树立了权威地位，那么在乡村治理现代化进程中，限制其权威已成为必需，乡镇政府应激发农村社会的社会力量发挥其制约作用。乡镇政府与农村社会二者的

---

① 资料来源：《H市H区P镇人民政府2013年度经济指标及社会事务工作目标责任书》。

关系应如朋友一般携手合作，这会带来三个积极效果：首先，对乡镇政府来说，其对农村社会内部事务的直接干预以及把行政任务下派到村，与村民自治相悖，这不仅损害了乡镇政府权力行使的合法性，也削弱了乡镇政府的管理能力；将乡镇政府与农村社会的关系由行政权威主导转为合作，可以使乡镇政府行政活动规范在法制约束的范围内。其次，对农村社会来说，乡镇政府的行政干预与压力手段限制了社会力量的壮大，使村级自治组织变为行政执行工具，导致村民的自治能力减弱；乡镇政府与农村社会的合作关系可以充分调动社会力量，增强村民的自治能力，提高村级自治组织的工作效率，促进村民自治的有序进行。最后，对党组织来说，乡镇政府对于农村社会的管控多方面地通过党组织之间的关系，不仅影响了村委会工作的正常推进，还阻碍了村民自治的发展，最终损害了党组织自身的能力；在乡镇政府与农村社会之间建立合作关系能使党组织发挥其原本的领导功能与协调功能。

第 三 章

乡镇治下的村民自治[*]

村民自治是我国基层群众自治制度的重要组成部分。基层群众自治制度是我国的一项基本政治制度。通常认为，基层群众自治制度的内容主要是指城乡居民群众以相关法律、法规政策为依据，在城乡基层党组织领导下，在居住地范围内，依托基层群众自治组织，直接行使民主选举、民主决策、民主管理和民主监督等权利，实行自我管理、自我服务、自我教育、自我监督的制度与实践。[①] 此外，还包括企事业单位职工的民主管理。从实践发展的情况看，村民自治，也就是农村地区的基层群众自治，更为活跃，形式和内容都更为丰富。基层群众自治制度发展进程中一些主要的具有典型性的问题，也大多在村民自治的实践过程中有所体现和反映。因此，到目前为止，村民自治一直是关注、看待和分析我国基层群众自治制度的主要方面。

学术界围绕"基层民主"的探讨，通常包括这样几个方面：一是基层群众自治问题，也就是讨论村民自治和城市居民自治的有关问题；二是基层政权建设问题，主要是指乡镇一级的政权建设问题，包括实现政府行政管理，特别是基层政府与基层群众自治"有效衔接和良性互动"的问题；三是党组织特别是基层党组织的建设问题。[②]

---

[*] 本章由韩旭执笔。
[①] 李学举：《我国基层群众自治制度地位的重大提升》，《求是》2008 年第 3 期。
[②] 参见韩旭《重庆市农村基层民主建设典型案例调查》，载陈红太主编《中国民主政治建设创新案例调研》，中国社会科学出版社 2010 年版，第 65 页。

多年来，有不少地方在推进村民自治建设方面进行了不同形式、不同程度的尝试，其中一些具体比较突出的创新性的实践也受到了国内外各个方面的广泛关注，某些实践做法和经验还在后来的立法和政策中有所吸收和采纳。另外，更为广大的农村地区执行着这项由国家立法和政策所规定的村民自治制度。H市实施村民自治的实践，亦如这样一些地方，虽然还没有推出某种具有鲜明特色的举措，但仍然值得关注和研究。因为这些没有显现出鲜明特色的地方，却更有可能反映出一般性的问题。

一　村民自治

H市2013年实现地区生产总值881.73亿元，财政总收入83.75亿元，城镇居民人均可支配收入和农民人均纯收入分别为22167元和7053元。① 农业是H市传统上的主导产业。经过改革开放三十余年的大发展，H市的工业和服务业都获得了长足进步，从产值上看已经大大超过农业。但农业显然仍是当地非常重要的产业。②

一般来说，社会经济生产方式与政治生活及其发展变化之间往

---

① 参见"中国·H"网（H市人民政府门户网站）：H市市长王某某向H市四届人大五次会议所作的政府工作报告，http://61.134.36.66/hanzhonggov/72910900993982464/20140228/585028.html，访问时间：2014年7月13日。在此可以做个简单的比较：浙江省乐清市2013年地区生产总值657.92亿元，财政总收入102.35亿元，城镇居民人均收入41067元，农民人均收入19094元。参见"中国·乐清"网（乐清市人民政府门户网站）：2013年乐清市国民经济和社会发展统计公报，http://xxgk.yueqing.gov.cn/YQ021/tjxx/1101/201403/t20140314_673290.html，访问时间：2014年7月13日。而乐清市是县级市，H市是地级市。

② H市2013年第一、二、三产业增加值分别为177.71亿元、397.68亿元、306.34亿元。参见《2013年H市国民经济和社会发展统计公报》，http://www.shaanxi.gov.cn/0/1/65/365/371/171738.htm，访问时间：2014年7月13日。相比较而言，乐清市2013年三次产业增加值分别为19.61亿元、392.97亿元、245.34亿元。参见《2013年乐清市国民经济和社会发展统计公报》，http://xxgk.yueqing.gov.cn/YQ021/tjxx/1101/201403/t20140314_673290.html，访问时间：2014年7月13日。相比之下，第一产业在乐清市经济发展中的"分量"远远不及二三产业，而且2013年还同比下降1.5%；而在汉中市，第一产业的"分量"仍然很大，2013年仍然有5.2%的增长。

往具有十分密切的关联性。在理论上目前还无法完全确认民主政治与市场经济之间具有必然的因果关系。而且，我国村民自治的最早实践就诞生于经济发展水平较为落后的广西壮族自治区，而后来许多基层民主的实践探索和创新，如吉林省梨树县的"海选"，也并非产生于经济发达的地区。因此，有一些学者也认为，包括村民自治在内的基层民主建设与经济发展可能是相互分离的，至少两者之间并非完全的正相关关系。[①] 尽管如此，但从经验上说，H市目前的产业结构和经济发展状况，仍然是分析和理解当地村民自治建设和发展情况的一个需要考虑的重要因素，由此可见，当地村民自治的发展是在这样的经济社会背景下展开的。

基层群众自治制度从内容上说包括民主选举、民主决策、民主管理、民主监督四个方面。民主选举是实行村民自治的首要环节。2011年，与全国的情况同步，H市完成了《村民委员会组织法》新修订之后的首次村级组织换届选举。新当选的村干部的人员结构和素质与往届相比有较大幅度的提高。村委会主任的平均年龄仅为47周岁，副主任的平均年龄仅为46周岁左右。全市新一届村委会干部共9600余人，其中，有致富带头人5000余名，退伍军人940人，外出务工经商返乡者760余人，另有大学生村官82人，离退休干部47人。全市2800多个村中，有2200多位村委会主任具有高中文化程度，345人是大中专毕业生，更有26人具有本科及以上学历。副主任以及其他委员中具备高中文化水平的更达6500余人，另有445位副主任具有大中专学历，还有32名本科及以上学历的毕业生。[②]

在乡村治理方面，在H市下辖的CG县、Y县、FP县先行先试的"四议两公开双明白"的做法和经验，目前已经在H市全市范围

[①] 例如，参见史晋川等《民营经济与制度创新：台州现象研究》，浙江大学出版社2004年版，第451页。

[②] H市民政局基层政权科：《全市村务公开民主管理工作情况》，2014年5月。

内全面铺开。① 所谓"四议两公开双明白",就是借鉴了原创于河南省邓州市的"四议两公开"工作法,要求所有村级重大事项都必须在村党组织领导下,按照"四议""两公开"的程序决策实施。所谓"四议",就是说凡村一级的重大事项决策,先由村党支部提议,再提交村"两委"干部会议商议,然后提交全村党员大会审议,最后由村民代表会议或全体村民大会作出决议。所谓"两公开",就是说经过上述"四道会议"形成决议之后,还要向全体村民公示会议表决结果,公示决议实施效果。通过这样"两次公示",接受群众监督。② H 市在此基础上,又增加了两项进一步的要求,即所谓"双明白",一方面是要求村上的发展规划及其落实情况,要做到让党员、群众都明白。各个村"两委"都必须结合本村实际,制定三年的任期目标以及全村 5—10 年的经济社会发展规划,明确本村的发展目标、主导产业以及分年度的目标任务。也就是要求村"两委"要让村民明白本村的发展思路和村"两委"本届任期的工作目标。另一方面是要求党员、群众的增收项目和发展计划以及其落实情况,村级组织和村干部也要心中有数。各个村的每户村民也要结合本户的实际,制定本户可行的产业发展项目和任务,村"两委"要将各个户的发展计划进行收集汇总,并确定帮带责任人。③

根据在 H 市 FP 县等地的实践经验,需要通过"四议两公开"程序才可作出决定的村级重大事务,包括如下主要内容:

(1) 新农村建设长期规划,以及年度工作计划;
(2) 村集体土地的承包、租赁;

---

① 汪小飞:《农村社区建设亟待解决和纠正的几个问题》,http://hanzhong.mca.gov.cn/article/jcxx/201211/20121100381656.shtml,访问时间:2014 年 7 月 10 日。

② 参见张新光《中国农村基层民主治理的拓展性创新与实践检讨》,http://www.chinaelections.com/article/187/196400.html,访问时间:2014 年 7 月 8 日。

③ 参见《中共 YJZ 镇委员会关于印发推行村级事务"422"工作法实施方案的通知》,2013 年 4 月 25 日。

（3）公益事业经费的筹集、组织实施和管理；

（4）村集体资产的构建和处理，集体借贷，集体企业改制；

（5）村组建设规划，土地征用以及补偿的分配，宅基地申报；

（6）计划生育、农村低保、新型农村合作医疗等政策和制度的落实；

（7）重大救灾救济款物的发放；

（8）其他应该经过民主决策的事项。①

此外，法律规定必须经由村民会议或者村民代表会议讨论通过的事项，按照有关法律规定执行。

为了使上述工作法能够发挥出更好的成效，H市还进一步要建立相应的配套制度，作为H市"四议两公开双明白"制度的有机组成部分。

一是要求建立健全党员联系群众制度。也就是通过建立"党员中心户"，组织开展党员承诺制、结对帮扶困难群众等活动，一方面使得党员能够在帮助群众解决生产生活实际困难的过程中，在了解群众意愿、反映群众意见建议的过程中发挥作用；另一方面也加强了对农村党员的教育和管理。

二是建立健全村民代表联系户制度。也就是按照"就近居住，便于联系"的原则，安排每个村民代表联系若干户村民家庭，各个村的联系户要达到100%全覆盖。村民代表一方面要及时了解联系户中村民的意愿、要求和建议；另一方面要宣传、引导联系户自觉执行村里的各项决议。

三是建立健全民主监督制度。要求在村民会议或者村民代表会

---

① 参见《中共YJZ镇委员会关于印发推行村级事务"422"工作法实施方案的通知》，2013年4月25日。

议之下设立村务公开监督小组，负责监督本村"四议两公开双明白"的落实情况，并在村务公开监督小组成员中再推选产生本村的民主理财小组，负责对通过"四议两公开"程序决定的重大村务的财务收支情况进行审核把关。①

四是建立健全责任追究制度。对于未按照"四议两公开双明白"程序作出的决策，村民有权拒绝。并且要求对由此造成损失的责任人给予党纪、政纪和法律处分。通过"四议两公开"程序作出的决议，如需更改，同样要在村党组织领导下，经过村民会议或者村民代表会议讨论通过。②

如上所述，H市实行的村级治理"四议两公开双明白"工作法，是学习和借鉴了河南省邓州市的"四议两公开"的经验。这一点在调研过程中也得到了当地有关部门负责人的确认。当年，为便于让文化程度不高且上了年纪的农村基层干部都能记住"四议两公开"必经的"六道程序"，时任邓州市委书记给它起了一个通俗易懂的名字——"4+2"工作法。③ 在H市的FP县等地，这套"四议两公开双明白"制度同样也被形象地简称为"422"工作法。

H市的"四议两公开双明白"工作法，尽管直接取材于河南省邓州市的"四议两公开"，但此类做法在全国很多地方都可以看到。虽然名称各异，但思路和基本做法大同小异。

例如，曾经受到媒体高度关注的重庆市开县麻柳乡实行的"八步工作法"。④ "麻柳模式"的基本做法是，关于村级经济社会发展的重大事项，需要经过如下八项程序，才能作出决定。第一步，由

---

① 这项制度与2010年新修订的《村民委员会组织法》要求建立的村务监督机构，功能上似乎有所重叠。

② 以上详细内容，可参见《中共YJZ镇委员会关于印发推行村级事务"422"工作法实施方案的通知》，2013年4月25日。

③ 参见张新光《中国农村基层民主治理的拓展性创新与实践检讨》，http://www.china-elections.com/article/187/196400.html，访问时间：2014年7月8日。

④ 例如，央视新闻频道的"新闻调查"栏目曾经以"麻柳的民主之路"为题，进行专题报道。http://news.cctv.com/china/20071021/103629_1.shtml，访问时间：2014年7月14日。

村级组织广泛深入调查民意;第二步,召开党员干部和村民代表会议,商讨形成初步方案;第三步,通过宣传发动,对初步方案再次征询村民意见;第四步,再次并且可以多次召开党员干部和村民代表会议,形成最终方案,并且确定方案实施的负责人选;第五步,最终方案诉诸全体村民表决;第六步,将表决通过的方案分解落实到户;第七步,各个村民小组组织实施;第八步,张榜公布实施结果。①

再如,发端于浙江省台州市并且已经在浙江全省推广开来的"村级事务民主决策'五步法'"。根据"五步法"的要求,村级经济社会发展重大决策以及涉及村集体或村民重大利益的事项,都需要按照如下程序作出决定。第一步是"民主提案",主要是由村"两委"以及村集体经济组织提出提案。村民个人也可提出提案,但需经过村党组织受理。第二步是"民主议案",也就是由村党组织牵头,通过召开恳谈会、民主听证会、党员议事会、走访座谈等形式,广泛征求党员、群众的意见和建议,形成实施方案。第三步是"民主表决",也就是说,实施方案要经过村民会议或者村民代表会议表决通过。第四步是"公开承诺",也就是村"两委"要将表决通过的实施方案落实责任人,并由责任人公开表态。第五步是"监督实施",村党组织、村务监督小组负责监督方案的实施情况,并且在年终需要进行总结。②

综上所述,"四议两公开双明白"工作法遵循了两条基本的主线。一方面,尽量提升村务的公开性和透明度,以确保村民的知情权,并且在村务管理特别是决策过程中广泛听取村民的意见和建议,让村民享有参与更多村务管理的机会。另一方面,加强村党组织在村务管理特别是决策过程中的地位和作用。在这方面,非常突

---

① 参见韩旭《重庆市农村基层民主建设典型案例调查》,载陈红太主编《中国民主政治建设创新案例调研》,中国社会科学出版社2010年版,第67页。
② 参见韩旭《基层自治:多种形式保证人民当家作主》,载房宁主编《草根经济与民主政治》,社会科学文献出版社2008年版,第219—221页。

出的一点,就是村党组织在村务决策中的"提案权"。从 H 市的"四议两公开双明白"工作法可以看到,村务重大事项的决策,首先是要由村党组织提出议案,至少也是要由村"两委"——而不是由村委会——提出议案,而且关于议案的讨论也是在村党组织的领导和主持下进行的。这就使得村党组织的领导核心作用的发挥获得了一个实际的"抓手"。

二 村党组织领导下的村民自治

如上所述,H 市实行的村级治理"四议两公开双明白"工作法的一个主要特点,就是强化了村党组织在村务管理特别是决策过程中的地位和作用。发端于河南省邓州市的"四议两公开"已经在中央文件中得到了采纳。2010 年的中央"一号文件"中指出,要"总结各地实践经验,因地制宜推广本村重大事项由村党支部提议、支委会和村委会联席会议商议、全村党员大会审议、村民代表会议或村民会议决议,以及决议公开、实施结果公开等做法"。当时的中央农村工作领导小组副组长兼办公室主任陈锡文确认了这一点。[①]并且,他在解释为何邓州的这一实践做法能够被吸收到中央"一号文件"中时指出,"……类似做法,很多地方都在搞,效果不错。这一制度的实质是怎么更好地发挥党员和群众两方面的积极性,正确处理好村支委和村民委员会两委的关系。过去我们要求建立村党组织领导的充满活力的村民自治机制,'四议两公开'等做法就是实现这一机制的具体形式"[②]。可见,H 市推行的"四议两公开双明白"工作法,也正是依循了由中央首肯和推广的这一经验和思路。

如何看待和把握党的领导与村民自治的关系,这是我国自确立

[①] 参见张新光《中国农村基层民主治理的拓展性创新与实践检讨》,http://www.chinaelections.com/article/187/196400.html,访问时间:2014 年 7 月 8 日。

[②] 万武义、车玉明、董峻:《陈锡文解读一号文件三大亮点 惠农政策惊天动地》,《法制日报》2010 年 2 月 1 日。

并推进村民自治制度过程中一直面临的一个十分重要的问题。在村民自治的具体实践中，这个问题集中表现为村党组织与村委会的关系问题。如何认识和处理村"两委"关系，普遍被认为是困扰村民自治的理论和实践的一大难题。

在村民自治实践中，关于村"两委"关系的实际状态，有的学者经过观察和分析，认为存在如下三种情况：一是村"两委"关系融洽，工作协调，约占 30%；二是关系一般，工作勉强维持，约占 40%；三是关系紧张，甚至相互对立，工作难以正常开展，也约占 30%。而且，在上述村"两委"关系融洽的村中，又有相当一部分实际上是村党支部书记兼任村委会主任。如果剔除掉"党政一肩挑"的特殊情形，村"两委"之间真正关系融洽，能够协调工作的比例将会更低。① 有学者则提出了另外一种有所不同的"三分法"：第一种情况是村委过度"自治"，支部放弃领导。也就是村委会具有较大的影响力，而村党支部未能发挥其领导核心作用。第二种情况是支部包办村务，自治功能弱化。第三种情况是"两委"互不相让，村级组织瘫痪。其中，第二种情况目前在农村最为普遍。② 总之，普遍认为，党支部和村委会之间的关系和矛盾，已经越来越成为村民自治进程中一个不容忽视的焦点。村"两委"矛盾，甚至被认为是当前村民自治实践发展中面临的首要困境。③

如何摆脱上述困境，解决村"两委"之间普遍存在的矛盾呢？H 市实施的"四议两公开双明白"工作法以及其他地方推行的类似实践做法，实际上都可以看作解决至少是缓和村"两委"矛盾的一种尝试和努力。也就是说，通过建立一种尽量规范化的程序性制度

---

① 袁绍志：《村党支部与村委会关系的背后》，http://www.chinaelections.com/article/188/91971.html，访问时间：2014 年 8 月 1 日。

② 参见楚国良《当前农村"两委"关系问题的辩正思考》，http://www.chinaelections.com/article/188/163975.html，访问时间：2014 年 7 月 6 日。

③ 参见于建嵘《村民自治的价值和困境——兼论〈中华人民共和国村民委员会组织法〉的修改》，《学习与探索》2010 年第 4 期。

安排，将党组织纳入村民自治的制度框架，力图在村党组织与村委会之间建立起更为协调的关系，并且使村党组织的领导核心作用能够在此制度框架内发挥出来。

例如，按照H市"四议两公开双明白"工作法的要求，对于村里的重大事务以及与村民切身利益相关的问题，首先都要由村党支部根据中央精神和省、市、县、乡的要求，经过党支部集体研究，提出初步意见和方案。当然，同时也强调，村党支部的提议需要事先广泛听取群众意见，开展认真调查研究，以使党支部的提议与本村的发展实际，与村民的意愿更为相符。其次是要求由村"两委"班子成员，共同对村党支部提出的初步意见进行商议和讨论。并且，由村"两委"商议确定的方案，接下来也是首先提交由村党员大会讨论和审议。"四议"中的最后"一议"才是将村党员大会审议通过的方案提交由村民会议或者村民代表会议讨论并且作出决议。

依据2010年新修订的《村民委员会组织法》第24条的规定，涉及村民利益的如下重大事项的处理，均须由村民会议或者经村民会议授权的村民代表会议作出决定，包括：

（一）本村享受误工补贴的人员及补贴标准；
（二）从村集体经济所得收益的使用；
（三）本村公益事业的兴办和筹资、筹劳方案及建设承包方案；
（四）土地承包经营方案；
（五）村集体经济项目的立项、承包方案；
（六）宅基地的使用方案；
（七）征地补偿费的使用、分配方案；
（八）以借贷、租赁或者其他方式处分村集体财产；
（九）村民会议认为应当由村民会议讨论决定的涉及村民利益的其他事项。

2011年根据新修订的《村民委员会组织法》订的《S省实施

〈中华人民共和国村民委员会组织法〉办法》也在其第21条做出了类似的规定。从这里可以看到，《村民委员会组织法》及其S省的"实施办法"所要求的必须由村民会议或者村民代表会议决定的事项，与前述H市"四议两公开双明白"工作法决定事项的范围大体一致。无论是《村民委员会组织法》还是其S省的"实施办法"，都没有就如何组织召开村民会议和村民代表会议做出明确的规定。H市"四议两公开双明白"工作法以及其他地方类似的实践做法，从功能上说，在一定意义上填补了立法上的"空白"。

实际上，关于如何看待和处理村党组织与村委会的关系，一方面，在国家立法层面上看始终给人以语焉不详的感觉。村民委员会是"自治"还是接受"领导"这一看似简单的选择题，在四分之一世纪之前的中国村民自治立法的进程中，一度引发上至中央高层、下到基层官员的巨大争议。[①]以至于在其"试行"阶段在立法上竟没有涉及这个问题。1998年"转正"后的《村民委员会组织法》在其第三条中规定，"中国共产党在农村的基层组织，按照中国共产党章程进行工作，发挥领导核心作用；依照宪法和法律，支持和保障村民开展自治活动、直接行使民主权利"。2010年修订后的《村民委员会组织法》被认为有别于旧版的最大一点是，确立了中国共产党在农村的基层组织"领导和支持村民委员会行使职权"的法律地位。[②]但问题是，这样表述的方式"政治性"过强而"法律性"不足。何谓"领导和支持"？如何"支持和保障"？从实施的角度看，还是缺乏清晰的界定。而且，关于村民自治的立法中也再无其他条款加以解释或者细化。

另一方面，从中央到各部门、各地方，大量党的各级组织制定的文件中对村民自治中的有关问题，特别是村党组织的地位和作用问题，做出了规定。有学者还对此进行了梳理。除了党章和党的各

[①] 详见申欣旺、舒琳《村民自治前传》，《中国新闻周刊》2010年第44期。

[②] 同上。

次全国代表大会的报告中就此提出的原则和大政方针之外，一大类是关于"三农"问题的文件，其中多有涉及，例如《中共中央关于农业和农村工作若干重大问题的决定》（1998年11月14日）。其中有一些文件实际上是专门针对农村基层党组织建设做出的，例如《中共中央关于加强农村基层组织建设的通知》（1994年11月5日）和《中国共产党农村基层组织工作条例》（1999年2月13日）等。有些文件是与政府联合制定和发布的，通常也都是专门针对"三农"问题或者其中的有关问题，例如《中共中央、国务院关于做好2003年农业和农村工作的意见》（2003年1月16日）、《中共中央办公厅、国务院办公厅关于进一步做好村民委员会换届选举工作的通知》（2002年7月14日）、《中共中央办公厅、国务院办公厅关于健全和完善村务公开和民主管理制度的意见》（2004年6月22日），等等。此外，在关于其他问题的文件中也有所涉及，例如《中共中央关于加强和改进党的作风建设的决定》（2001年9月26日）和《中共中央关于加强党的执政能力建设的决定》（2004年9月19日）等。因此，党的文件，被认为也是目前村民自治一项重要的制度渊源和表现形式。[①] 大量的规定有村民自治内容的党的文件的出台，不仅从内容上对村民自治制度提供了一些规范，而且就其本身也增强了党组织在村民自治制度发展以及实践中的地位和作用。

今年的中央"一号文件"在其最后一部分"改善乡村治理机制"中，首先就再一次强调要"加强农村基层党的建设"。在"健全基层民主制度"问题上，也是首先强调要"强化党组织的领导核心作用，巩固和加强党在农村的执政基础，完善和创新村民自治机制"。[②]

在关于如何强化党组织领导核心作用方面，H市还作出了更具

[①] 参见袁达毅《村民自治的现在》，http://www.chinaelections.com/article/625/92565.html，访问时间：2014年7月11日。

[②] 参见中共中央国务院印发《关于全面深化农村改革加快推进农业现代化的若干意见》，《人民日报》2014年1月20日。

体的规定。一是建立了村委会向村党组织定期汇报工作的制度。按照这种制度的要求，村委会须每个月向村党组织作一次工作情况汇报，汇报的内容包括：（1）提交村"两委"联席会议讨论决定的重大事项；（2）有关政策落实情况、重点工作进展情况；（3）涉及村民利益的重大问题；（4）其他需要汇报的有关问题。汇报采用书面或口头两种形式均可。如果采取书面形式，则由村委会正式行文向村党组织汇报；如果以口头形式汇报，由村党组织主要负责人主持召开汇报会，村"两委"成员参加，村委会主任向村党组织汇报。村委会向村党组织汇报工作，需要时可召开专题会议进行。村党组织在接到村委会书面汇报或听取口头汇报之后，还应根据村党组织研究的意见向村委会做出答复，并提出指导性意见。[①]

二是明确要求各村建立起村党组织与村委会联席会议制度。[②] 按照这项制度，村党组织与村委会须每月召开一次联席会议，并且须固定联席会议的具体时间。参加联席会议的人员为村党支部（党委、党总支）和村委会全体成员。另外，根据会议内容确定，必要时可扩大到村民小组长，还可邀请部分党员代表和群众代表列席。

按照这项制度的要求，村"两委"联席会议的主要内容应当包括：学习贯彻上级的重大决策；通报村"两委"近期实施的重点工程进展情况；研究村民关心的经济发展、文化教育、财务管理、工程实施、公益事业等重大问题；研究村级重大事务；落实当前工作任务和措施。

联席会议的议题一般由村党组织确定，村委会或10人以上村民联名也可提出议题，但必须在会议召开以前书面提交党组织审查

---

① 参见《村委会向村党组织汇报工作试行意见》，H党建（中共H市委组织部门户网站），http://hzdj.hanzhong.gov.cn/zzb/217023804113682432/20080110/514522.html，访问时间：2014年7月10日。

② 参见《村党组织与村委会联席会议试行意见》，H党建（中共H市委组织部门户网站）http://hzdj.hanzhong.gov.cn/zzb/217023804113682432/20080110/514521.html，访问时间：2014年7月10日。

确定。联席会议由村党组织召集,村党组织书记主持。如书记不在时,可委托副书记或党组织其他成员主持召开。

同时,这项制度也强调,这种村"两委"联席会议是在村民会议或村民代表会议讨论表决的基础上,对村级重大事务进行讨论决策,然后按各自的职能组织实施。

由此可见,目前村民自治制度的发展,实际上存在两条主线,并且是力图以将这两条主线相互结合的方式推进的。一条主线就是上述关于强化村党组织的领导核心地位和作用。另一条主线,就是要广泛听取群众意见,通过多种途径和方式,了解村民的意愿,并且为村民参与村级事务的"民主决策""民主管理"以及"民主监督"提供更多的机会和渠道,以使村"两委"特别是村党组织的决策和管理更符合"民意",更具有群众基础。而只有具备坚实群众基础的村党组织,才真正能够发挥领导核心作用。

实际上,从H市"四议两公开双明白"工作法的原初发祥地河南邓州的实践过程,就可以看出,探索如何将上述两条主线有机结合起来,正是当年邓州"4+2"工作法发生的初始动因。当时,"4+2"工作法的发源地燕店村党支部书记打算扩大该村集体经济,筹建一个黏土砖场。但令他意想不到的是,这一提议在村支部会议、村"两委"干部会议和全体党员大会上都顺利通过了,却在村民代表会议表决时被否决了。因为很多村民认为,建砖场"吃地",耕地一旦被毁就很难复耕。而且,黏土砖场也不符合国家政策,"弄不好砖厂还没盖起来就将被迫关闭,集体背上一身债务,最终还得落到群众头上偿还"。该村支书受到很大触动,从此开始注重决策前多方面征求村民意见。[①]

因此,无论是初始于邓州的"四议两公开"还是H市加以学习借鉴后进一步发展的"四议两公开双明白"工作法,从其制度设

---

① 参见张新光《中国农村基层民主治理的拓展性创新与实践检讨》,http://www.china-elections.com/article/187/196400.html,访问时间:2014年7月8日。

计上来说，也都注意到要尽量多听取村民的意见，为村民表达意愿提供更多的机会和途径。就 H 市的"四议两公开双明白"工作法来看，例如，经村"两委"讨论通过的方案，在提交村党员全体讨论酝酿的同时，也要求向村民征求意见，组织党员深入农户进行方案的解释和宣讲工作。而 H 市新增加的"双明白"这个环节，虽然不是决策过程的必经阶段，但是却可以为村务决策的民主化、科学化打下良好基础。所谓"双明白"，实际上就是要求一方面村"两委"在制定本村发展规划以及工作任务的时候，需要向村民不断解释、宣讲，使得村民能够明白村里的决策部署。在这个过程中当然也需要不断听取村民的意见。另一方面，要求村"两委"更清楚地了解村民们的想法和打算，包括他们为实现增收打算发展什么样的产业，这都为村里制定全村的整体发展规划和工作任务打下了基础。此外，如上所述，H 市为"四议两公开"决策程序的顺利开展，还制定了配套制度，其中的党员联系群众制度、村民代表联系户制度，都是旨在增加了解村民意见的渠道，方便群众表达意愿。而民主监督制度和责任追究制度，则是强化了村民自治过程中的"民主监督"环节。

当然，再良好的制度设计，能否在现实的实践过程中得到实现，还需要有相关的配套措施以及相应的社会经济条件。上述两条主线相结合的思路能否落实，其中一个重要的方面就是村民代表会议制度的正常运转。一方面，如上所述，按照现行的村委会组织法，村民会议或者由其授权的村民代表会议，实际上就是本村的"最高权力机关"，村务重大事项的决策均须通过村民会议或者由其授权的村民代表会议讨论决定。从现实的实践情况看，各地基本上都是由村民代表会议来行使这项村级治理中的"最高权力"。从 H 市实行的"四议两公开双明白"工作法来看，村民代表会议的决议是最后一"议"，而且是拍板定案的一"议"。而且，村民代表无论是在会上，还是在会下——通过村民代表联系户等制度，还具有聚集和反映"民意"的作用。可见，对于村民自治制度而言，村民代表会议是实践中发展起来的一项具有重要意义的制度创新。这一点已经得到学界以及其他多方面的广泛认同。①

另一方面，正如一些研究者指出的那样，伴随着村民自治实践的推进，各种深层次矛盾显现出来，在一些地区，村民代表会议也面临难以召开的尴尬窘境。这个问题在一些地区，尤其是在比较贫困的村庄非常严重。由于缺乏公共资源，人们对谁当村里的领导并不关心，选举代表的热情也不高。很多时候村民代表会议连基本的代表人数都达不到，即使勉强凑齐人数也是走形式。② 有些研究者在调查中也发现，在一些地方，村里的青壮年劳力过罢正月初五全部出去打工了，留下来的大多是妇女、小孩和老弱病残者，已经出现了"无人议事"的局面。③ 在这样的村里，村民代表会议几乎是无法正常运转的。H市的一些乡村也存在类似的局面。因此，"四议两公开双明白"工作法如何顺利推进，还有待进一步观察。

总之，经过多年的探索和发展，村民自治制度的基本制度框架，无论是就国家的层面看还是从各地的情况看，已经基本搭建起来。正如有的学者所言，围绕着"民主选举，民主决策，民主管理，民主监督"的整个一套制度安排都已经展开，这种以建制村为基础的村民自治已经更加制度化、规范化。④ 但在这一发展过程中，如上所述，两条主线的发展并不均衡。这种村民自治更加制度化规范化的过程，也正是这样一种村党组织领导下的村民自治的格局逐步成型的过程。

---

① 例如，参见郎友兴、何包钢《村民会议和村民代表会议——村级民主完善之尝试》，载《政治学研究》2000年第3期。

② 参见于建嵘《村民自治的价值和困境——兼论〈中华人民共和国村民委员会组织法〉的修改》，《学习与探索》2010年第4期。

③ 参见张新光《中国农村基层民主治理的拓展性创新与实践检讨》，http://www.chinaelections.com/article/187/196400.html，访问时间：2014年7月8日。

④ 参见徐勇《找回自治：探索村民自治的3.0版》，《社会科学报》2014年6月17日。

三 村民自治与压力型体制

如上所述，村党组织领导下的村民自治格局已经形成。H 市的情况也是如此。在这种乡村治理机制下，村党组织的领导核心地位得到强化。另外，民主选举、民主决策、民主管理和民主监督虽然已经纳入基层民主的话语体系和制度框架内，① 但在现实的村民自治实践过程中的实现状况，还存在很大的改善空间。在这方面，其中的一个比较突出的重要问题，就是村民代表会议的实际运行情况不尽如人意，在一些地方甚至令人堪忧，出现了"无人议事"的现象。不仅如此，一些地方还出现了"无事可议"和"议而无用"等问题。② 之所以出现这样的问题，一个主要的原因就在于我国现行的政府管理体制存在的一项重要的基本特点。这个特点被以荣敬本教授为首的研究团队形象地概括为"压力型体制"。③

所谓压力型体制，是指某一级政权组织，例如县或者乡镇，为了实现某一项重要目标，例如经济赶超，或者为了完成上级下达的各项指标和任务，而采取的任务分解的管理方式以及物质化的评价体系。也就是说，某一级党委和政府会将其必须要完成的目标或者任务，层层分解下派给其下级组织，甚至落实到个人，责令其在规定的时间内必须完成，并且按照完成的情况给予政治性的和经济性的奖惩。由于这些目标或者任务中的一些重要部分会采取所谓"一票否决"的评价方式，也就是说，一旦其中某项工作没有完成，在年终总结时就不得给予这种先进称号和奖励，相当于全年全部工作成绩为零，因此其各级下级组织在开展工作时实际上是承担了很大

---

① 参见徐勇《找回自治：探索村民自治的 3.0 版》，《社会科学报》2014 年 6 月 17 日。
② 参见张新光《中国农村基层民主治理的拓展性创新与实践检讨》，http://www.chinaelections.com/article/187/196400.html，访问时间：2014 年 7 月 8 日。
③ 这个概念首先出现于中央编译局荣敬本教授领导的课题组在《经济社会体制比较》1997 年第 4 期上发表的报告《县乡两级的政治体制改革：如何建立民主的合作新体制》中。

的压力。① 不仅如此，这种目标或者任务的完成情况，还会成为上级组织考核和选拔其下级干部时的一项根据。② 我国的各级政府（实际上也包括党组织）就是在这些压力的驱动下运转的。所谓"压力型体制"这个概念，就是对上述现象的理论描述。③

而上述村民代表会议"无事可议""议而无用"的现象，正是这种压力型体制下的一种具有表现。在这种体制下，村级组织常常需要承担大量的乡镇党委和政府下派的硬性指标和任务。而这些任务是"无须议"也"不能议"的。④ 当然，乡镇下派到村里的这些指标和任务，也是其上级党委和政府下派给乡镇的必须要完成的任务。

"压力型体制"这个概念一经提出，就得到学界广泛的认同，常常被运用于对我国政府管理，特别是地方和基层政权运行的分析和研究中。从这个侧面也可以看出，"压力型体制"这个概念比较形象而且准确地描绘了我国政府管理体制上的一个基本特征，⑤ 也是一个重要问题。

压力型体制在实践中具体表现为一种"政治承包制"，有些类似于将农村家庭联产承包责任制的经验移植到了党和政府工作中来。⑥ 具体做法就是将已经确定的目标或者任务通过所谓责任制的形式逐级下派，⑦ 上、下级之间还要签订具体的责任书，特别是在地方和基层，责任书中会规定需要完成的任务和指标，以及相应的奖惩。

---

① 荣敬本等：《从压力型体制向民主合作体制的转变》，中央编译出版社1998年版，第28页。
② 同上书，第8页。
③ 杨雪冬：《压力型体制：一个概念的简明史》，《社会科学》2012年第11期。
④ 参见张新光《中国农村基层民主治理的拓展性创新与实践检讨》，http://www.chinaelections.com/article/187/196400.html，访问时间：2014年7月8日。
⑤ 杨雪冬：《压力型体制：一个概念的简明史》，《社会科学》2012年第11期。
⑥ 荣敬本等：《从压力型体制向民主合作体制的转变》，中央编译出版社1998年版，第27页。
⑦ 同上书，第31—34页。

这种"政治承包制"在 H 市也在实行。这里以 H 市 FP 县 YJZ 镇的做法为例。

为落实这种"政治承包制",YJZ 镇制定专门的"村委会(居委会)目标管理责任制考核办法"。① 制定这一考核办法的目的,就在于"充分调动各村(居)工作积极性、主动性和创造性","确保镇党委、政府各项工作任务完成"。

考核的对象包括村(居)三委会,就村级组织而言,就是指村党支部委员会、村民委员会以及依据 2010 年修订的《村民委员会组织法》新设立的村民监督委员会。

"考核办法"特别明确地强调了"坚持'一票否决'原则",凡是在"一票否决"的事项上未能完成任务而遭到"一票否决"的村级组织,一律取消评优表彰资格。

具体的考核方法是,年初时由镇组建的综合考核组,对各村(居)上一年度的工作,按照"听汇报,召开座谈评议会,查资料,现场稽查,量化打分,综合评定"六个步骤,依据上一年度年初签订的"村(居)党支部、村(居)委会工作目标责任书"进行考核。

考核的结果是以计分的形式表现出来的。综合考核采取百分制。计分标准为:"基础分 + 评议分 + 奖励分 = 总分"。所谓基础分,就是各个村(居)按照任务分解进行目标考核的得分,满分是70 分。所谓评议分,满分是 30 分,其中,群众满意度测评占 20 分,镇党委班子以及各站(所)办对各村(居)的测评占 10 分。而奖励分实行"据实计分",由各村(居)自行申报,镇党委集体研究确认。计分标准为:各村(居)每推出一项创新性工作,奖励3 分;重点项目建设协调配合效果显著,奖励 5 分;年度综合或者单项工作受到镇、县、市、省表彰,分别按每项 0.1、0.2、0.4、0.8 分加分。此外,凡是遭到"一票否决"的事项,每项在总成绩

---

① YJZ 镇辖区内有一处居委会。

中扣减 5 分。

镇党委根据考核得分以及"一票否决"等情况,对各村(居)评定考核等次。考核的最终结果分为"优秀""一般""较差"三等。而且每年的控制比例是,"优秀"占 30%,"一般"占 50%,"较差"占 20%。

镇党委和政府将对评为"优秀"的村(居)三委会班子予以表彰奖励,对评为"较差"的村(居)三委会主要负责人将进行诫勉谈话,必要时将通过组织手段进行人事调整。同时,村(居)三委会主要负责人的工资报酬与考核结果挂钩。具体来说,村(居)三委会主要负责人的工资报酬由"基础工资+绩效工资"构成,而绩效工资是按照"绩效工资系数×考核总分"计算得出的。[1]

根据 2014 年年初 YJZ 镇组织实施的对各村(居)的考核情况,镇对各村(居)考核的内容包括两大类:一类是"村级个性目标考核",就是各村(居)经济社会发展情况;另一类是"党建、精神文明建设考核"。前者满分为 53 分,后者为 17 分。两者共同构成上述的"基础分"。[2]

就具体内容来说,各个村[3]的"个性目标"也即经济社会发展的任务和指标包括如下各项:工作部署情况、政策贯彻落实情况、经济发展、安全生产、清洁工程、扶贫工作、林业工作、群众生活、文教卫生工作、村务公开情况、动物防疫、综治平安建设、计划生育。从各个考核项目的赋值情况看,首先"经济发展"最高,占 20 分;其次是"综治平安建设",占 10 分;最后是"计划生

---

[1] 以上考核办法的内容,见《YJZ 镇村(居)目标管理责任制考核办法》,2010 年 1 月 10 日颁发。

[2] 详见《中共 YJZ 镇委员会、YJZ 镇人民政府关于对 2013 年度村(居)"三委会"工作目标任务完成情况进行考核的通知》(Y 发【2014】1 号),2014 年 1 月 9 日颁发。

[3] 对居委会的考核指标和内容有所不同,另有考核项目,例如社区发展、社区管理,其中涉及就业等一些村委会并不面临的问题。

育",占 5 分。其他各项都是 1 分或者 2 分。

党建和精神文明建设的考核项目包括:工作部署情况,班子建设,"升级晋档,科学发展"工作,党风廉政建设,党员发展,党员管理教育,精神文明工作,为民代理。

从上述 YJZ 镇的例子中可以看出,乡镇与村的关系看上去更像是上、下级关系。从镇对村通过这种目标考核责任制施加的管理或者说"压力"来看,村级组织从功能上说已经成为乡镇的下属行政单位。村级组织的主要工作,甚至可以说是绝大部分工作,就是完成乡镇下派的各项任务。当然,对于乡镇来说,这些任务又是它的上级下派给它的。这条分派任务的管理链条可以一直沿着行政层级向上追溯。

从考核的内容上看,就连村里要发展什么样的主导产业和优势产业这样看起来应该属于本村事务的问题,也是纳入考核范围内的,而且占有 15 分的分值。① 从这里可以看出,村里发展什么样的产业恐怕已经不是本村事务,而是需要服从更大范围的、更高层级制定的发展规划。

而像村务公开这样的内容,本身就是村民自治制度的重要组成部分,在目前的责任制体系中也已经成为乡镇考核村里工作的一项指标。实行村务公开,仿佛也成了村级组织需要完成的一项上级交办的任务。

在压力型体制下,许多学者已经指出的村级组织"行政化"问题②无可避免。而另外一项政策和措施,则进一步强化了村级组织的行政化取向,就是村干部工资待遇问题获得了制度性保障。从上述 YJZ 镇的例子中就可以看到,村"三委会"的主要成员是有工资

---

① 详见《中共 YJZ 镇委员会、YJZ 镇人民政府关于对 2013 年度村(居)"三委会"工作目标任务完成情况进行考核的通知》(Y 发【2014】1 号),2014 年 1 月 9 日颁发。

② 例如,赵树凯《村庄治理新课题》,《中国改革》2012 年第 10 期;于建嵘《村民自治的价值和困境——兼论〈中华人民共和国村民委员会组织法〉的修改》,《学习与探索》2010 年第 4 期。

报酬的，而且其工资报酬与完成上级下派任务的情况相关联。

H市已经初步建立了比较完整的村级组织运转经费管理和使用的有关制度。例如，制定了"现任村干部激励保障机制办法"和"离任村干部生活费定额补助发放管理办法"，并且明确了财政支付的范围。① 截至2012年，H市全市村干部报酬补贴平均每人每年达到5967元，较之2008年的3591元增长了66.2%。其中，HT区更是达到了人均1万元，NZ县也达到了8297元。②

当然，H市是依据中央及有关部门的政策文件建立了这样的村级组织经费及报酬保障制度。例如，上述关于现任和离任村干部的报酬发放"办法"，就是依据《中共中央办公厅、国务院办公厅印发〈关于完善村级组织运转经费保障机制 促进村级组织建设的意见〉的通知》（中办发〔2009〕21号）精神制定的。

虽然说"压力型体制"还只是一个描述性的概念，尚未构成更深刻的理论抽象[3]，但确实也触及了我国现行政治体制的某种内在特质。如上所述，村民自治制度是改革开放的产物，也已经得到改革开放之后颁行的"新宪法"的肯定。不过，在《宪法》中村民自治的内容是规定在第111条，也就是《宪法》第三章"国家机构"第五节"地方各级人民代表大会和地方各级人民政府"的最后一条。这仿佛构成了一种隐喻，尽管从宪法和法律上说，村委会是基层群众自治组织，却无可避免地成为地方和基层政府的"腿"。

压力型体制被认为是与计划经济相适应的中央集权的动员体制在受到市场经济取向的改革大潮冲击下的变形。[4] 荣敬本教授的研究团队似乎尚未解释传统的计划体制为何在现代化、市场化的新背景下变形成为这样的压力型体制，并且延续至今。不过，荣教授及

---

① H市民政局基层政权科：《全市村务公开民主管理工作情况》，2014年5月。
② H市民政局基层政权科：《社区建设情况汇报》，2014年5月。
③ 杨雪冬：《压力型体制：一个概念的简明史》，《社会科学》2012年第11期。
④ 参见荣敬本等《从压力型体制向民主合作体制的转变》，中央编译出版社1998年版，第27、28页。

其研究团队也已经注意到，这种压力型体制的形成，与我国赶超型的现代化建设和经济发展方式直接相关。各个地方所追求的以工业化为核心的现代化是典型的赶超型发展，是在世界范围以及国内其他先进地区的压力下进行的。①

从更为宏观的角度来说，寻求国家的快速工业化，建立富强的国家，是新中国成立之后需要尽快完成的新的历史任务。而且，中国的工业化、现代化不仅要改变自己的落后面貌，还要追赶世界先进水平。这种发展的思路相应地要求建立这样的政治体制，一方面能够调动和发挥广大人民群众建设国家、追求幸福美好生活的积极性、主动性和创造性；另一方面又能够集中民力和民智，有利于在全国范围内有效调配资源，有利于维护社会的安定团结。因此，我国建立并且维持了一种政治权力集中程度较高的政治体制，确保实现更有效率的集约化发展，以实现赶超战略。②而这种政治权力较为集中的与赶超战略相适应的政治体制，在中央与地方关系问题上，实际上也就是表现为这里所谓的压力型体制。

而这种与赶超战略相适应的政治权力较为集中的政治体制，其权力集中的制度性体现就是"党的领导"。③因此，在压力型体制下，乡村治理机制的发展过程中必然要求不断强化党组织的领导核心作用。党组织的领导核心的地位实际上赋予村党支部"领导"村民委员会等村民自治组织的权力。有研究者甚至形象地将村党组织与村委会、村民代表会议等群众自治组织的关系，描述为一种"核心—外围"的权力结构。而这种权力结构正是现行的权力相对集中的政治体制在乡村社会和基层民主发展中的投影。④可见，在 H 市

---

① 参见荣敬本等《从压力型体制向民主合作体制的转变》，中央编译出版社 1998 年版，第 28—29 页。
② 参见房宁《民主的中国经验》，中国社会科学出版社 2013 年版，第 3—4 页。
③ 同上书，第 4 页。
④ 参见彭大鹏《让基层民主运转起来》，http://www.chinaelections.com/article/187/215216.html，访问时间：2014 年 7 月 7 日。

已经形成的，并且在全国普遍存在的村党组织领导下的村民自治格局，正是压力型体制下村民自治制度的基本表现形式。

四 村级党建

与压力型体制相适应，需要建立以党组织为核心的乡村治理机制。因此，形成村党组织领导下的村民自治格局势所必然。正是从这个意义上说，基层党组织特别是村党组织在村民自治过程中必然具有非常重要的地位和作用，看待、把握和分析村民自治中的有关问题，因而需要有党建这个视角。

以往有关村民自治的研究，对村党组织建设及其地位和作用问题，往往重视不足，甚至有所忽视。例如，有学者曾经比较系统地梳理和总结了村民自治的发展状况，从制度建设到实施的情况，再到今后发展的基本思路，可以说相当全面。其中涉及了村民自治的组织制度（包括村委会、村民会议和村民代表会议）、选举制度、民主决策制度、民主管理制度、民主监督制度。[①] 但未见关于村党组织的发展状况及其作用问题的总结和分析。这种现象在关于村民自治的研究中比较普遍地存在着，许多研究还是主要聚焦于村委会等群众自治组织发展中的有关问题。

所谓关于村民自治的党建视角，并不仅仅是讨论村"两委"的关系及其矛盾等问题，这方面的讨论在村民自治的研究中还是相当丰富的，还需要更加关注基层党组织自身的建设和发展，关注并分析研究党组织在村民自治过程中发挥了怎样的作用以及应当扮演怎样的角色等有关问题。

在村党组织领导下的村民自治格局中，村党组织已经不可避免地成为村民自治制度内在的重要组成部分。甚至可以说，村党组织

---

① 参见袁达毅《村民自治的现在》，http://www.chinaelections.com/article/625/92565.html，访问时间：2014年7月11日。

已经嵌入村民自治的制度体系之中。这首先表现在村级组织的人员构成上。村"三委"交叉任职的现象已经相当普遍，有研究者统计，在一些地方，村党支部和村委会成员的重合度达到了40%。[①] H市也不例外，在实地调研中可以看到，有一些村的村民监督委员会主任就是由村党支部书记兼任的。交叉任职固然也有某些现实的需要，例如可以减少村干部的人数，同时也被认为是减少村"两委"矛盾的一种方法。但村"两委"甚至"三委"组成人员上的重合，也使得区分看待和辨析村党组织与村委会等基层群众自治组织的现实基础有所削弱。

而且，在压力型体制下，村级组织虽然从理论上说包括两个部分，村党组织和村委会等村民自治组织，其法律属性、产生方式等方面均有不同，但是在乡镇与村建立的"政治承包制"关系中，村级组织实际上被当作一个完整的整体来对待的。例如，从上述YJZ镇的目标考核责任制的制度设计上就可以看到，虽然也单独设立了关于党建的考核指标和任务，包括党员发展、党员的教育管理、党风廉政建设等，但是，关于村经济社会发展的各项任务和指标的考核和评价，并不是针对村委会等群众自治组织的，而是对村"三委"的考核，也就是说，是当然地包括了村党组织在内的。

从这里也可以看到，党组织在乡村治理机制中的作用，实际上绝不仅仅是一个所谓的党务工作机构。党员的发展工作、党员的日常管理以及党风廉政建设，当然是村党组织需要担负的重要工作，甚至还包括精神文明建设这样的内容。另外，党组织作为乡村治理机制中的领导核心，实际上不可避免地要承担起统揽经济社会发展各项事务的职责和权力。

关于村级组织的各个组成部分，特别是村"两委"的职责权限

---

① 参见袁绍志《村党支部与村委会关系的背后》，http://www.chinaelections.com/article/188/91971.html，访问时间：2014年7月7日。

的划分问题,一些研究者也已经展开了很多讨论。普遍认为,其职责权限未能清晰地界定,是造成目前普遍存在的村"两委"关系紧张的一个重要的直接原因。① 鉴于此,有些研究者试图在这方面进行一些探讨。例如,有学者认为,村党组织的领导核心作用也应当体现为坚持政治领导、组织领导和思想领导,而不在于抓具体事务。② 此类观点看似与"主流观点"相一致,实际上只是机械套用了中央文件中的话语,显然并不明白,在不同管理层级上所面临的问题从内容到性质都会有所不同,甚至有很大差别。所谓"政治"与"行政"的分野,只在高层政权体系中才会存在。对于地方特别是基层而言,几乎很少有可能面临所谓的政治性问题,每天需要处理的都是公共管理中的所谓事务性问题。因此,对于一个村来说,要求村党组织只负责承担"政治领导"责任,而无须或者不能插手村务的"管理",实在是不切实际。

实际上,村党组织全面负责村务管理,这是压力型体制下的必然产物。村党组织在乡村治理机制中的领导核心作用,最直接的体现就是"带领"本村实现经济社会发展。这一点在 H 市的实践中可以明显看到。如上所述,从 YJZ 镇的例子中就可以看到,一方面,对于村级组织的考核和评价并未区分村党组织和群众自治组织,村党组织同样担负着推进本村经济社会发展的任务,实际上还是这项任务的首要责任人;另一方面,就是在专门考核和评价村党组织工作的任务和指标中,也包含了有关经济社会发展的内容。例如,在 YJZ 镇关于党建和精神文明建设的考核指标中,就有"升级晋档,科学发展"这一项工作任务。按照这项任务的要求,村党组织需要制定切实可行的本村村民增收发展的长期规划和近期计划,而且每个村需要确定不少于两户的党员产业发展示范户。这项任务

---

① 例如,参见姚锐敏《走出"两委"关系困境的关键:村级党组织领导法治化探析》,《社会科学研究》2007 年第 4 期。
② 例如,参见白钢《走出解决"两委"关系失衡问题的理论误区》,http://www.chinaelections.com/article/188/15904.html,访问时间:2014 年 7 月 7 日。

在关于党建是精神文明建设考核的总共7项任务17分中，占有4分的比重①，足见这项任务的重要性。

从H市这些年农村党建工作的实践来看，促进本地经济社会发展，就是包括农村党建在内的基层党建工作的主要内容，甚至可以说是"中心任务"。例如，NZ县在开展农村基层党组织"升级晋档、科学发展"活动中，就是要求紧扣农民增收这一关键环节，通过强化各方面工作措施，做大做强农业主导产业，推动农村经济社会发展，从而促进农村组织、党组织晋位升级。具体来说，NZ县在农村党建方面强化的主要工作②，一是抓农业生产。一方面确保粮油、蔬菜、生猪等传统农产品生产；另一方面促进茶叶、烤烟、中药、核桃、花卉苗木等经济价值更高的农业产业的发展。二是抓农业经营，包括建立农业产业园区，吸进和培育农业企业，发展农业合作社和家庭农场。三是抓农村改革，主要就是推进土地确权以及土地和林权的流转。四是抓扶贫开发。五是抓民生事业，主要就是解决SN移民搬迁安置问题。这些工作都不是所谓的党务工作，但都被认为是当地推动党建工作"升级晋档、科学发展"活动的主要内容。而FP县在总结2013年本地农村党建工作时也特别强调，通过"一把手"工程、激励保障、搭建平台、推荐培养等多种措施，全面激发基层党组织服务群众的活力，去年全县农民人均纯收入达6272元，同比增长14.6%，三农经济实现持续跨越发展。③ 也就是说，党建工作的绩效也主要是通过当地经济社会发展的成绩来体现的。

正是从上述意义上说，这种农村党建工作是"发展取向的"。

---

① 详见《中共YJZ镇委员会、YJZ镇人民政府关于对2013年度村（居）"三委会"工作目标任务完成情况进行考核的通知》（Y发【2014】1号），2014年1月9日颁发。

② 详见《NZ：农村跨越式发展促农村党组织全面升级晋位》，"H党建"网，http：//hzdj.hanzhong.gov.cn/zzb/217018306555543552/20140424/587061.html，访问时间：2014年8月16日。

③ 详见《FP"立体"锻造基层服务型党组织 全面激发活力》，"H党建"网，http：//hzdj.hanzhong.gov.cn/zzb/217018306555543552/20140310/585295.html，访问时间：2014年7月16日。

而这种发展取向的农村党建,并非 H 市独有,而是全国普遍存在的现象。而这种发展取向的党建,与压力型体制的内在逻辑正相暗合。如上所述,无论是对于国家来说,还是对于各个地方来说,赶超发展都是一项"大政方针"。而压力型体制正是适应这种赶超发展模式而形成并不断发展的。在压力型体制下,通过不断强化村党组织的领导核心地位和作用,能够以更有效率的方式促进本地经济社会快速发展,从而为赶超战略的实现打下基础。

与压力型体制下不断强化村级党组织的地位和作用的内在要求相适应,从中央到地方,各级党组织都采取了多种措施,意图不断推进村级党组织建设。在这方面 H 市亦不例外。例如,H 市根据中组部《关于在创先争优活动中开展基层组织建设年的实施意见》(中组发〔2012〕6 号)和 SX 省委《关于进一步加强基层党组织建设的若干意见》(S 发〔2011〕11 号),制定了《中共 H 市委关于进一步加强基层党组织建设的实施意见》,提出了一系列旨在加强城乡基层党组织的举措,包括建立党建工作联述、联评、联考制度,要求村(社区)党组织书记每半年就抓党建工作情况向镇(街道)党委书面述职,而镇(街道)党组织书记则向县区委书面述职。

近两年,根据十八大提出的加强基层服务型党组织建设的重大任务,H 市同样在包括村级党建在内的基层党组织建设方面更加强调了"服务型"的工作思路和取向。例如,强调村级党组织建设紧抓为农民增收、农村发展提供服务。[①] 同时,H 市还采取了一系列举措,以加强村级党组织的服务能力。例如,为加强村(社区)党组织书记队伍建设,一方面多渠道选拔村(社区)党组织书记,加大从农村致富带头人、务工返乡创业人员、复转军人、返乡大中专学生和企业离退休人员中选任党组织书记、党建指导员力度,鼓励

---

① 参见《全市基层服务型党组织建设综述》,http://www.hanzhong.gov.cn/jgdj/868068828175663104/20130819/578427.html,访问时间:2014 年 7 月 10 日。

县区部门实改非干部和镇（街道）提前离岗干部离职带薪到村任职。另一方面选派机关干部担任"第一书记"，配好、配强后进村（社区）领导班子。① 上一轮换届选举时，全市 2616 个村共下派村党组织第一书记 821 名。② 又如，全市先后投入 1.75 亿元用于基层党建，增加村级党组织活动经费，改建新建活动场所 227 处，意图改善基层党组织无经费、无服务场所的局面。③

不仅如此，H 市在推进服务型党组织建设过程中，还特别强调上级党组织要加强服务基层和乡村的意识和能力。早在 2010 年，H 市委就在全省率先开展了以"访民情、解民忧、送温暖、促和谐"为主题的干部下基层活动。2011 年结合深化落实 SX 省委部署的"三问三解"活动④，进一步扩展干部下基层的范围，市、县、镇三级共确定 2.3 万名干部帮扶 2587 个村、140 个社区、15 万农户。⑤ H 市还要求每个市级领导和部门分别联系 2 个村，每名县区领导和部门分别联系 1 个村，科级以上干部每人联系 3 户，其他干部每人联系 2 户困难党员或群众，与他们结成对子，通过送政策、送技术、送信息、送温暖等形式，提供项目、资金、咨询、培训等服务，解决他们的"闹心事"和"难解事"。⑥ 并且在此基础上进一步推动干部下基层制度化、常态化、长效化，规定市级领导干部驻村每年不少于 2 次，每次不少于 1 周；县级领导驻村每年不少于 2 次，每次不少于 2 周；其他干部轮换驻村，每人每次不少于 1 个月。⑦ H 市还建立了相应的考核激励制度。把部门驻村和驻村情况

---

① 参见《中共 H 市委关于进一步加强基层党组织建设的实施意见》，http://hzdj.hanzhong.gov.cn/zzb/217023804113682432/20121015/565952.html，访问时间：2014 年 7 月 10 日。

② 参见《全市基层服务型党组织建设综述》，http://www.hanzhong.gov.cn/jgdj/868068828175663104/20130819/578427.html，访问时间：2014 年 7 月 10 日。

③ 同上。

④ 所谓"三问三解"，即党员干部要坚持问政于民、问需于民、问计于民，全力解民忧、解民怨、解民困。

⑤ H 市委组织部：《探路服务型基层党组织建设的"H 实践"》，2014 年 5 月 31 日。

⑥ 同上。

⑦ 同上。

纳入县区和部门年度目标责任考核内容，作为干部提拔使用的重要依据。①

从 H 市的上述举措可以看出，一方面是意图加强各级党组织服务乡村经济社会发展的意愿、动力和能力；另一方面，这些举措在客观上也同时强化了上级党委和政府对乡村的领导和"管理"能力。而这种通过各级党组织强化对乡村社会的管理的思路和举措，也正好与压力型体制下不断强化党组织的地位和作用的内在逻辑相暗合。

村民自治，是我国改革开放以来在政治发展方面非常耀眼的一抹亮色。村民自治是我国基层民主建设的主要组成部分和表现形式。如前所述，基层民主在我国民主政治建设进程中具有非常重要的意义和作用，是我国民主政治的基础性工程。但近年来，围绕我国基层民主建设特别是村民自治的实践，在理论上和实践中都产生了一些争议。例如，村民自治究竟是可以成为中国民主化进程的起点或者突破口，还是仅仅作为一种乡村治理的工具，用以整合乡村社会内部的各种资源，能够实现村民的自我管理即可。与此同时，从实践上看，村民自治作为一种自下而上的民主路径已经遭遇了极大困境，而作为乡村社会治理机制的功能却似乎越来越成为其主导价值。②

村民自治作为基层群众自治制度的主要组成部分，一方面得到了《宪法》以及有关法律的确认和规范；另一方面也需要放在我国政治体制的整个制度框架内来看待和把握。而其作为一项政治制度所蕴含的意义，又是由我国现实的经济社会条件所限定的。

如上所述，赶超发展一直以来都被认为是我国的历史性任务。快速实现工业化，并不断推进现代化，的确是也有强大的内在需求

---

① H 市委组织部：《探路服务型基层党组织建设的"H 实践"》，2014 年 5 月 31 日。
② 参见王玲《民主抑或治理：村民自治的价值刍议》，《中国特色社会主义研究》2010 年第 6 期。

和外在压力。而能够集中经济和社会多方面的资源，是更有效率地推进快速的经济社会发展的重要的前提条件。在这种情况下，相应地就要去建立权力相对集中的政治体制。而压力型体制正是其具体的表现形式。

在压力型体制下，作为权力相对集中的主要制度性表现形式的"党的领导"必然不断强化。而这一点在乡村治理体系中的表现，就是在村民自治发展实践中村党组织领导核心作用的加强，并形成了村党组织领导下的村民自治格局。而在村民自治发展实践中发挥领导核心作用的村党组织又必然表现出明显的"发展取向"。

但随着我国社会主义市场经济体制的确立和不断深入发展，我国政治体制也必然发生相应的发展变化。尽管在理论上还无法确立市场经济与民主政治之间存在必然的因果关系，但是历史经验表明，与市场经济相生相伴的往往是民主政治。同样地，在我国，包括村民自治在内的基层民主的繁荣发展是与市场化取向的经济体制改革相伴而行的。尽管一些学者认为，我国的基层民主建设与经济发展可能是相互分离的，或者二者之间并非完全的正相关关系。[1]但是，从经验上看，经济发展的状况与基层民主的发展，当然也包括民主政治的整体发展，又有非常密切的关系，如果没有前者作保证，后者即使有时进展迅速，往往也会因为缺乏后劲而难以深入下去。近些年村民自治的一些先进省份已少有作为即很能说明问题。[2]因为"一般说来，极度贫困使参与者愚昧无知，即使是广泛的参与，也不过是表面文章，民主必然失败。只有丰衣足食的人才有时间和精力去做一个热心公益的公民"[3]。

近年来，从实践上看，一些经济发展水平较高，市场经济相对

---

[1] 参见史晋川等《民营经济与制度创新：台州现象研究》，浙江大学出版社2004年版，第451页。

[2] 参见房宁主编《浙江经验与中国发展（政府管理卷）》，社会科学文献出版社2007年版，第178页。

[3] 科恩：《论民主》，聂崇信、朱秀贤译，商务印书馆1988年版，第111页。

发达的地方，包括村民自治在内在基层民主建设也更为活跃。H 市目前正在大力推进经济发展，预计今年全年将实施重点项目和重大前期项目 212 个、年度投资 314 亿元，全社会固定资产投资有望完成 849 亿元。同时，H 市正在大力实施"工业翻番工程"，努力推进新型工业化；大力实施"农业倍增工程"，积极发展现代农业；大力实施"全域旅游工程"，加速发展现代服务业；大力实施"城乡统筹工程"，推进新型城镇化建设；大力实施"扶贫攻坚工程"，强力发展县域经济；大力实施"生态环境工程"，加强生态环境建设；并通过多种举措，大力发展各项社会事业。① H 市经济社会发展的不断前行，将为 H 市村民自治以及基层民主建设的其他方面的发展，提供新的契机。

当前，我国已进入全面深化改革阶段，市场经济将发挥出更强有力的牵引作用。这方面接下来的一个重大发展就是依法治国的全面推进。② 在这种情况下，各级党组织如何在宪法和法律的框架内发挥好领导、支持和保障村民自治组织的作用，还需要进一步的深入思考和实践探索。

---

① 《2014 年 H 市政府工作报告》，http：//www.shaanxi.gov.cn/0/1/75/528/173412.htm，访问时间：2014 年 8 月 2 日。

② 党的十八届四中全会将于 2014 年 10 月份举行，主要议程就是研究全面推进依法治国的有关问题。详见新华社电《中共中央政治局召开会议 决定召开十八届四中全会》，《人民日报》2014 年 7 月 30 日。

第四章

社会公正与社会发展：乡村社会保障体系[*]

当今中国乡村的"衰败"，最直接的影响在于令9亿多农民失去了自然生存和自我发展的可能与途径。如果任由这种"衰败"发展下去，不但难以有效推进中国乡村治理现代化的进程，而且势必还会引发更深层次的社会冲突与动荡，甚至危及整个国家的基本秩序与稳定。那么，如何使中国乡村走出"衰败"，这其中隐含"破"与"立"两个层面的含义。"破"，是指消除农民个体占有土地和其他生产资料，依靠自己和家庭成员进行农业经营的农业生产、经营模式；"立"，则是强调进行体制和结构的变革，在完成农村现代化的基础上，使农村重新获得社会的、文化的和政治的生命力。本书将这种变革总结为三个方面，即城镇化发展、土地制度改革和建立完善的农村社会保障体系。在本章中，我们将着力对中国乡村现行的社会保障体系的运行状况、影响要素、特点、问题表现及其同乡村治理的关系等问题展开分析、讨论。

这里需要特别指出的是：第一，在行政管理实践领域和学术研究领域，以往对农村社会保障体系的界定主要集中在社会保险（养老保险、合作医疗）、社会福利（儿童福利、妇女福利和老人福利）和社会救济（贫民救助、灾民救助、长期病患农民救助、孤儿孤单

---

[*] 本章由郑建君执笔。

老人救助）三大领域，并根据农村地区现实需要的迫切性确立和实施了针对农业人口的三大保障制度——社会养老保险制度、新型合作医疗制度和最低生活保障制度。① 然而，从理论上来看，作为一种典型的公共产品，社会保障是托底农民基本生存和生活发展的"安全网"，② 其范围应当不单单局限于以往对农村社会保障体系的界定。为此，本书对农村社会保障的讨论与分析将其范围扩展至基本公共服务范畴，③ 形成了一个在基本公共服务框架下的社会保障大概念，具体包括公共教育、劳动就业服务、社会保障、基本社会服务、医疗卫生、人口计生、住房保障、公共文化等领域（同时本书还将公共安全也纳入考察分析范畴）。第二，本章所进行的讨论与分析，其经验资料主要来源于课题组 2014 年在西部 S 省 H 市所辖的一区（H 区）两县（F 县和 N 县）的多个乡镇、村的实地调查，其中包括入户访谈资料、座谈资料、现场观察资料和相关文本资料等。对上述资料的运用，我们将遵循经验研究与实证研究的基本规范，通过"中立"、客观的方式进行学理化的分析与谨慎推理讨论。

一 乡村社会保障体系的结构

如上所言，当把"建立完善的农村社会保障体系"作为农村走出衰败困境的重要变革途径来看待的时候，必须从一个包含基本公共服务在内的"大社会保障"的构念来重新对当前乡村的社会保障进行评估和做出判断。因为传统意义上的由社会保险、社会福利和社会救济所组成的农村社会保障体系或制度，至多解决的是农民的生存问题，它并不能承担帮助或推动农村走出衰败困境和持续发展

---

① 刘岚、陈功、宋新明、郑晓瑛：《农村社会保障研究应关注哪些问题？——我国农村社会保障研究回顾与展望》，《农村经济》2008 年第 2 期。

② 匡萍：《从公共产品供给角度谈我国农村社会保障制度的完善》，《广西财政高等专科学校学报》2004 年第 2 期。

③ 国务院：《国家基本公共服务体系"十二五"规划》，2012 年 7 月 19 日。

的功能。基于此，我们需要从本书所提出的构念出发，在基本公共服务的框架下来讨论乡村社会保障体系目前的状况，了解现实情境中乡村社会保障体系结构中"有什么"和"怎么样"。在本部分的内容中，我们主要从保障内容与保障群体两个方面来对上述内容进行总结、评估。

（一）保障内容

1. 养老

目前农村地区的社会养老保障内容大致可以分为两个部分：第一部分是覆盖全体农村居民的农村社会养老保险制度，与其衔接和对应的是城镇基本养老保险制度；第二部分是作为补充性养老保险的"五保"户供养制度和商业保险。

其中，第一部分主要是指我国现行的新型农村社会养老保险（简称新农保），新农保基金由个人缴费（缴费标准设为每年100元、200元、300元、400元、500元5个档次，参保人自主选择档次缴费，多缴多得）、集体补助、政府补贴构成。年满60周岁、未享受城镇职工基本养老保险待遇的农村有户籍的老年人，在连续参保15年之后，可以按月领取养老金。从实际调研的入户访谈情况来看，农民对新农保的认受度非常高（2013年F县YJZ镇的参保人数达到3093人，累计参保金额33.30万元，参保率达到99.77%），特别是那些已经领取到养老金的老人及老人子女，对新农保政策表现出极高的满意度和认同度；同时，大部分受访对象也表达出极高的"对提高养老金领取标准"的意愿。他们认为，现在每个月60元的养老金，还不及低保的水平，起不到养老的作用。第二部分中的"五保"户供养制度的执行情况，在当下的农村似乎表现并不突出。原先"五保"户供养制度所规定的三类人群（老年、残疾或者未满16周岁的村民）中，在实际的日常运作过程中仅仅只能关照到"孤寡老人"这一部分，具体表现为由村级自治组织定期或按阶段（农忙或自然灾害易于发生的时期）对其进行生活照顾和物资帮助。而商业保险这种补充性养老保险形式，则并未普及或被认可接受，最起码在课题组进行调研的多个乡村的村干部和村民对此形式无甚兴趣。

此外，老龄工作也是农村现行养老保障体系中的重要内容。目前各地通行的做法是，通过对当地60周岁以上老年人的调查摸底统计工作，为70周岁以上的老年人发放健康补贴。以调研当地的做法为例，他们对70周岁以上的老年人分为四档进行健康补贴的发放：对70—79周岁高龄老人，每人每月发放50元生活保健补贴；对80—89周岁高龄老人，每人每月发放100元生活保健补贴；对90—99周岁高龄老人，每人每月发放200元生活保健补贴；100周岁以上（含100周岁）高龄老人，每人每月发放300元生活保健补贴。

2. 医疗卫生

医疗保障对于改善农村地区居民民生状况具有重要的作用，其对民生指数贡献作用达到了30.08%，[1] 受到农村地区广大居民的认可与欢迎。针对农村地区医疗卫生方面的社会保障，包含新型农村合作医疗（简称新农合）和乡镇、村两级卫生服务机构两个方面。

新农合是由政府组织、引导、支持，农民自愿参加，个人、集体和政府多方筹资，以大病统筹为主的农民医疗互助共济制度；其中，2014年新型农村合作医疗保险筹资方法为：各级财政对新农合医保人均补助标准在2013年的基础上提高40元，达到320元。其中中央财政对原有120元的补助标准不变，对200元部分按照西部地区的80%和中部地区60%的比例安排补助，对东部地区各省份分别按一定比例补助。农民个人缴费标准在2013年的基础上提高20元，全国平均个人缴费标准达到每人每年90元左右。个人缴费应在参保（合）时按年度一次性缴清。[2] 根据中华人民

---

[1] 穆也：《农村社会保障对改善民生的作用研究——基于沈阳市沈北新区尹家乡问卷调查》，《社会保障研究》2013年第5期。

[2] 财政部、国家卫生计生委、人力资源和社会保障部：《关于提高2014年新型农村合作医疗和城镇居民基本医疗保险筹资标准的通知》，2014年4月25日。

共和国国家统计局编撰的《中国统计年鉴（2012 年）》显示，2011 年我国新农合的参合率达到了 97.5%。从对 H 市的实地调查来看，参合农民对新农合的了解加深，并逐渐开始受益，使医疗负担有所减轻，对参合表现出极高的热情，[①] 新农合参合率水平也都非常高（H 市 2013 年的新农合参合率为 99.84%），例如 N 县 XJ 镇在 2013 年新农合的参合人数和参合率分别为 41050 人和 97%。当然，我们的调查也发现一些问题或者是参合人员的希望，例如报销比例的提高、报销的便捷性、报销用药的范围，等等。但总体上，大家对新农合的政策本身及相关执行情况仍旧是满意的。

目前，乡镇卫生院和村卫生室的建设主要停留在硬件配套达标、完善层次。截至 2013 年，H 市共建成 192 所乡镇卫生院和 2680 个村卫生室，新建面积 58923 平方米，改建面积 15720 平方米。对于乡镇、村两级卫生服务机构而言，其在硬件与医护人员等软件方面显然是无法与县级医院相比较的。特别是在就诊能力和医护人员的技术方面，乡镇、村两级卫生服务机构至多能够胜任的不过是农村地区日常的公共卫生服务功能。这其中反映出的问题和原因是多方面的：第一，在乡镇、村工作，待遇低、条件艰苦，很难留住和招录到医疗卫生人员，而在个别村还存在村卫生室空白的现象。第二，现有的医疗设备无法得到有效利用，例如在乡村地区，孕产化学检测仪虽已配备到位，但能够实际开展操作的人员缺乏。第三，政府财政预算与人员编制紧张，使得乡镇、村两级卫生服务机构的正常运转举步维艰，而现有的医疗卫生服务水平有限，一些常见病、多发病的解决仍有问题。第四，农村居民的优质医疗需求增大，但是乡镇、村两级卫生服务机构的接诊治疗能力有限，如果不解决分级医疗的问题，基本公共卫

[①] 在入户访谈过程中，当问及农民是否愿意参加新农合时，被访对象回答："这么好的事情为啥不愿意参加，谁不参加那不是傻啦！现在已经够好了，国家已经不错了。"

生和医疗服务的提升很难突破。

3. 社会救助

我国农村社会救助以最低生活保障制度为主要形式，是国家和社会为保障收入难以维持最基本生活的农村贫困人口而建立的一种社会救济制度，[①] 即我们通常所说的"低保"。除此之外，在农村地区还有两种社会救助形式也是必须提及的，即因灾救助和因病救助。上述三项救助内容，占到了乡镇一级民政专项资金的四分之三。在F县YJZ镇，2011年上级下拨民政专项资金196.2万元，其中低保支出127.39万元，因灾救助支出13.9万元，因病救助支出7.99万元。

最低生活保障制度，它代表了政府和社会必须保障和承担的责任与"底线"。[②] 保证困难居民基本的生活，同时也体现了一种社会关怀与社会公平。目前，农村地区的低保政策落实，总体上还是能够做到程序公平、结果公正的。首先，在低保户的确定方面，有一整套相对公平和透明的程序、做法——"在村一级，首先规定三委会（村支部、村委会和村监督委员会）成员的家属不能够占用低保名额；个人提交申请；三委成员审核材料；村民代表和村三委会委员无记名投票；公开公示结果"。而普通村民对于低保人员名单的确认也是非常关注的，并在一定程度上起到了监督的作用。在入户访谈村民时，问及大家对村务公开内容最关注什么，很多受访村民都提到了低保人员名单，"大家就是要看看哪些人得了低保，是不是真的该得，公不公平"。因灾救助在农村的社会保障体系中虽非常态，却是重要和不可忽视的内容之一。因灾救助除了有资金发放之外，还包括很大部分的物资救助，包括生活必需品（粮油米面）、帐篷、被褥、基本生产工具等。因病救助一方面是大病救助

[①] 刘岚、陈功、宋新明、郑晓瑛：《农村社会保障研究应关注哪些问题？——我国农村社会保障研究回顾与展望》，《农村经济》2008年第2期。

[②] 景天魁：《底线公平与社会保障的柔性调节》，《社会学研究》2004年第4期。

保障；另一方面是针对因病返贫的困难人群的一次性临时救助，例如给予用于医疗花费的 1000 元一次性报销和 300—500 元的快报快批临时救助。

4. 扶贫就业

农村的扶贫和就业服务往往是联系在一起的，同时也是农村社会保障体系中的积极行动构成，①与社会保障体系中的其他内容联系密切。根据我们的调研，目前农村地区的扶贫就业保障服务主要存在三种途径：第一，政府部门主导的扶贫举措，主要是以下拨扶贫资金和帮助剩余农业劳动力外输的形式为主。通过将扶贫资金、项目资金和个人自筹资金整合的形式开展和实施扶贫开发项目；同时鼓励农村富余劳动力参加各种技能培训（雨露计划），以推动就业扩大。第二，完成基础农田水利建设，帮助当地群众解决资金困难，开展种植业、养殖业、运输业、服务业等生产经营活动。第三，鼓励本地从事相同、相近产业项目的个人组成产业联合会或建立示范基地（在调研当地已有一些农村经济合作组织与互助组织成立，例如 XY 村大棚蔬菜种植示范基地、DYD 村的生猪养殖合作社等，其中一些是在乡镇政府的支持下成立的，也有一些则是由当地的从事农业经济生产经营户自发成立的），一方面增强了抵御市场风险、保证生产经营的能力；另一方面也通过本地"致富能手"的示范作用来带动群众脱贫致富。

5. 文体科教

推动当下农村走出衰败困境，实现农村现代化发展目标，首先要保证人的现代化发展。为此，必须重视农村基础教育服务保障的提供。随着社会经济的发展，农村地区对于教育的重视程度日益增强，并表现出对优质教育资源较高的需求。一方面，在义务教育阶段的辍学率得到有效控制，特别是小学入学率方面，我们实地调查

---

① 白小平：《从政策到程序：农村社会保障程序制度的解构与取向》，《理论月刊》2014 年第 1 期。

的几个村镇都达到了 100%；另一方面，政府层面对教育的投入也逐渐加大，学校基础教育设施的硬件建设水平得到很大改善，一些经济发展水平好的区县还扩大了免费教育的规模（例如 F 县还开展了 15 年免费教育）。但是，在教育均衡化发展方面，也存在一些不容忽视的问题。第一，由于财政投入有限，镇村两级学校的标准化建设存在较大的资金缺口。学校撤并后，农村学校班容量不足的同时，县城和乡镇学校班容量超编问题突出，间接加大了教育成本。第二，教师补充严重不足，由于现行教师编制要求"只减不增"，致使教师总量自然减员严重。特别是在农村地区，专业教师（音、体、美）多数兼任教学，特别是农村学校的校医配备基本无法实现。第三，学前教育发展困难，公办幼儿园师资缺乏，而民办幼儿园由于办园门槛高、生存空间小、质量无保证，造成学前教育现状与实际需求矛盾突出。

农村地区文体、科技保障服务的开展，目前情况可以说是喜忧参半。首先，乡镇、村的文化站和文化室、农家书屋等建设在资金投入、占地面积、硬件配套方面有较大改善。但是在建设标准、功能布局等方面，仍存在较大问题。文化站与其他站所、文化室与村级组织办公场所捆绑建设现象普遍，致使活动场所和设备利用不足，服务半径太大而无法满足群众需要等问题突出。其次，受益人群范围狭小。文化室仅仅是村里老人偶尔消磨时光的场所，而非主动开展文娱活动之地；农家书屋也只有在假期才会有三两个学生光顾，多数时候农家书屋的图书被锁在屋里，无人管、无人看或看不到。最后，农村文体服务能力不足，专职人员年龄大、知识结构老化，没有能力组织和开展相关的文体活动，一些设施设备（如机房、灯光音箱设备等）由于维护资金有缺口、场地有限等原因，根本无法实现向村民免费开放。在科技服务方面，文化惠民工程所提供的科技类图书、讲座等活动受到欢迎，但这种形式的科技服务不具常态性，如何深入和持续开展仍属未知。

6. 社会福利

社会福利服务体系是以敬老院、养老院、儿童福利院、残疾人福利院等福利机构为依托，由未成年人福利、老年人福利、残疾人福利等组成。[①] 就目前的实际情况来看，农村地区的社会福利主要集中在以敬老院为依托的老年人福利内容方面，而养老院、儿童福利院和残疾人福利院在乡村基本没有涉及，更谈不上提供相关的服务了。即便是敬老院，也主要是设置在乡镇一级，村一级也并无相关建设或近期规划。从课题组调研过程中所获得的文字材料和访谈资料来看，H市乡镇一级的敬老院也多为新建项目，目的在于对当地孤寡老人提供日常赡养和照料服务，就目前已完工（F县县城）和在建的敬老院项目（N县XJ镇）来看，占地面积一般在4000平米左右，总投资在500万元以内。此外，在儿童福利和残疾人福利方面，还有一些内容需要提及，例如在六一儿童节对留守儿童的关注和慰问，对残疾人免费安装义肢等，但这些福利保障并非日常性的或持续性的。

7. 公共安全

从社会保障的角度来讲，农村地区所涉及的公共安全不单单是指社会治安安全，同时还应当包括与个体生存发展密切联系的一系列内容，如防火防灾、生产安全、食品安全、药品安全、邪教组织人员清查等。从我们调研的结果来看，上述涉及公共安全的保障服务，通常是由乡镇党委、政府与村一级自治组织以各种责任书的形式来落实的。从座谈和获取的各类文本资料来看，维稳排查和信访工作也被赫然列入乡镇党委、政府与村一级自治组织公共安全的工作重点当中，并也以签订责任书的形式落在纸面。对于涉及当地重点建设的工程项目，也会最大限度做好保障协调工作。同时，发挥治安中心户的作用，对基层农村的治安起到有

[①] 杨翠迎、黄祖辉：《建立和完善我国农村社会保障体系——基于城乡统筹考虑的一个思路》，《西北农林科技大学学报》2007年第1期。

效防范的功效。此外,通过会议、培训、宣传等形式来启动、落实安全生产和食品药品安全工作,通过各类检查督促存在安全隐患的整改、关停。当然,这种形式和落实工作的方法是否真的起到作用,还是难以做出判断的。但是,从与村干部的谈话来看,村干部最起码对由村里来开展食品药品安全工作颇不以为然,他们认为村里既无权力也无能力,根本没有办法落实"有关食品药品安全责任书"中的内容。

8. 住房保障

对于农村地区的住房保障服务,我们认为主要涉及三个方面的问题。第一个是与农村的土地问题相关联的,具体来讲就是有关宅基地的审批、转让、买卖、使用、管理和再分配等问题。有关于此,本书设有专章讨论农村土地问题,在此不再赘述。第二个是对现有乡村农户的危房改建维护。涉及此类保障需求的农户,一部分是本身家庭困难的农户,由于住房年久失修,已经出现严重安全隐患,而他们自己又无力自行修缮,则由乡镇、村通过救助形式来提供资金、劳力、建筑材料等来予以帮助其完成改善居住条件的基础性工作;另一部分则是由于自然灾害、火灾等原因,致使其原有住房受到损害而无法继续居住的,乡镇、村也会及时地给予不同程度的救助。第三个是涉及农村城镇化建设或个别重点项目建设过程中出现的移民安置问题。

9. 民生服务保障

此处所谈到的民生服务保障,并不是一般意义上的农村地区居民生活服务保障,而是着重强调在现有基础上对农村生活条件的改善。同时,我们对农村民生服务改善的观察分析,也应基于全国的总体情况,而不应该拿个别社会经济发展较好的省份或地区为参照点。特别是在中西部省份的广大农村,由于地区经济发展水平有限,财政支持与建设能力相对薄弱,目前的民生服务保障还主要是围绕以下几个方面开展工作的。

第一,环境卫生清洁。从实地调研来看,针对农村环境卫生清洁主要通过两种形式开展：一是发动普通群众积极参与到农村清洁工程建设中，以户为单位做好各家各户的卫生清扫与保洁；二是在条件好的村镇，将外部环境清洁工作外包，有专人定时、定点进行生活垃圾收集与环境卫生清洁。第二，村级照明建设和道路硬化。这一建设主要是由各村自行开展的，资金来源也以自筹方式为主。以 H 区 P 镇 NC 村为例，最初的目的是从提升村民夜间安全和改善村民雨天出行考虑进行的，但实施后却受到了群众的认可和赞誉。第三，人畜安全饮水工程。中西部地区地理环境复杂，个别村地处山区，至今仍存在饮水困难甚至人畜饮水安全的问题。在调研地，以区县政府投入、乡镇政府主导，连续几年开展人畜安全饮水工程建设，条件好的村还引入了自来水。第四，村貌美化与管网改造建设。在专项资金（例如新农村建设专项建设）的支持下，一些乡村对原有的村进行了规划改造，使村民的居住条件和生活环境得到了极大的改善。例如，我们在 N 县 XJ 镇的 XY 村看到，全村居民的房屋通过统一的规划和村街美化，确实让人感受到了新农村建设的成果。但这也仅仅限于个别村，而在其他没有争取到专项建设项目资金支持或自身条件一般的村，则又是另一番景象了。同时，一些村从改善居住环境和生态环境的角度出发，对现有的地下管网进行了改造，提升了整体的排污能力，也对随意向周围水系倾倒生活污水进行了检查、整治。

10. 优生优育

在现实中，农村的优生优育保障工作通常是与"落实人口与计划生育目标任务"联系在一起的，而在这里我们主要是从提升人口质量、保证儿童健康成长的角度来谈优生优育的。在优生服务保障方面，主要有以下三个方面的具体内容：一是保障基本费用预算到位、基本设备配置到位，尽可能满足和方便育龄妇女孕产的检查。二是通过下拨相关图书、举办相关讲座等方式宣讲和普及孕产的科学知识。三是免费向育龄妇女提供孕产的基本检查服务。在优育服务保障方面，主要有以下两个方面的具体内容：一是保证县级医院向新生儿提供基本体质检查服务的资金、技术设备和专业人员。二是按照相关政策规定，以每人100元的标准按时足额发放独生子女保健费。

从城乡均衡发展的角度来看，目前农村地区所具有的优生优育保障服务仍处于较低水平或起步阶段，距离优质服务的目标差距还是非常大的。从我们实地调研所获得的情况来看，当前农村的优生优育服务保障在以下三个方面的问题还比较突出。第一，针对农村流动人口的优生优育服务与管理存在多方困难，对应的跟踪服务无法持续开展。第二，农村剩余劳动力外出务工增多，留守儿童的关爱工作任务加剧，而针对这一群体的工作开展又显得确实是"有心无力"。第三，基层（特别是镇、村两级）专业技术服务人员非常匮乏，与外出打工相比，基层工作待遇低，没有吸引力。一些乡镇配备了孕检实验仪器，至今没有专业的检测人员。

（二）保障群体

从农村社会保障体系服务的群体来看，一方面应当保证所有农业人口（包括从事农业以外的活动，特别是参加乡村集体经济分配的人口，如乡镇企业工人，民办教师等）的生产生活能够顺利进行；另一方面还应当着重关注那些目前仍留在农村的弱势群体，例如老人（特别是那些空巢老人、孤寡老人）、儿童（特别是那些留守儿童）和残疾人等。各类社会保障服务对于这些弱势群体的日常生活而言，可能意义更为重大。在本部分内容中，我们将针对上述三类人群的社会保障服务再做一个简单的梳理总结。

1. 针对老年群体的农村社会保障

从社会保障的缘起来看，农村老年群体所享有的社会保障服务可以分为两个类别：政策型和传统型。政策型保障包括新型农村社会养老保险、70周岁以上的老年人发放健康补贴、新型农村合作医疗保险、以敬老院和养老院等福利机构为依托的老年人福利等。其中新型农村社会养老保险虽然是针对年满16周岁（不含在校学生)、未参加城镇职工基本养老保险的农村居民的,但同时规定"新农保制度实施时,已年满60周岁、未享受城镇职工基本养老保险待遇的,不用缴费,可以按月领取基础养老金,但其符合参保条件的子女应当参保缴费;距领取年龄不足15年的,应按年缴费,也允许补缴,累计缴费不超过15年;距领取年龄超过15年的,应按年缴费,累计缴费不少于15年",[1] 这便使得绝大多数老年群体都能够享有养老保障福利。传统型保障则主要指"五保"户供养制度,该项制度始于20世纪50年代,并于1994年1月由国务院公布施行《农村五保供养工作条例》,此后经过个别调整、完善,于2010年10月由民政部颁布《农村五保供养服务机构管理办法》。老年群体作为该制度所规定的三类人群之一,在现实中也的确是获得该项制度保障较为"充分"的一类人群。政策型保障强调对基本保障需求的满足,具有对一般性群体的适用性,其制度化特征更为明显。而传统型保障中针对老年群体的保障需求满足,还是具有相应的特殊性规定的——"无劳动能力、无生活来源又无法定赡养义务人,或者其法定赡养义务人无赡养能力的老人"。

2. 针对儿童群体的农村社会保障

公共教育保障服务是儿童群体享有的主要社会保障类型,也是最为重要的类型之一。过去由于经济因素、观念意识等原因,农村地区学龄儿童的失学、辍学现象比较普遍。随着农村地区的发展和观念的更新,现在这一问题已有较大改善,特别是在义务教育阶段。但是从教育均衡发展的角度来讲,农村地区学生在保障满足其获取优质教育资源方面的任务仍然非常艰巨。这其中涉及的影响因素更是方方面面的,包括政策辅助、地方财政、人事编制、师资建设、基础设施建设等。此外,针对农村地区儿童社会保障的另一个重要方面,就是对留守儿童的关爱和基本保障服务。随着农村地区剩余劳动力大量转移,夫妻双方同时外出务工现象极为普遍,农村

---

[1] 国务院:《国务院关于开展新型农村社会养老保险试点的指导意见》,2009年9月1日。

出现大量的留守儿童。从目前的情况来看,农村社会保障对留守儿童的关照非常欠缺,基本还停留在一种"应景化"状态或水平,基本谈不上服务保障的规范化、制度化。

3. 针对残疾人群体的农村社会保障

农村社会保障中对残疾人的关照,其实既没有我们想象得那么"差",但也没有纸面上表述得那么"好"。相关研究表明:在社会保障具体项目中,最低生活保障覆盖率最高,近一半的残疾人被覆盖,其次就是社会保险,排在第三位的是医疗救助。[①] 目前,农村地区有关残疾人群体的社会保障主要集中在"五保"户供养制度、最低生活保障制度和残疾人福利当中。由于我国在低保的认定标准和水平上,残疾人同非残疾人之间并无质的差别。[②] 因此,在"低保"的设计上其实没有体现出针对残疾人群体的特殊性考虑;同时,在残疾人的康复上,投入成本要远远高于普通人群的医疗支出。所以,仅仅以新农合覆盖残疾人群体,而无特设保障政策或措施,显然也是有待改善的问题之一。此外,涉及具体的保障实践,还存在一个明显的不足,即在农村对残疾人群体的社会保障主要是针对肢体残疾这一类人群,而没有考虑到智力或精神残疾类人群。根据第六次全国人口普查及第二次全国残疾人抽样调查,截至2010年年末我国农村残疾人占残疾人总数的75%左右,大约有6000万;[③] 其中,精神残疾人群体(包括多重残疾)大约有400万。[④] 恰恰是这一部分人群,也是当下农村社会保障的空白或盲点。

[①] 周林刚:《残疾人社会保障体系与公共服务体系建设研究》,《中国人口科学》2011年第2期。

[②] 同上。

[③] 汪璐蒙:《我国农村残疾人社会保障问题研究》,《商丘师范学院学报》2014年第2期。

[④] 杨轶华、王璐航:《不同年龄段精神残疾人社会保障需求研究——基于东北农村残疾人的调查与思考》,《黑龙江社会科学》2014年第1期。

二 乡村社会保障的影响因素

在观察和分析中国乡村社会保障体系的"前世今生"的过程中，需要研究者时刻自我检省的是，要从中国乡村的"社会事实"出发来探寻理论与现实（或政策设计与实践操作）之间的交汇点，从而获得来自社会保障视角下的中国乡村治理的可能研究分析。否则，浮在中国乡村的现实境况之上的重复性讨论，只会令研究者和实践者愈发迷惑。为此，在总结、梳理了当前中国乡村社会保障体系的基本情况之后，我们在此将对影响与乡村社会保障相关的现实因素展开分析与讨论。

（一）土地因素

中国农村发展、农村生活与土地的关系不言而喻。作为农民赖以生存的基础，土地不仅是一种自然属性的资源，也是实现农村地区社会保障的重要途径，同时还具有重要的社会经济意义。[1] 从历史的角度来看，家庭联产承包制在一定程度上提升了土地对农民的个人收入水平和生活保障水平。但是，随着市场化因素作用的日益增强，现行的以户为单位、分割化、非规模性农业生产模式，使既有承包地所承担的保障功能被极大弱化；同时伴随城镇化进程的发展及其他作用因素，一些原来从事农业生产的农民失去或部分失去了土地，使得本就问题频现的土地保障更为难以适应现实，形成了土地保障的虚化现象。[2] 在这样一种情况下，讨论土地与农村社会保障的关系时，就出现了两个无法回避的问题：一是如何再次激发土地的活力，增强其对农民的保障功能；二是如何观照失地农民的

---

[1] 李亚华：《解决失地农民保障问题的几点思考》，《武汉大学学报》（哲学社会科学版）2004年第3期。

[2] 李郁芳：《试析土地保障在农村社会保障制度建设中的作用》，《暨南学报》（哲学社会科学）2001年第6期。

社会保障。

　　对于前一个问题，土地活力的激发实际上是与土地流转及土地所有权相联系的。目前，我国《宪法》和《土地管理法》都明确规定了农村土地归农民集体所有，虽然在土地承包中指出30年不变的总体原则，但实际上农民是无法对土地以灵活多样的形式进行流转处置的。同时，在土地承包规定中还指出"增人不增地，减人不减地"，这在一定程度上对土地的阶段性调整给予限制。但是，从土地对农民的保障效果来看，适当性的土地调整实际上是有利于提升农村社会保障体系功效的。① 此外，在农村土地产权制度改革的基础上，鼓励、规范和推动农村土地流转，对于农民农业生产经营规模化、增强市场竞争力和抵抗市场风险都是有利的。也只有这样，才真正能够做到使土地在具有生存保障功能的基础上，同时发挥保障农民发展的作用。② 对于后一个问题，观照失地农民的社会保障，于农民生计和农村社会稳定都意义重大。原有的土地保障，不仅涉及农民的收入，同时还兼具对农民从事非农业活动无益的情况下的失业保障作用。现行的征地补偿，多以货币形式完成，这其实是一种"短视"的做法。失地农民普遍文化水平较低，再就业能力和参与社会、市场竞争能力不足，退回农村后又无田可种，对个人和社会的影响必将是消极的。因此，还需要通过提升农村社会保障水平、提高征地补偿标准、增强失地农民再就业和后续发展能力等系统化保障措施，来真正解决失地农民的生存保障问题。

（二）人口结构与家庭（保障）因素

　　农业生产经营模式单一、效率低下、竞争弱化，仅仅是当下农村衰败困境表现的一个方面，而人口结构失衡所带来的直观感受让

---

① 朱冬亮：《土地调整：农村社会保障与农村社会控制》，《中国农村观察》2002年第3期。

② 钟涨宝、狄金华：《农村土地流转与农村社会保障体系的完善》，《江苏社会科学》2008年第1期。

人更为印象深刻。一段时间里，社会舆论与学术界将中国农村人口结构的基本形态描述为"386199"部队，意指农村人口以妇女、儿童和老人为主。在我们调研的一个村庄，强力印证了这一现状：全村60周岁以下的男性青壮年劳动力仅有4人（其中一人因妻子为聋哑残疾人、岳母精神方面有问题需要照顾，无法外出务工），其余男性青壮年劳动力均离开本村外出打工。俗话说"养儿为防老"，特别是在中国农村地区，家庭养老仍旧是人们最易接受和最为认可的养老保障模式。但是，随着大量青壮年劳动力从农村转向城市，使得农村人口老龄化问题表现得更为突出。2012年从农村流向城市的劳动力为2.6亿人，[①] 而第六次人口普查的数据也显示，"农村人口老龄化的程度已达到15.4%，农村老年人口已超过1亿，其规模是城市的1.69倍；2012年农村空巢老人有四五千万"。除了养老保障，还涉及很大比例的留守儿童的教育与关爱问题，这也是对农村地区社会保障和传统家庭保障形式提出的巨大挑战。

构建覆盖面更广、保障效果更好的农村社会保障体系，对于缓解由于家庭保障弱化所带来的农村治理问题，具有重要的现实意义。而通过全方位的变革，激发农业生产经营的活力与竞争力，吸引更多的青壮年劳动力回到农村、建设农村、发展农村，在一定程度上又会帮助农村走出目前的衰败困境。而上述一切，绝不能仅依靠某一点或单一侧面的调整所能完成，需要在现行体制下进行制度化的全新建构或革命，进而使农村在完成现代化转型的过程中焕发生机、迈向复兴。

（三）城镇化

城镇化是社会生产力在工业化和信息化的基础上，在经济结构、人居环境、人口素质等领域，由传统农业经济到现代化城镇经

[①] 汪洋、范文鹏：《民生型政府视阈下农村养老社会保障体系的构建》，《江苏大学学报》（社会科学版）2014年第2期。

济、传统农业文明到现代城镇文明的转变过程。在农村现代化的进程当中，城镇化其实也是一个将农民个人现代化的形塑过程。为此，必须从社会保障的角度出发来考虑，如何使此过程顺畅进行。与城镇化相关的社会保障问题，主要涉及两个方面：一是城镇化进程中失地农民的保障；二是城镇化之后或城镇化初步完成之后，农民社会保障的过渡与衔接。前者我们在上文已经有过相关分析与论述，这里主要就后者予以讨论和说明。

城镇化之后或城镇化初步完成之后，农民社会保障的过渡与衔接，仍旧是一个综合化、系统化的问题。城镇化的过程与结果，并非简单的农业生产模式的转变，而是涉及社会结构、生活方式、文化环境等多个层面。特别是对于城镇化后的个人而言，生活方式和环境的变化，同时意味着生活需求与成本的变化。原有的社会保障模式与水平，能否适应这一转变，就变得极为重要。其中，可能会具体涉及就业、教育、医疗、养老、最低社会保障、文化科技服务等多个方面，这些都需要提前做出预判与调整。同时，对于那些向上一级规模城市流动的农民，如何规划和保障他们的生活工作，使其原有的保障体系能够有效过渡、衔接，都需要在现行城乡二元结构不变的情况下纳入"城乡社会保障统筹一体化"的结构中予以考虑和设计。[①]

（四）政策因素

这里之所以讨论政策因素，是因为政策本身就包含有"时效性"这一内涵，这同时也意味着某种变化和不确定。目前，农村社会保障体系的建构，随着我国社会经济的快速发展仍在不断调整与变化。从这些变化与调整的初衷与结果来看，总体是朝向有利于更好地保障农民群体的自身利益这一趋向发展的。但是，这其中也有

[①] 白小平：《输入型农村社会保障制度困境与公共品供给的现代转型》，《中州学刊》2013年第9期。

一个问题,即频繁地调整与变化实际上预示着相关保障体系建构的预估不充分和制度化水平低下。在这里我们以"新型农村合作医疗保险筹资标准"为例,2003年试点新农合政策开始,几乎每年都要进行筹资标准调整,这使得普通农民对新农合的了解和把握存在一定的困难。最近的一项调查结果显示:农民群体对医疗制度改革政策的制定认知水平相对偏低,仅有45.09%的被调查对象(接受调查的农民群体总数为1058人)对此内容有所了解。[①] 与此同时,我们在调研中了解到,多数被访农民都希望能够依据现在的物价水平提高新农保和新农合的保障水平,而实际的情况是保障水平的提升其依据主要来自每年由财政部、国家卫生计生委、人力资源和社会保障部等部门下发的文件。由此可以看出,这种政策主导的社会保障过程调节机制,其实仅是一种静态化或者被动化的方式,这种模式其实并不利于农村地区社会保障效能的最优化。换言之,如果对社会保障的调整能够制度化,在基于某种动态机制(例如,以近期的GDP、CPI、政府财政状况等数据为依据)的基础上更为灵活、快捷地进行调整,势必收到更好的效果。当然,这种建议在实际操作过程中是否可行或者在多大程度上能够实现,还须研究斟酌,但最起码可以作为一种(从"政策导向"向"制度导向"转化)方向予以尝试。

有关政策因素对农村社会保障的影响,还有一个方面的内容是值得重视的,即涉及相同或相近保障内容的不同政策之间的整合。例如,目前的新农合和医疗保险两套体系,在很多具体部分存在重合与交叉,如果不能够整合,其损失和资源浪费将会非常严重。在H市同各个局、委、办相关负责人的座谈中,大家也反映了这一问题。例如,文广局与民政局两个部门的同志都提道:"农家书屋建设在他们文广局,而万家图书援助工程在我们民政局,两个项目都

[①] 史卫民、郑建君、李国强、涂锋:《中国公民政策参与研究——基于2011年全国问卷调查数据》,中国社会科学出版社2013年版,第74—76页。

有各自的预算，而且项目的批准和实施也不是同期进行的，在图书的采购过程中势必存在人力投入浪费和图书采购种类重复的问题，还有一些图书是直接下拨下来的，是不是符合农村的需求也都不知道，而从我们的了解来看，农民最欢迎的图书是文学、社会、农业知识类型的，而有些书摆在那里根本没人看。"由于政策制定、项目下拨等缺乏整体性的统筹安排，在一定程度上造成了资源浪费，并没有起到提升保障服务的作用，倒有一些"好心没办成好事"的味道。此外，政策制定无分层，也是一个反映比较突出的方面，而这与我们下面将要谈到的"地区差异"也有一定的关系。

（五）社会经济发展的地区差异

从乡村治理的视角来看，农村经济发展的非均衡是构成农村社会结构差异的一个方面；反映在政策层面，相同的政策往往在实践过程中会产生不同的效果。[①] 因此，在考察农村社会保障的影响因素时，也应当充分考虑不同地区的社会经济发展差异，并在政策制定过程中予以分层处理。此次开展调研的地方属于西部省份，社会经济发展的水平距离东南发达地区存在较大差距。H市发改委的一位同志就曾提道："目前，中央和省里对社会保障基础设施建设的投入都是以项目的性质进行的，每个项目中央给予象征性的经费支持，其他的缺口由地方配套。例如有一个村卫生室的项目，要求至少要有办公用房三间，但每个卫生室只给5万，其他的资金缺口由地方自己筹集。这5万作为引导性资金，其实差得太多了。这个项目放在人家经济条件好的地方不是个事，但在我们这里就没办法。中央不应该让地方配套太多，地方财政能力不行，你给5万来引导根本不起作用。"

此外，作为制约公共服务提供的客观条件，经济发展水平、财政收入水平和支出相对规模等因素还影响着社会保障的资源整合与

[①] 贺雪峰：《乡村治理研究的进展》，《贵州社会科学》2007年第6期。

提供优质化服务的水平。[①] 例如，上面我们提到的"新农合和医疗保险两套体系存在领域交叉、资源浪费"的问题，而在一些社会经济发展好的地方，已经就统筹、合并相关政策采取了一系列的措施。

三 乡村社会保障服务的"落实"途径

改革开放以来，我国重新启动的农村社会保障事业得到快速发展，初步构建起农村社会保障体系的基本结构。但是，就农村社会保障体系自身而言，仍旧存在大量的问题，保障内容碎片化、运行规范不健全、区域发展不平衡等都极大地影响了农民群体享有社会保障服务的质量。这些问题的出现，既有不可回避的历史原因，也有农村社会经济发展中的现实因素（诸如区域经济发展差异、土地政策、人口构成、政治因素、文化和心理因素等）的影响，而这些问题的解决也远非单一方面的突破能够完成，而需要整体设计、系统规划才能有所成效。除此之外，在农村社会保障的实施过程中，是否也存在干扰或阻碍服务效果的因素呢？这需要我们对其在农村具体的实施过程有所了解，即那些存在于文件中、政策里的农村社会保障内容是如何转化为具体的服务被给予的。就此，我们结合我国乡村治理的现实状况来对其社会保障服务的"落实"途径或形式进行简略的分析。

（一）行政权力：由镇向村的延伸

"村民自治"的提法始见于1982年我国修订颁布的《宪法》，规定"村民委员会是基层群众自治性组织"。随着改革开放的不断深化，中国农村形成了"乡政村治"的治理格局。即乡镇政权是国

[①] 王敬尧：《基层治理中的政府公共服务能力分析——以中部Y区为例》，《社会主义研究》2009年第4期。

家在农村的基层政权机关,代表国家行使基层行政权力;乡镇以下,实行以村民自治为公共参与主体的自治体制。"乡政村治"治理格局的形成,使得国家政权组织与农村社会关系有了一种组织化、具体化的特定表现形式。[①] 但在具体实践中,无论是从乡镇政权对村委会人事、财务还是事务的干预和控制上看,当前我国乡镇政权与村委会之间总体上依然保持着明显而强烈的上、下级行政命令关系,与法律规定的"指导关系"尚有相当距离。而由此事实所形成的观念意识,已然固化于当事双方的认知当中。在调查地,我们就此问题对村干部、乡镇主要领导进行提问,多数受访对象(特别是村干部)的直接反应都认为,乡镇与村是领导与被领导的关系。这一回答并非对村民自治性质的不了解或口误,更为可能的原因也许是他们对既有事实的认同性表述。而针对农村地区和农村群体的社会保障,则正是在上述基层乡村治理格局下"落地生根",进而完成由政策向更为具象的民生服务的转化。

　　作为一种公共产品,农村社会保障的提供应当由政府来充当主导角色和主要责任方。在政府序列中,乡镇一级政府组织是政权等级中的最基层,他们直接面对农村事务和农民群体。然而,由于乡镇一级政权自身的不完整性,其功能发挥具有很大的不充分性,他们必须借助于村级基层自治组织开展工作,这也就是基层群众自治组织带有浓烈的行政化色彩和很强的工具化特征。具体表现为,乡镇政府将村级群众自治组织自然而然地看作自己的下级机构,其彼此关系是不可分割的隶属关系。与此同时,从与调研地村干部的交谈中我们感受到:村干部似乎也很乐于接受这样一个事实,因为如果将村级自治组织等同于乡镇政府的下级部门,就可以使自己很自然地获得一种"官方授予的权威",进而让村干部在村里"说话"更管用。而这样的直接后果就是,居民和自治组织的自治诉求被弱化,争取社会保障的主动性被降低。换言之,农村社会保障的

[①] 徐勇:《中国农村村民自治》,华中师范大学出版社1997年版,第3—11页。

提供主体，由政府主导演化成政府的完全授予与控制，如此一来，用"落实"来描述农村社会保障服务的实现也变得更为贴切和恰当。

另一个体现农村社会保障实现过程中"行政权力主导由镇向村延伸"的方面，在于乡镇政府与行政村所签订的《行政目标责任书》。具体到社会保障上，虽然乡镇也会在各项工作开展之前以宣传、动员、工作启动布置会等形式进行预热，但真正结果的形成还是要以"白纸黑字"的方式才会有效。从我们的调研和资料统计来看，乡镇与行政村每年签订的《行政目标责任书》的数量会随年份和不同的乡镇而有所差别，但总体上约有 20 份（种）。其中，涉及农村社会保障的内容包括：社会治安、优生优育、文化教育体育、社会养老保险、灾害防控、安全生产、食品药品安全、扶贫就业、五保户供养、低保户与特困户及受灾群众福利保障，等等。一旦行政村与乡镇政府以"白纸黑字"的方式签订《行政目标责任书》，随之而来的监督、落实、考核等一系列行为便会"有序"跟进，至于村干部以何种方法完成，乡镇则无须多虑了。

（二）有限的群众参与：以加强监督权和知情权为主要形式

如上所述，在由行政权力主导的农村治理格局中，社会保障的实现途径以自上而下的形式完成。基层群众自治组织在其中的决策、参与都已被形式化，以执行上级下达的行政命令与辅助完成上级的行政目标为主要特征；那么，普通群众则更难以发挥什么作用了。而实际情况与此判断也相差无几，所存差别不过是在相对限度上给予群众一些主动或被动参与的可能而已。而我们在这里谈到的群众参与，也是限定在数量和质量两个层面的基础上进行的。结合调研地的具体做法与经验，我们分别就群众的监督权和知情权的加强为例，对群众在社会保障实现过程中的有限参与做出解释和说明。

村务监督委员会的建立，始于浙江省武义县后陈村在 2004 年的尝试；2010年10月28日，第十一届全国人民代表大会常务委员会第十七次会议修订发布《村民委员会组织法》，其中第三十二条明确规定，"村应当建立村务监督委员会或者其他形式的村务监督机构，负责村民民主理财，监督村务公开等制度的落实，其成员由村民会议或者村民代表会议在村民中推选产生"，"民主评议每年至少进行一次，由村务监督机构主持。村民委员会成员连续两次被评议不称职的，其职务终止"。从实施情况来看，除北京、浙江、陕西、贵州等省份全面推行外，其他省份的开展情况并不普遍。我们进行调研工作的当地政府，在推行村监委会方面还是做了一些努力的，并且村监委会在村级事务的开展中也起到了一定的作用。例如，在低保户的确认过程中，除去相关程序之外，村监委会不但要参与整个过程，同时在结果公示期间，对结果有异议的村民还可以向村监委会进行反映。而从实际实施的情况来看，还是存在一些问题的。一是村"两委"成员在村监委会中存在交叉任职的情况，这便使得村监委会的监督职能的实施有所折扣；也就是说，由于村监委会中有村"两委"的成员，那么对村"两委"有关村务处置的结果是否还能起到有效监督，就会令人难以信服。二是能够被推选进入村监委会的普通村民毕竟是少之又少，这种情况下村监委会的成员构成在多大程度上能够反映或体现普通村民的意见与监督，也是令人质疑的方面。

由河南省邓州市率先提出"四议两公开"工作法，主要指农村所有村级重大事项都必须在村党组织领导下，按照"四议""两公开"的程序决策实施。其中，"四议"是指党支部会提议、"两委"会商议、党员大会审议、村民代表会议或村民会议决议；"两公开"是指决议公开、实施结果公开。其所议和要求公开的内容中，就包括优生优育、农村低保、新型农村合作医疗、因灾救助等农村社会保障的部分。我们进行调研的F县，则在"四议两公开"的基础上，进一步提出了"422"工作法，即"四议两公开双明白"，其中"双明白"是指群众明白村上发展思路、村上明白群众的增收项目和发展计划。这种双向互动使得原有的"四议两公开"工作法的作用得到了加强，提升了普通群众在参与过程中的知情权水平，对其享有和参与农村社会保障服务具有积极的意义。虽然如此，但这种对群众知情权的强化，并未改变群众参与的有限性特征；同时，所谓的"双明白"的效果评估和检验，也是无法保证的，这样就有可能使这种对知情权的强化仅仅成为一种流于形式的"文字游戏"了。

四　现行乡村社会保障的三个缺位

在传统自给自足小农经济即将终结与现代性的生产生活方式尚未形成之间，一种以"衰败"为主要表现特征的中国农村现实图景已引人警觉。在努力思考如何破除中国农村发展困境这一命题的同时，还应合理设计通过何种途径来降低"小农终结"阵痛、加速现代化转型。无疑，向农村社会及农民提供具有真正保障功能的基本公共服务，是中国农村由传统转向现代形态变革的有效而稳健的保证性举措。而就社会保障的性质而言，它既是一种保证居民稳定生活的公共产品，同时也是一种合理配置社会公共资源的重要手段。通过向农村地区实施体系完善、覆盖全面、分配合理的社会保障服务，将有助于帮助农村跨越现有困境和推进现代化发展。然而，现实中的农村社会保障并非理想，诸如覆盖面过窄、保障水平低、形式单一、制度不健全、资金不足及来源单一、项目碎片化、运行失范等，[①] 都成为需要我们正视和解决的问题。在此，我们在已有研究发现的基础上，结合课题组实地调研的经验资料，对现行农村社会保障存在的问题进行分析，并总结、概括了三个方面的缺位——

[①] 冯伟林、杜茂华：《农村社会保障的产品属性分析与政府责任》，《经济特区》2010年第5期；高翔：《城市化进程中的农村社会保障问题研究》，《社科纵横》2013年第12期；王珂瑾：《从缺位到归位：农村社会保障中的政府责任》，《兰州学刊》2013年第10期；白小平：《从政策到程序：农村社会保障程序制度的解构与取向》，《理论月刊》2014年第1期。

即优质社会保障服务的缺位、多元主体参与的缺位和保障实施标准的缺位。

(一) 优质社会保障服务的缺位

从基本公共服务的视角与框架来分析农村社会保障，有两个指标是必须重视的，即内容与质量。内容指社会保障制度的基本项目构成与覆盖面，质量则着重强调社会保障服务的品质。按照上述两个指标来总结目前我国农村社会保障服务，可以将其特点概括为"大而不细，全而不精"；具体而言，就是在现行的农村社会保障中，优质社会保障服务的缺位。从我们对农村社会保障体系结构与内容的梳理来看，农村地区现有的社会保障不但涵盖了三大基础公共服务内容——养老、医疗和低保，[1] 同时还包括教育、劳动就业、社会福利、公共安全、优生优育、住房、文化体育等一系列内容，形成了较为全面的系统结构。但是，在具体的保障服务实现过程中，上述内容的操作还表现出不够细致的问题。

一是政策制定与执行的针对性不强，没有根据各地既有的社会经济发展状况和差异特征，来提供分层设计的社会保障服务结构。致使对一些地区的社会保障服务提供，脱离了其实际需求和可操作能力范围，减弱了社会保障资源的配置效果，甚至出现了资源闲置与浪费的情况。例如，我们进行调查的 H 市，在个别区县就存在这样的问题：一方面，由于是针对农村中小学校的专项建设项目，因而资金只能指向农村学校的建设，且配套中包含大量标配仪器，使得硬件配置存在重复现象；另一方面，一些继续改善教学设备的学校，由于地处城关镇，属于城镇校而非农村校，反而无法获得专项建设的项目支持。

二是大量社会保障服务的提供只能做到"有"而非"优"，服

---

[1] 刘岚、陈功、宋新明、郑晓瑛：《农村社会保障研究应关注哪些问题？——我国农村社会保障研究回顾与展望》，《农村经济》2008 年第 2 期。

务品质仍停留在基础水平，与地区群众对社会保障服务的自身需求没有形成统一。这其中既有地区经济发展水平的限制原因，同时也有保障服务品质优化观念滞后的影响。例如，农村人口结构失衡问题严重，大量富余的青壮年劳动力外出打工，加剧了农村人口老龄化的现状，使得养老保障的压力空前加大。从我们调研所掌握的情况来看，农村针对这一部分群体的社会保障服务水平较低，仅仅能够在年节、农忙等特定时期或出现重大事件（如受到自然灾害损失）的情况下，对传统意义上的"困难老人"进行"道义化"的帮扶，对所谓空巢老人等群体则真的是"无暇顾及"了，更不要说提供更高水平的居家养老、日间托老等服务项目。

三是缺少社会保障服务的专业化人才，进而无法顺利开展优质社会保障服务。受到人事编制紧张、财政预算短缺等压力的影响，农村地区社会保障服务在队伍建设方面的问题一直没有得到有效解决，招不到人、留不住人成为普遍现象。以调研当地的基本公共卫生服务为例，村级卫生室原本应当承担40%的基本公共卫生服务工作，解决少得病、不得病的问题，而乡镇卫生院通过对常见病和多发病的处理，起到分级医疗的作用。但是由于缺少专业人员，使得乡镇、村两级卫生服务机构的任务上移，加重了县级及以上医疗机构的运行压力，同时也加大了农民的就医成本和负担。而上述问题的解决，则必须在政策和制度上有所突破，才能够真正达到改善人才结构、保证保障效果和提升服务品质的目的。

（二）多元主体参与的缺位

对农村社会保障服务提供主体的分析，首先要明确其作为一种满足人们基本生活需求的公共产品的属性。《国家基本公共服务体系"十二五"规划》在有关"创新供给模式"的内容中明确提出："在坚持政府负责的前提下，充分发挥市场机制作用，推动基本公共服务提供主体和提供方式多元化，加快建立政府主导、社会参与、公办民办并举的基本公共服务供给模式。"① 这一要求，实际上也为我国农村社会保障的供给机制发展指明了方向，即在政府主导的基础上，突出我国农村社会保障服务过程中的多元主体参与和多元方式供给。以此标准和目标来对应比较当前的现实情况，我们不难发现：现有的农村社会保障提供过程中，存在严重的多元主体参与缺位（或者至少是参与不足）的现象与问题。究其原因，一方面是与农村社会保障服务市场的挖掘与划分不到位有关系；另一方面是与中国乡村治理的一元化结构有关，政府行政力量的强势主导与控制使得社会组织、个人或企业等无法、也没有意识和能力参与其中。在调研当地，我们很难看到在政府以外存在的有实际意义的社会组织或个人、企业等主体在开展社会保障服务。一些基层群众自治组织虽然有个别社会组织开展社会保障服务（例如在 N 县 XJ 镇的一个社区里，就组织成立了三个群众性组织。其中，有负责清洁治安的党员义工队，以反邪教宣传为主要任务的党员文宣队和以农业科技服务为主要任务的老年科协服务队），但其规模和水平也相当有限，且这些社会组织和团体的形成和建立也带有很强的行政力量的因素。

　　社会保障提供的多元主体参与，其前提是政府主导作用的发挥。为此，在讨论我国农村社会保障多元主体参与缺位问题之前，我们须对政府在社会保障中的主导作用先行做出判断与分析。政府作为公共产品最主要的供给主体，应当对社会保障的制度设计、财政投入、立法保障等方面负有责任；② 同时，强化政府责任也是突破农村社会保障困境的关键所在。③ 但是，以目前农村社会保障运行的实际情况来看，政府在其中所发挥的主导作用并不充分。而这种主导作用的发挥不充分，主要表现在三个方面：一是制度、政

---

① 国务院：《国家基本公共服务体系"十二五"规划》，2012 年 7 月 19 日。
② 王珂瑾：《从缺位到归位：农村社会保障中的政府责任》，《兰州学刊》2013 年第 10 期。
③ 刘群：《从新型合作医疗试点成效初显看我国农村社会保障困境的突破》，《山东省青年管理干部学院学报：青年工作论坛》2005 年第 1 期。

策、法规等方面的建设与创新存在滞后，进而使得很多社会保障的内容设计、实施办法、后续监管等与农村现实不匹配。二是社会保障资金缺口较大，财政预算仅能维持基础性社会保障服务的开展，无法充分保证农村社会保障的快速发展。三是社会保障的服务能力和相关配套功能水平有限，从现代公共服务保障的角度来看，政府在整合不同部门和不同保障项目方面意识弱、经验少、能力不高。

恰恰是在政府主导作用发挥不充分的情况下，农村社会保障服务的提供更应当由多元主体共同参与，也唯有这样才能有效解决中国农村社会保障由于供给主体一元化而造成的适应性失衡问题。[1]一方面，可以对政府所主导的农村社会保障服务体系、结构进行补充，在一定程度上改善现有农村社会保障"大而不细，全而不精"的现状，同时也可以对由于地区发展差异所形成的保障需求差异进行回应；另一方面，多元主体的参与可以有效在社会保障资源配置领域形成优化，缓解政府财政预算、人员配备等方面的不足，从而集中优势力量开展对农村社会保障整体发展具有明显推进作用的大型项目。当然，引导多元主体参与到农村社会保障的服务提供中，并非"一纸之力""一朝之功"所能达成，其过程仍旧需要发挥政府的主导作用和农村社会保障服务市场的调节作用；通过对社会组织、个人或企业等多元主体的培育、孵化过程，使政府之外的其他力量真正具备开展社会保障服务的能力；同时，通过政府的合理监管与市场的自然竞争，来淘汰那些不适合参与其中的部分组织与个人，从而真正发挥多元主体的参与作用。

（三）保障服务标准的缺位

从制度建设和改革的角度，来考察我国当前的农村社会保障制

---

[1] 谢妮霞、唐绍红、郭大林：《乡村治理视阈下农村社会保障的多元供给》，《云南农业大学学报》2011年第2期。

度，存在许多值得我们关注的内容。一方面，是与农村社会保障本身相关的自身制度建设与改革问题；另一方面，是与农村社会保障相关的外围制度的建设与改革问题，例如，医疗卫生保险制度的城乡统筹一体化、土地征用及相关补偿、教育发展均等化中的资源配置等。由于我们主要是从农村社会保障发展的长期性出发来考察其制度因素的影响，因而对那些与社会经济阶段性发展状况更多关联的外围制度暂不作讨论。在这里，我们将关注点聚焦于农村社会保障自身制度建设中的服务标准层面。从调研当地的经验资料总结及研究分析来看，目前我国农村社会保障发展仍处在一个实施标准严重缺位的状态。

现行农村社会保障服务的设定无据和结构失序，很大程度上是由于保障服务标准的缺位所造成的。因为我国农村地区从传统上主要强调的是土地和家庭的保障，农民对享有政府提供社会保障的具体内容与水平并无明确认知。在这样一种背景下，向农民提供哪些保障服务和提供何种层次的保障服务，主要还是依据相关的保障服务标准来确定的。然而，从现实的情况来看，这种总体化的保障服务标准并不存在，至少是不明确的。在对调研收集到的资料分析中我们发现，作为"落实"农村社会保障服务的重要途径与手段，乡镇一级政府主要是通过与村级自治组织签订各种《行政目标责任书》来推动的，在20份左右的《行政目标责任书》中详尽体现出农村地区享有的社会保障。但是据我们比较，在不同年份和不同乡镇，其《行政目标责任书》中所体现出的社会保障服务种类并不一致。这就说明，在现实中农民能够享有何种保障以及享有的保障达到何种层次，并无明确标准，而是随不同的"乡镇"执行要求进行确定。

农村社会保障服务资源配置浪费、功效降低，是其社会保障服务标准缺位的又一表现。由于缺少明确的服务标准，使得一些具体的保障服务项目起不到保障的目的。例如，调研中社保局的干部就反映：由于养老保障的标准较低，就目前的情况来看根本达不到养老的目的。反观一些项目，重复投入和超地区能力建设，使地方本就紧张的财政支出浪费严重，引发了群众的不满情绪。同时，由于农村社会保障服务标准的缺位，也使其过程监管、效果评估和中期调整等都成为盲点。"需求—服务—监管—评估—调整"，本是完整的一套流程，据此可以起到有效提升保障服务品质的效果。但恰恰因为缺少进行过程监管、效果评估和中期调整等所依据的标准，使得上述流程无法正常推进，进而阻碍了农村社会保障服务的有序发展与改进。为此，尽快建立一套内容全面、结构合理、公平透明、易于调整的动态保障服务标准，对农村地区社会保障服务的适应性完善与现代化建设都具有重要的意义。

五 社会保障与乡村治理现代化

农村社会保障的建设，是我国农村治理及其现代化转型与建设的一个重要组成部分。就农村社会保障建设的目标与功能来看，一方面，农村社会保障具有保障农民基本生存与发展的作用；另一方面，它也对农村社会经济的发展具有重要的推动作用。特别是在现有"乡政村治"的农村治理格局的背景下，通过完善农村社会保障制度，对有效应对既有小农经济的衰败和一元乡村治理对农村发展及社会组织的禁锢，都具有重要的意义。之前的内容我们主要还是基于农民群体共享民生的角度，对农村社会保障进行研究讨论。在本部分内容中，我们将从政治、社会和经济三个方面切入，来集中关注农村社会保障与乡村发展关系背景下的乡村治理问题。

（一）自治激活与多元共治

首先，我们必须明晰这样一个事实，即当前中国的乡村治理仍然具有鲜明的一元化行政主导特征，并具体表现于治理理念、治理体系与治理方式。特别是在税费改革之后，乡镇政府由于其自身权力结构的不完善所带来的问题表现愈加突出，并最终退化为县级政府的派出和决策执行机构。因而，在以公共服务为基础的社会保障提供方面，乡镇一级政府仅仅起到了"上承"县级政府、"下接"基层群众自治组织的作用。而这种"下接"作用，也主要以行政主导和控制的方式进行，将乡镇政府的各种职能下派给村级自治组织，并通常冠以《行政目标责任书》的形式加以推动和管控。同时，在一元化乡村治理的作用下，村级组织的自治特性和活力磨灭殆尽，一方面，被动的按照乡镇政府或更高一级政府的要求落实《行政目标责任书》中的各项内容；另一方面，又千方百计地利用现有资源使权力得以扩充。甚至将社会保障资源作为一种权力，以此作为一种进行乡村治理的手段与途径来加以运用，[①] 这显然与事实的本源出入甚大。正是在上述情境下，中国的乡村治理走进了一个急需突破和重塑的关键点。如何带动农村发展走出现有困境，重新激活基层自治组织的活力，从而实现乡村社会的多元共治图景。我们认为，以农村社会保障体系的建设和完善作为切入点，在一定层面上来说是一个有效和稳健的推进思路。究其原因，主要有以下三点：

第一，基于一般性制度意义上的治理，还应认识到其本质中所蕴含的地方性或差异性。农村地区群众对社会保障的需求旺盛，而中国农村的地方特点（习俗、气候、社会文化、土地，等等）又千差万别，在这种情况下原有社会保障体系中的结构内容趋同、大而不细、全而不精、适应调节僵化等问题，显然无法在现有以行政主导为实现形式的社会保障服务供给关系中得到解决。因此，必须重新设定政府、自治组织和其他社会组织的关系，以及各自在社会保障服务中的定位和作用。只有通过激活农村自治组织的活力，才能增强社会保障服务的内容适应性与调整灵活性。

第二，政府在发挥社会保障主导作用的过程中，应侧重于对社会资源的总体控制与配置方面，而尽可能避免过多介入资源的具体

---

① 刘燕舞：《作为乡村治理手段的低保》，《华中科技大学学报》（社会科学版）2008 年第 1 期。

使用。因为政府部门过多的介入资源的使用过程，势必直接导致为获取资源而产生的无序竞争和权力扩张，反而忽略了资源的实际需求与使用监管，进而造成社会保障运行的供需脱节与管理失范。因此，准确定位政府在社会保障中的角色，同时引入、引导和培育群众自治组织、社会组织及市场等多元供给主体共同参与，将会极大地提升社会保障资源的配置效力，从而避免资源的无序投入与浪费。在多元主体参与社会保障服务的供给过程中，也将会推动多元主体共同参与乡村事务管理的实践，最终达到多元共治的目标。

第三，以满足农民社会保障诉求为切入点，能够获得更多的群众支持，从而使乡村治理的转型推进更为有效、稳健。自治能力的增强对农村社会保障能力的提升具有积极的促进作用，[①] 同时二者还具有相互促进的关系特点。具体来说，无论是激活群众自治组织的活力，还是推进乡村事务管理的多元主体参与，其最终目标仍要落在有利于农村发展和农民生活改善这一点上。而这种通过改善和增强对基层群众生产、生活保障的做法，是最容易得到广大基层群众的接受、认可和配合的，进而也为自治组织激活和提升自治能力提供了良好的环境氛围。

（二）社会稳定与社会公平

社会保障被认为在中国农村具有"安全网""减压阀"和"稳定器"的作用，特别是在当前农村传统家庭保障功能弱化、人口结构失衡和流动加大、农民失地问题严重的情况下，农村社会保障于社会的意义就变得更为重大。就农村社会保障与社会的关系来看，存在多个矢量需要加以说明和分析。

在积极层面，完善农村社会保障制度建设，具有四个方面的意义。一是可以缓解农村社会发展的内卷化问题。在农民收入的增长

[①] 徐勇：《乡村治理结构改革的走向——强村、精乡、简县》，《战略与管理》2003年第4期。

速度过缓或收入附加值较低的情况下,由于社会占有大量农民劳动成果,从而导致农村发展缓慢或相对停滞,这种状态就是农村社会发展的内卷化。而农村社会保障制度的实施,则通过对社会资源的调节分配来使农民能够在此社会环境下"安身立命"、生存发展。二是起到了稳定农村社会基本形态的作用。农村作为我国社会的基本构成,其稳定与否不但与城镇社会稳定密切相关,同时还决定着整个中国社会的稳定。[①] 因而,在农村社会建立和完善社会保障制度,对稳定农村社会秩序、促进从业生产经营、鼓励农民参与市场竞争,都意义重大。三是在一定程度上降低了农民因城乡二元结构的发展差别所产生的生活困难和社会不公感。城乡分立的发展模式以及由此产生问题,是我国整体社会矛盾凸显的焦点之一。其中,收入差距、保障缺失、发展政策倾斜以及由户籍制度带来的一系列问题,使农民贫困与农村公共事业发展滞后一度形势严峻。随着农村社会保障制度建设和个别基本公共服务项目从无到有、不断完善,农民群体在医疗、养老、教育等方面的民生保障水平逐步提高,使上述问题特别是由城乡差距所产生的不满情绪有所缓解。四是有利于城市流动农村人口的社会融入。有研究显示,社会保障制度因素是失地农民难以融入城市并受到社会排斥的重要原因。[②] 向农村群众提供覆盖面广、保障水平高的社会保障服务,对流向城市的农村人口解决生活问题和开展就业,具有较强的促进作用,同时也为其快速适应城市生活、有效融入城市社会提供了支持与帮助。

但是,也应同时注意到因社会保障制度设计、实施的公平公正等问题所造成的消极后果。特别是在农村税制改革后,基层政权的治理能力与水平有所弱化,再加以农村经济发展与市场化衔接中的适应性差、竞争力弱等问题造成的农村公共产品供给不足,致使农

---

① 梁鸿:《试论中国农村社会保障及其特殊性》,《复旦学报》(社会科学版)1999年第5期。

② 孙自强:《社会排斥视角下的农村社会保障新思考》,《内蒙古农业大学学报》(社会科学版)2012年第5期。

民上访数量增加,形成了对农村社会稳定的威胁。[①] 此外,由于农村社会保障水平有限,也可能造成群众的不满。例如,我们调研中就发现,由于社会养老保险的保障水平较低,致使部分村民对其非议颇多。因此,农村社会保障制度的建设与完善,要在效率与公平两个层面同时着力,加快城乡社会保障一体化的统筹发展,使其在乡村治理的过程中真正起到保障民生、稳定社会的作用。

(三) 经济发展与市场培育

农村现代化的一个基本特征,就是经济市场化程度的提高。在现阶段,我国农业生产还是以土地分块耕作、农户分散经营为主,其参与市场竞争和抵御市场风险的能力都比较弱,因而对社会保障具有较强的依赖性。[②] 进一步分析农村经济发展与社会保障的关系,可以从两个层面进行讨论。一方面,农村社会保障的建设与完善,高度依赖于国家及地区的经济发展水平。在当前中国乡村一元化治理格局的背景下,作为基层政权的乡镇政府并不具备负责社会保障供给的能力,计划所有涉及基本公共服务的职能都须通过上级政府的财政支持才能够开展。由此,当地经济发展的规模与水平,在很大程度上决定了该地区社会保障能否顺畅开展以及实施的水平。另一方面,大力开展农村社会保障体系建设,也对拉动地区消费市场、推进地区经济发展,具有重要的作用。增强农村社会保障服务建设,有利于加大基础服务设施建设,扩大劳动力就业市场规模,提升社会组织和个人、企业在社会保障服务供给市场中的参与和竞争能力;相反,如果农村社会保障建设不到位,老百姓势必心存疑虑,不愿也不敢将有限的个人收入投到市场消费,对拉动市场内需、带动经济发展都是无益的。在调研中有一例对当地农民的入户

[①] 贺雪峰、刘岳:《基层治理中的"不出事逻辑"》,《学术研究》2010年第6期;白小平:《从政策到程序:农村社会保障程序制度的解构与取向》,《理论月刊》2014年第1期。

[②] 陶勇:《二元经济结构下的中国农民社会保障制度透视》,《财经研究》2002年第11期。

访谈，就非常能够说明这一点。

该农户家共计6口人，受访对象39岁，是调研所在村为数不多的留守青壮年男性劳动力。岳父平常在北京打工，岳母由于精神疾病无法劳动，妻子为聋哑人，生育一男（不到5岁，上幼儿园）、一女（15岁，上中学）。该受访对象平时除种植蔬菜外，还在村里从事计件工种，月均收入近3000元。由于家庭负担较重，其收入在全村属于中等偏下水平。家里两年前在原住宅前面新建了两层楼房（置宅盖房为当地普遍现象），虽无外债，但在村里已经算是最晚才盖楼的了。当问及被访对象，家里收入除了盖房之外，有无其他消费计划的时候，被访对象说，"除了日常开销，现在家里的钱70%都得攒着，两个孩子的教育不能给耽误了，只要孩子能够念（指读书上学）下去，就一直供他们。再说老婆是聋哑人不能出去干活挣钱，家里还有个病人（岳母有病），时不时要看病吃药，不能不备着点啊！哪还敢乱花呀"。

第 五 章

地权与治理[*]

农村地区的发展与稳定事关全国的发展与稳定，其土地流转是否能够有效运行对农村地区乃至全国政治、经济和社会的健康、快速发展有至关重要的影响。因此，对我国农村地区土地流转的状况展开分析，具有重要的理论价值。此外，在我国政治、经济和社会稳步转型背景下，在工业化、信息化、城镇化、市场化、国际化深入发展的新形势下，促进农村地区改革、现代农业发展，实现农村地区经济的可持续发展和共同繁荣意义重大。[①]

近年来，随着我国政治、经济和社会的快速、稳步发展，土地流转开始进入民众的视野，国内学界将土地流转视为推进农村复兴的重要举措之一，并对土地流转过程中面临的问题及对策等展开了一系列研究，取得了诸多有价值的成果，然而，深入西部农村展开调研后对这些地区土地流转状况加以分析的成果尚不多。为了实现西部农村的复兴，我们必须要了解，西部农村的土地流转现状究竟如何？哪些因素影响了土地流转参与主体的参与意愿？西部农村的土地流转的发展趋向是什么？

本章以在 S 省 H 市农村的调查为基础，研究西部农村土地流转现状，分析影响土地流转参与主体参与意愿的因素及土地流转的发

---

[*] 本章由王少泉执笔。

[①] 刘璐琳：《当前民族地区土地流转面临的问题及对策研究——基于现代农业发展的视角》，《中南民族大学学报》（人文社会科学版）2010 年第 4 期。

展趋向。

一 土地流转：模式与阶段

H市所推进的土地流转存在多种模式和多种诱发因素，其土地流转模式主要有以下几种：

模式一：S村模式。S村位于H区P镇，距离城区9公里，全村共9个村民小组，568户，1653人，人均收入15636元/年。全村共有100多家种植大棚蔬菜的农户，其中几十家参加了合作社（自愿参加，与村民委员会没有关系），合作社共两个，第一个有十几户农户。参加合作社的益处主要有：集中购买肥料，价格会便宜一些；信息灵通，销售成规模。这两个合作社都想扩大规模，未参加合作社的蔬菜种植户也想扩大种植规模，但是，村中很多人有技术，外出打工，收入较高，出租耕地的收益较低甚至没有收益（出租给亲属）。引致一个问题：一方面，合作社及蔬菜种植户想租种更多的耕地（有租种需求）；另一方面，外出务工的农民不愿意出租耕地（没有出租意愿），导致村中有一些耕地闲置，造成了耕地资源浪费。另外，该村还存在一个具有普遍性的问题：宅基地"缺权"——政府并未明确规定每位成年人拥有多少面积的宅基地，不同农户所拥有的宅基地数量不同，这一情况引发了一些矛盾，某些宅基地闲置，当然，也有农户将宅基地流转给其他农户。这种情况在其他四个行政村也不同程度地存在。

模式二：N村模式。N村属于H区P镇，全村共8个村民小组，464户，1426人，全村共有1800亩耕地，主要发展粮食种植业和蔬菜（藕）种植业。全村共有300—400人外出务工，其中70%的在H市务工。蔬菜种植业尚未成规模，处于"各自为政"状态，且受制于藕的生长环境，扩大的难度较大。外出务工的村民通常将耕地租给邻居种植，不收任何租金白送给亲属种植的也很多，但是，更多的是将耕地闲置。将耕地闲置的主要原因在于：土地零散，无法大规模机械化操作；农资需要投入，化肥和种子都较贵；种植粮食或蔬菜都难以获得较高收益。这几方面的因素导致：一方面，村民租种耕地的积极性较低；另一方面，出租耕地的收益很低，外出务工的农户也不愿意将耕地出租。该村常见的一种土地流转方式是：同村的两户农户联姻，出嫁者在婚后可以继续耕种使用权原本属于自己的那部分耕地（这一情况在其他四个行政村中也大量存在）。宅基地方面，已过建筑高峰期，新建住房不多，大多数农户是对原有住房加以翻修，但是，修房和换地过程中还是容易出现矛盾，曾经出现过打斗和服毒等事件，整体来看，纠纷出现的频率在下降。上级政府制定了整体居住政策，但因缺乏上级财政政策等而未能有效施行，零散的宅基地占据了大量土地。

模式三：W村模式。W村位于F县Y镇，距离F县城6公里，全村共6个村民小组，148户，547人，全村共有水田596亩，其中420亩已经实现流转（出租给花卉企业种植花卉）。2012年，在S省的推进下，H市各级政府按照花卉企业的要求寻找合适的村子进行项目合作，最终，W村因位于规划区内且土地较为平整而被选为试点之一，开始进行流转，合同期为12年，每亩水田的流转收益是700元，每3年调整一次租金，每次增加50元/亩。协议由花卉企业与农户直接签订，村"两委"负责协调。山地未实现流转，设想是要全部流转（包括山林），下一步是流转全村9000多亩林地。土地流转之后，W村的人均收入位列F县各村前茅。土地流转之前，全村约有50人外出务工，土地流转之后，外出务工人员减少，原因主要有二：其一，花卉企业向村民租土地之后，雇用村民种植花卉——花卉企业将种植需求告诉村民委员会，村民委员会成员获知信息之后，与村民协调后按照花卉企业的要求进行种植。其二，花卉企业成立手工艺合作社，吸纳爱好手工艺的农户加入，免费培训之后，由农户制作手工艺品，按件计算工资。土地流转之初，年龄较大的农户对此有抵制行为，他们担心土地流转之后失去最后的保障，村"两委"开展思想工作之后，这些年龄较大的农户也参加了土地流转，目前，全村尚有 3 户农户没有参加土地流转，其中 1 户看到收益较高之后，已经表态明年参加土地流转，另外两户尚未表态。

模式四：L 村模式。L 村位于 N 县 X 镇，全村共 11 个村民小组，449 户，1625 人，共有耕地 931 亩，其中，水田共 822 亩。全村 70% 的村民外出打工（卖凉皮），收入较高的每年能够赚 20 万元/户，人均纯收入 11315 元/年。全村的耕地大多种植水稻，生产成本较高：某些地方无法使用机械；年轻人不愿种田，绝大部分外出务工，这些农户的耕地大多交由亲属耕种，村中劳动力不足，农忙时雇用临时工，每天支付每人 100—160 元。大部分农户比较保守，只愿种植水稻和油菜之类的作物。整体来看，该村农户参与土地流转的积极性并不高。全村共有 26 亩实现了流转（转租给蔬菜企业种植藕），2013 年的租金是每亩 250 元/年，2014 年增长为每亩 260 元/年。土地流转过程为：蔬菜企业选定承租的耕地之后，村民小组与农户签订承包合同（农户并没有直接与蔬菜企业签合同），之后一起租给蔬菜企业。蔬菜企业想扩大承租面积，但对承租的耕地有要求：耕地必须是水田、成片、距离公路近。部分村民想将耕地转租给蔬菜企业种植，但因耕地情况不符合蔬菜企业的要求而无法租出。因租金较低（土地流转收益较低）且担心种藕会损害田埂，耕地被选定的部分村民不愿意出租。部分农户想独自种植藕，但难以实施，原因主要是：独自种植的难度较大；种植成本较高；种藕之后难以销售。该村曾于 1999 年进行过土地调整——根据"大稳定、小调整"，"只增加不减少"的原则，将集体所拥有的耕地划出一些给人均耕地极少的农户。这一举措保证了村中不同农户的人均耕地相差不大。集体拥有的土地并未逐年减少，原因在于：村中常常有农户将户口迁出，户口迁出之后，原先属于其耕种的土地划归集体。此外，该村每年都会有高中生考入大学，某些农户在家务农的成员减少之后，出现闲置土地，为土地流转创造了条件。这两种情况在其他四个行政村也存在。

模式五：X 村模式。X 村位于 N 县 X 镇，全村共 255 户，930

人，565亩耕地。2007年，村委会开始集中收集土地，以每亩500元/年的价格从农户手中租耕地，在租的100亩耕地上构建大棚（构建大棚的钱由上级政府和村共同出），建成大棚之后，以每亩500元/年的价格租给农户耕种（村委会没赚钱），租种者绝大部分不是耕地所有者，每年，村委会向租种者收租金之后转交给耕地所有者。全村共有21位空巢老人，部分老人将自己的地白送给亲朋好友耕种，平地处的耕地没有闲置的，但山坡上有一部分耕地闲置，主要原因是没通路且有野猪，种植成本较高。

从上述H市五种土地流转模式可以看出：H市在借助土地流转推进农村复兴进程中，引发土地流转的因素主要有：

1. 中央"不得调地"政策的存在。"不得调地"政策的践行主要有以下益处（为土地流转创造条件）：第一，激励农户对土地进行中长期投资，保障了土地改良的持续进行；第二，增加了土地流转收益，降低交易成本，培育潜在的土地流转和农地市场，进而推进土地的集中和规模技术的推广，降低耕地细碎化程度，有效地提升耕地利用效率；第三，为农村人口向城市的迁移或从事非农产业创造了条件。[①]

2. 婚丧嫁娶。两个地理位置邻近的家庭因婚嫁结亲之时，出嫁者可以将使用权原本属于自己的那部分土地的使用权带走。这是引发土地流转的因素之一，同时，这一习俗使大部分村子能够保持耕地的动态平衡。此外，农民的去世也会引发土地流转：原先属于去世者的耕地会由其子女、亲属等农民继承。

3. 职业转变。前述五个行政村的农户的职业转变主要通过两种方式：由农民转变为其他从业者；由学生转变为其他从业者。上述五个村中，除W村之外，其他四个村都有大量农民外出务工（这一情况的出现主要归因于我国第二产业和第三产业的迅速发展。后

[①] 丰雷、蒋妍、叶剑平、朱可亮：《中国农村土地调整制度变迁中的农户态度——基于1999—2010年17省份调查的实证分析》，《管理世界》2013年第7期。

文"土地报酬增加"和"规模化种植的发展"则归因于我国第一产业的迅速发展），这些农民的职业转变为土地流转创造了条件。除此之外，五个行政村每年都有一些高中学生升入大学就读，这些学生就读大学之后，家中出于其不会回家务农这一考虑而倾向于通过出租等方式实现土地流转。

4. 土地报酬增加。以 X 村和 S 村为例，蔬菜种植业已形成一定规模，蔬菜的销售相对容易，土地报酬比种植粮食有很大增长，农户租种土地的积极性较高。W 村每亩水田的流转收益是 700 元，每 3 年调整一次租金，每次增加 50 元/亩，除流转收益之外，花卉企业还雇用农户种植花卉，这又是一笔可观的收入，这两大因素是 W 村绝大部分农户（除 3 户之外）愿意参加土地流转的重要原因。值得注意的是：L 村共有耕地 931 亩，仅有 26 亩实现了流转（转租给蔬菜企业种植藕），其中一个重要原因是：2013 年，租金是每亩 250 元/年，2014 年增长为每亩 260 元/年。这一收益明显偏低，对农户的土地流转意愿产生了不可忽视的负面影响。

5. 建筑需求。如前文所述，S 村和 N 村都面临宅基地问题：农户的宅基地拥有量不均衡，这种不均衡状态为土地流转创造了条件——宅基地较多的农户有可能将宅基地出售给宅基地较少的农户。这一情况在其他三个行政村中也存在。

6. 规模化种植的发展。前述五个行政村之中，除 N 村之外，其他四个行政村都受益于规模化种植的发展，其中，W 村受益于花卉种植业的规模化发展，X 村、S 村和 L 村则受益于蔬菜种植业的规模化发展。规模化种植的发展推进了土地流转进程。

整体而言，按照 H 市土地用途的变更方式可以将土地流转分为三类：非农化流转、农化流转和同功流转。具体而言，H 市主要存在以下土地流转方式：出租、转租、出售、互换和继承等，这些方式存在于三类流转之中。1. 非农化流转。这是指农业用地经过流转之后改变了原先的用途。这种情况在前述五个行政村之中部分地存在，如：近年来 S 村和 N 村部分村民向上级部门提交建房申请之后，在上级部门划归其建房的耕地上建房——耕地转变为宅基地。2. 农化流转。这是指某些用途的土地经过流转之后变为农业用地。这种情况在前述五个行政村之中部分地存在，如：近年来，S村和N村部分村民的宅基地较多，暂时将某些宅基地改为耕地种植粮食或蔬菜。3. 同功流转。这是指土地的用途并未因流转而发生改变。这种情况在前述五个行政村之中最为常见，如：耕地较少的农户租种其他农户的耕地；宅基地面积较小的农户购买其他农户闲置的宅基地用于建房。

H市在推进农村复兴进程中所借助的土地流转的主要特征如下：

1. 土地流转状况差异较大。从上文所述情况可以看出，五个行政村中，土地流转状况从好到差的排序依次是：W村、X村、S村、L村、N村。W村和X村在开展土地流转过程中有上级政府及村委会的指导和协助，S村有合作社，L村有村民小组协助，这些情况均未出现在土地流转状况最差的N村。从这一方面的情况可以看出：政府及村委会能否有效地指导和协助对农村土地流转状况良好与否有重要影响。2. 土地流转率存在明显时间节点。五个行政村之中所出现大规模的土地流转现象均在2000年之后，如：X村为2007年，W村为2012年，这一情况的出现与规模化种植业的发展直接相关。3. 土地流转以出租、入股和转租这三种方式为主，签订合同的比例较高。调查还发现：践行过土地流转的农户中，绝大部分农户签订了合同，主要为两种方式：L村由村民小组与农户签订承包合同之后一起租给蔬菜企业，农户并没有直接与蔬菜企业签合同；W村的出租协议由花卉企业与农户直接签订，村"两委"负责协调。4. 流转周期以中长期为主，通过货币支付土地租金的比例较大。践行土地流转的农户中，宅基地的流转及耕地的继承等的周期均为长期，耕地的转租和出租也多为长期，土地租金多为货币支付，如：W村所进行土地流转的合同期为12年；五个行政村流转的土地的租金绝大部分用货币支付。5. 土地流转明显受到规模化种植业的影响。规模化种植业的发展，能够为土地流转的加速发展创造有利条件。这一点可以从前述五个行政村的实际情况得到证实：

土地流转较好的 W 村、X 村、S 村和 L 村均明显受益于规模化种植业（无论是种植蔬菜还是花卉）。6. 土地流转价格逐步提高。土地流转价格受耕地区位、流转对象、流转目的等因素的影响而存在较大差异，近年来，土地增值潜力逐渐显现，农户对土地流转价格的期望值越来越高，土地流转价格呈逐步提升的态势。[①] 这一情况也可以从前述两个行政村的实际情况得到证实：W 村于 2012 年开始进行土地流转，每亩水田的流转收益是 700 元，每 3 年调整一次租金，每次增加 50 元/亩。2013 年，L 村进行土地流转的 26 亩水田的租金是每亩 250 元/年，2014 年增长为每亩 260 元/年。

从以上分析看出：目前，H 市不同地方的土地流转分属不同阶段，按照土地流转参与主体（政府、村组、私营部门、农户）的多少和规范性高低（是否签订合同等），可以将土地流转划分为以下阶段，见表 5-1。

表 5-1　　　　　　　　　H 市土地流转阶段

阶段	参与主体	流转形式	实例	实例所属县区
第一阶段	农户	农户个体之间	N 村	H 区
第二阶段	农户	农户组成合作社	S 村	H 区
第三阶段	农户、村组	村组充当农户之间的媒介	X 村	N 县
第四阶段	农户、村组、私营部门	村组充当农户与私营部门之间的媒介	L 村	N 县
第五阶段	政府、村组、农户、私营部门	政府主导、村组协调、农户出租、私营部门租入	W 村	F 县

上述五个阶段的参与主体逐渐增加、规范性逐渐提升，土地流转水平也逐渐上升。其中，第一阶段和第二阶段是土地流转的初级阶段，第三阶段和第四阶段是土地流转的中级阶段，第五阶段是土地流

---

① 包宗顺、徐志明、高珊、周春芳：《农村土地流转的区域差异与影响因素——以江苏省为例》，《中国农村经济》2009 年第 4 期。

转的较高阶段。值得注意的是，第五阶段并非土地流转的最高阶段，这之上至少还存在这样一个阶段：政府、村组、农户、私营部门四者均参与其中，政府指导、村组整合、农户出租、私营部门租入。这一阶段的 H 市土地流转的发展趋向，后文将具体阐释这种以"四位一体"为特征的全面整合治理的土地流转阶段。需要指出的是，土地流转水平的高低与土地流转规模的大小并不一定对等：某些地方的土地流转参与主体较多、规范性较好、水平较高，但土地流转规模并不大（如处于第四阶段的 N 县 L 村）。下文将首先分析土地流转的四类参与主体（政府、农户、私营部门和村组）及影响这些主体参与土地流转的因素，在这一基础上阐释西部农村土地流转的发展趋向。

二 政府：土地流转的主体

改革开放之后实行的家庭联产承包责任制曾在一定时期内有效地提升了农村的生产力，随着我国政治、经济和社会的发展，我国中西部农村出现不同程度的衰败现象，这一情况表明家庭联产承包责任制已经较难继续有效地提升农村的生产力，并促使政府开始思索采用新的方式实现农村复兴这一目标。正常情况下，一个国家的耕地总数量难以有效增加，甚至会随着人口的增加而减少（为新增人口建设住房等会占用耕地，使耕地总数量变少，人均耕地也会随着人口的增加而减少），因此，寻求农村的复兴，不能寄希望于增加耕地总数量，而应该将希望寄托于转变耕地的利用方式从而提升耕地的利用效率、增加单位面积耕地的产出。此外，依照我国现行的土地制度规定，我国农民并不拥有土地所有权，而仅具有土地使用权，这一情况也将实现农村复兴的方式限定为耕地利用方式的转变。这两种限制使土地流转成为实现农村复兴的最重要选择。

为了借助土地流转实现农村复兴，S 省政府及其下的各级政府积极、主动地出台一系列文件，如：2011 年，S 省人民政府出台《关于促进农村土地承包经营权流转的指导意见》（S 政发〔2011〕

18号），其后，中共 H 市委、H 市人民政府出台《关于加快农村土地承包经营权流转发展适度规模经营的意见》（H 市〔2011〕号）。目前，S 省正在研究制定土地流转的具体政策，H 市部分县有相关文件出台，不同县区的土地流转状况差异较大，换言之，H 市不同县区的土地流转处于"各自为政"状态。下文将简介 H 市三个县区土地流转概况。

2011 年 8 月 23 日，H 市 H 区人民政府出台《关于加快农村土地承包经营权流转的实施意见》，该意见强调了加强农村土地流转工作的组织领导的重要性。2013 年 7 月 9 日，中共 N 县委办公室与 N 县人民政府办公室联合下发了《N 县农村土地承包经营权确权登记颁证工作实施办法（试行）》、《N 县农村土地承包经营权流转实施办法（试行）》、《N 县集体土地所有权确权登记颁证工作实施办法（试行）》、《N 县集体建设用地使用权确权登记颁证工作实施办法（试行）》、《N 县集体土地房屋登记实施办法（试行）》五个实施办法。值得注意的是：与土地流转相关的政策、文件等的出台，并不能绝对保证农户参与土地流转的积极性得到很大提升——土地流转政策、文件出台之后，如果未能得到彻底、有效的践行，农户参与土地流转的积极性依然很难提升。以 H 区和 N 县少数行政村为例：2011 年 8 月和 2013 年 7 月，H 区和 N 县分别出台了土地流转的"意见""办法"，但是，这些政策出台之后，H 区和 N 县少数行政村的农户参与土地流转的积极性并未得到明显提升，如：H 区 S 村和 N 村近年（2011 年之后）的土地流转状况并未明显比 2011 年之前有所发展。N 县 L 村和 X 村的情况与 H 区两个行政村的状况相似。整体而言，H 区和 N 县出台与土地流转相关的政策之后，这两个县区四个行政村的土地流转状况并没有出现显著发展、农户参与土地流转的积极性并没有显著提升，这是这两个县区土地流转未能进入较高阶段的重要原因。

2009 年，F 县的土地流转面积为 523 亩，占总承包经营土地面积的 1.75%；2010 年，土地流转面积为 650 亩，占总承包经营土地面积的 2.13%；2011 年，土地流转面积为 1177 亩，占总承包经营土地面积的 3.84%。2012 年 12 月 8 日，F 县制定了《F 县农村土地承包经营权流转实施细则》并加以施行，加快了土地流转进程。目前，从 F 县参与土地流转的群体来看，大部分是从事二、三产业的经营户，他们的收入结构已经发生根本变化，耕种土地所得的收益已经不是他们的主要收入来源；另外一部分是无劳力耕种土地的农户，他们因无力耕种使用权属于自己的土地而将这些土地加以流转；还有部分是受益于规模化种植业的农户，这些农户将土地转租给蔬菜或花卉企业之后受雇于这些企业，在这些企业的指导下开展耕作。从土地流转的方式来看，常见的流转方式为：出租、转租、互换、继承和转让等，但最重要的流转方式是出租和转租。从土地流转的方向来看，流转的土地主要集中在懂技术、善经营、会管理的农村能人手中，一部分企业也利用流转的土地从事农业或旅游相关的产业。近年，F 县土地流转面积虽然在逐年增长，但土地流转工作处于起步阶段，流转速度较慢、流转总量不够大、流转效益尚不够明显；部分农户对土地的依赖思想还比较严重，对土地流转的认识较为模糊，不敢大胆参与；土地流转行为不够规范，尚存在一些口头协议，容易引发纠纷进而影响社会稳定。

政府是土地流转的领导主体，当政府通过政策的制定与实施为土地流转创造良好的环境之时，土地流转的阶段（实质上是水平）会得到提升。政府在土地流转中的介入程度是划分土地流转阶段的依据之一，土地流转阶段、水平会随着政府对土地流转介入程度的加深而提升。从目前的情况来看，尽管 H 市各级政府均出台了与土地流转相关的文件，但对土地流转的介入程度存在明显区别。

前述 H 市土地流转的五个阶段，实际上都受到政府的影响：在土地流转的初级阶段（即第一阶段和第二阶段），政府实质上为农户之间的转租耕地或组成合作社提供了必要条件——在目前的土地所有制之下，没有政府的允许，农户之间不能转租耕地，更加没有可能在转租耕地的基础上建立各类合作社。在土地流转的中级阶段（即第三阶段和第四阶段），村组实质上是以政府政策的执行者身份出现的——H 市实质上存在一元化治理，村组在土地流转过程中一般只是扮演着上级政府相关政策的执行者角色。村组作为基层政府的代表，在土地流转中充当中介，有效地提升了土地流转的水平。从政府对土地流转的影响方面来看，第五阶段的土地流转则与前四个阶段存在明显区别——政府直接介入土地流转，这一阶段的土地流转由政府直接主导（或发起），其在土地流转过程中的直接出现，将土地流转阶段、水平提升到一个新的高度，使大规模、高效能土地流转的出现成为可能——通常情况下，土地流转过程中如果有县市级甚至省级政府参与，私营部门、农户等其他土地流转参与主体会认为这种土地流转的可靠性很高，从而有效地提升了这些土地流转参与主体的积极性，为大规模、高效能土地流转的出现创造了非常有利的条件。

不同地方的政府在土地流转过程中介入程度不同的分析如下：H 区（尤其是城区）的经济发展水平高于 N 县和 F 县，这一点可以成为加速土地流转进程的有利条件，也可能成为阻碍土地流转进程的因素——政府为了实现经济和社会等领域的进一步较快发展，通常会首先考虑基于现有的优势产业实现这一目标，而非拓展新的产业（一般情况下，拓展新的产业面临较多困难、风险较高而且见效较慢）。具体而言，当一地的经济和社会等领域的发展主要靠工业来推动之时，政府常常会通过进一步强化现有的优势（工业）产业实现经济和社会等领域的发展，从而在一定程度上忽视农村的经济发展，土地流转进程也就很难较快推进。H 区的情况与此相似，这很可能是 H 区的基层政府未能有效地介入土地流转进程的原因之一。与 H 区相比，N 县土地流转的最大特点之一是村组参与了土地流转进程，尽管政府尚未直接介入土地流转，但因村组受政府的领导，政府借助村组影响了土地流转，换言之，N 县两个行政村的村组在一定程度上真正践行了政府关于土地流转的政策，这一点是 N 县两个行政村土地流转阶段高于 H 区两个行政村的重要成因。F 县 W 村土地流转阶段高于其他两个县区行政村的最重要原因是：F 县政府及上、下级政府直接参与并主导了土地流转。在我国现存的压力型行政体制之下,当上级政府就某个项目直接干预农村的土地流转之时,基层政府会表现出极高的参与热情,W 村的土地流转状况展现了这一情况:F 县政府积极参与、主导土地流转,重要成因是 H 市政府将 W 村选定为土地流转试点并着力推进土地流转进程,H 市参与土地流转的积极性很高的重要成因是 S 省政府对土地流转进程的推进。W 村的情况还表明:政府参与、主导土地流转明显提升了土地流转水平并使土地流转规模扩大,将土地流转提升到一个新的阶段。

三 农户、私营部门、村组:土地流转的参与主体

土地流转的每一个阶段都有农户的参与——农户是耕地承包者,耕地的最初出租主体必然是农户,这一点使其成为土地流转的关键参与主体。下文将分析家庭收入水平、土地流转收益、区位条件、非农收入水平和农户理念等因素对 H 市土地流转的影响。

第一,家庭收入水平对农户土地流转意愿的影响。农户的家庭收入水平高低是其参与土地流转积极性高低与否的影响因素之一。H 市农户年纯收入(人/年)的调研数据如表 5-2 所示。

表 5-2　　　　　　H 市农户年纯收入的调研数据　　　　　单位:%

	年纯收入				
		频率	百分比	有效百分比	累计百分比
有效	5000 元以下	53.00	16.67	16.88	16.88
	5000—1 万元	59.00	18.55	18.79	35.67
	1 万—1.5 万元	54.00	16.98	17.20	52.87
	1.5 万—2 万元	68.00	21.38	21.66	74.52
	2 万元以上	80.00	25.16	25.48	100.00
	合计	314.00	98.74	100.00	
缺失	系统	4.00	1.26		
合计		318.00	100.00		

从表 5-2 可以看出：H 市农户的年纯收入以 1.5 万元为界，1.5 万元以下的三个收入段，每段所占的比例均低于 20%，1.5 万元以上的两个收入段，每段所占的比例均高于 20%。1 万—1.5 万元为中等收入水平。这些数据将用于下文的分析之中。

调查研究发现：在 H 市，家庭收入水平与农户参与土地流转的积极性没有呈正相关关系。这一结论源于以下分析。F 县 W 村在 2012 年展开土地流转之前，农户收入水平偏低。2012 年开展的土地流转，全村 148 户农户中仅有 3 户未参与。可见，尽管 W 村农户在 2012 年之前的家庭收入水平偏低（大多数农户的年纯收入为 5000—1 万元/人/年），但该村农户参与土地流转的积极性极高。当然，这一情况的主要成因还有：各级政府的正确引导及 W 村耕地的条件较好，等等。N 县 L 村人均纯收入 11315 元/年，这一收入水平为 H 市中等收入水平（1 万—1.5 万元），但在展开调研的五个行政村中是最高的。尽管如此，L 村的土地流转率很低。从这一情况可以看出：与其他四个行政村相比，L 村的家庭收入水平较高，但村民参与土地流转的积极性并不高。当然，L 村展开流转的土地较少的主要成因还有：该村的部分耕地不适合转租给蔬菜企业种植藕；大部分农户的观念较为保守，不愿参与土地流转。H 区 S 村的情况与 N 县 L 村相似。H 区 N 村的情况则为：农户收入水平中等，农户参与土地流转的积极性偏低。N 县 X 村的情况是：农户收入水平较高，农户参与土地流转的积极性也较高。这五个行政村农户的家庭收入水平与参与土地流转积极性的情况可见表 5-3。

表 5-3　五个行政村农户的家庭收入水平与参与土地流转积极性的情况

行政村 家庭收入水平与参与土地流转积极性	家庭收入水平	参与土地流转积极性
H 区 S 村	高	低
H 区 N 村	中	低

续表

行政村 家庭收入水平与参与土地流转积极性	家庭收入水平	参与土地流转积极性
F县W村	低	高
N县L村	高	低
N县X村	较高	较高

从上述分析中可以看出：H市，农户的家庭收入水平与其参与土地流转的积极性没有呈正相关关系。

第二，土地流转收益对农户土地流转意愿的影响。农户土地流转的收益主要包括三种：土地使用权流转费；土地承包权红利；转移劳动力创造的年收益。[①] 近年来，随着我国经济的迅速发展，东、中、西部省份均有大量地区的规模化种植业迅速发展（提升土地流转收益），中西部省份大量农户外出务工（引致耕地闲置），农户的收入持续增高，大量农户及企业开始向农村集体及不从事种植业的农户等租种土地，土地流转总量和流转收益随之上升，这二者之间存在制衡关系：流转收益过高之时，愿意租种土地的农户减少，流转总量随之下降，流转收益极低之时，出租者因获益极低而不愿出租土地，流转总量也会随之下降，因此，只有当流转收益处于中间区域之时，流转总量才能够保持在较高水平。通过入股、出售、互换、继承和竞价承包等方式进行的土地流转也存在相似现象。这一情况在H市也存在。

如前所述，H市农户认为土地流转收益对其参与土地流转的积极性的影响力最大，比例为40.46%。调查研究发现：H市农户出于增加收益而参与土地流转的人数占总人数的56.13%；在H市，土地流转收益与农户参与土地流转的积极性呈正相关关系。展开调

[①] 丁洁：《农户土地流转形式选择影响因素研究——以成都市温江区为例》，四川农业大学，2013年，第18页。

研的五个村子的土地流转收益及参与土地流转的积极性差别较大，此方面的情况如下：

H区S村农户出租耕地的收益较低甚至没有收益（出租给亲属），外出务工的农户有较高的收入，不愿意出租闲置的耕地。H区N村农户种植粮食或蔬菜均难以获得较高收益，导致出租耕地的收益很低，村民出租及租种耕地的积极性较低，闲置的耕地较多。F县W村农户将耕地流转给花卉企业，每亩水田的流转收益是700元，这一收益高于农户自己种植所得收益，而且收益很稳定，仅有3户农户未参与土地流转。2013年，N县L村农户出租耕地的租金是每亩250元/年，2014年增长为每亩260元/年，全村整体出租的耕地仅有26亩。N县X村的565亩耕地中，共有100亩实现了流转，租金是每亩500元/年。这五个行政村的土地流转收益与农户参与土地流转积极性的情况可见表5-4。

表5-4　五个行政村的土地流转收益与农户参与土地流转积极性的情况

行政村 土地流转收益与参与土地流转积极性	流转收益	参与土地流转积极性
H区S村	较低	低
H区N村	很低	低
F县W村	高	高
N县L村	低	低
N县X村	较高	较高

从上述分析中可以看出：H市，土地流转收益与农户参与土地流转的积极性呈正相关关系。

第三，区位条件对农户参与土地流转意愿的影响。国内外学者普遍认为，区位条件是农户参与土地流转的意愿的重要影响因素之一：一般情况下，耕地的区位条件越好，土地流转价格就越高，农户参与土地流转的积极性也就越高;相反,耕地的区位条件越差,土地流转价格就越低,农户参与土地流转的积极性也就越低。调查发现:受访的 H 市农户中,10.86% 的农户认为耕地的区位条件对其参与土地流转的积极性有影响。下文将对 H 市耕地区位条件与农户参与土地流转积极性的相关性加以分析。

依照学者的普遍理解:距离城区 9 公里 S 村的区位条件很好,土地流转价格及农户参与土地流转的积极性都会很高。事实却与此相反。N 村农户参与土地流转的积极性也很低,其区位条件尽管稍差于 S 村,但好于其他三个行政村。F 县 W 村距离县城 6 公里,该村的区位条件在五个行政村中最差,但农户参与土地流转的积极性很高。N 县 L 村的区位条件较好,但土地流转比例很低。N 县 X 村的区位条件也较好,农户参与土地流转的积极性较高。这五个行政村土地区位条件与农户参与土地流转积极性的情况可见表 5-5。

表 5-5　五个行政村土地区位条件与农户参与土地流转积极性的情况

行政村 土地区位条件与参与土地流转积极性	区位条件	参与土地流转积极性
H 区 S 村	好	低
H 区 N 村	较好	低
F 县 W 村	较差	高
N 县 L 村	较好	低
N 县 X 村	较好	较高

从上述分析中可以看出:H 市,耕地的区位条件与农户参与土地流转的积极性没有呈正相关关系。

第四,非农收入水平对农户参与土地流转意愿的影响。学界通常认为:非农收入越高,农户参与土地流转的意愿越强,换言之,非农收入与农户的土地流转意愿呈现正相关关系。但是,H 市农户的非农收入水平与参与土地流转的意愿未呈正相关关系。开展调研的五个行政村的情况也可以证明这一论断。

H区S村农户的非农收入水平较高，但外出务工的农户参与土地流转的积极性很低。H区N村外出务工的农户收入较高，但参与土地流转的积极性很低：他们通常将耕地租给邻居种植，不收任何租金白送给亲属种植的也很多，但是，更多的是将耕地闲置。F县W村农户的非农收入水平远比其他四个行政村低，但参与土地流转的积极性非常高。N县L村农户非农收入水平极高，但农户参与土地流转的积极性并不高。N县X村农户非农收入水平较高，参与土地流转的积极性较高。这五个行政村的非农收入水平与农户参与土地流转积极性的情况见表5-6。

表5-6　五个行政村的非农收入水平与农户参与土地流转积极性的情况

行政村 非农收入水平与参与土地流转积极性	非农收入水平	参与土地流转积极性
H区S村	高	低
H区N村	较高	低
F县W村	较低	高
N县L村	较高	低
N县X村	较高	较高

从上述分析中可以看出：H市，非农收入水平与农户参与土地流转的积极性没有呈正相关关系。

第五，农户理念对农户参与土地流转意愿的影响。调查发现，仅有13.82%的受访农户认为理念对其参与土地流转的意愿有重要影响。实质上，理念对人的意愿及举措有重要影响，农户所秉持的理念对其参与土地流转的意愿有不可忽视的影响，这一论断可以从以下分析中得到验证。

2012年，F县W村开始土地流转进程之时，有3户农户秉持传统理念，担心自己承包的耕地被花卉企业侵占，因而没有参与土地流转。2014年，其中1户看到土地流转后收益较高，已经表态明年参加土地流转，另外两户依然秉持传统理念，尚未表态参与土地流转。N县L村仅有26亩耕地实现了流转的原因之一是：大部分农户比较保守，只愿种植水稻和油菜之类的作物。少数农户希望通过土地流转或自己种植经济作物致富，但也将希望完全寄托于政府——希望土地流转或经济作物的种植完全由政府主导。在政府未能及时作为的情况下，这些农户较快地通过土地流转或种植经济作物致富的可能性极小。这种情况在我国西部农村地区十分常见，甚至在苏北农村地区也很常见。

从上述两个行政村的情况可以看出：农户所秉持的理念对其参与土地流转的意愿有重要影响。在农户秉持传统理念（固守承包的耕地）或对政府过分依赖的情况下，其参与土地流转的意愿不会太高，土地流转的快速发展也就无法实现，进而，实现这些农村地区经济的快速发展以及这一基础上农村的复兴也会困难重重。

农户组建合作社能够在一定程度上实现规模化种植，但一般情况下其规模难以与私营部门参与土地流转后开展的规模化种植相比。从H市土地流转的五个阶段可以看出：私营部门的参与能够促使土地流转进入较高的阶段，也是土地流转进入较高阶段的标志之一。值得注意的是：私营部门的参与不必然带来大规模土地流转，流转规模还受制于耕地的区位条件以及农户理念，等等。如：N县L村的土地流转处于第四阶段，流转的规范性较高，耕地区位条件较好，但土地流转比例很低。该村部分农户想将耕地出租给蔬菜企业种植，但因耕地情况不符合蔬菜企业的要求（必须是水田、成片、距离公路近）而无法租出；部分农户所耕种的土地符合蔬菜企业的要求，但这些农户因租金较低且担心种藕会损害田埂而不愿出租。

H市土地流转第五阶段真正展现了私营部门在土地流转过程中的作用：花卉企业在土地流转开展之时就向政府说明自己对耕地的

要求，而后，通过与政府、村组和农户的合作，较好地实现土地流转，在获取企业利润的同时提高了农户的收入。私营部门参与土地流转的直接动因是对利润的寻求，在寻获企业利润的过程中，私营部门会对风险和收益展开分析，如：耕地的区位条件是否优良；进行流转的收益高低；开展流转的难度大小；等等。值得注意的是：大规模土地流转的实现，除了有私营部门的参与，更为重要的是政府的参与——政府的领导或指导能够有效地提升农户参与土地流转的积极性。这一点是 H 市土地流转第五阶段的规模明显高于第四阶段的关键成因。私营部门有效地参与土地流转须有政府的指导及中介的合作，中介与私营部门、农户双方之间签订的合同规范与否对土地流转市场有重要影响。一般情况下，土地流转过程中的中介由村组充当，签订的合同的规范性越高，农户参与土地流转的积极性也越高。H 市土地流转五个阶段中，村组以中介身份出现之时（第三、第四和第五阶段），随之出现的是规范性较高的合同。从上述分析可以看出：私营部门参与土地流转的最重要影响因素有：收益与风险对比分析结果；政府的领导或指导（实质上是政策对私营部门参与土地流转的容许）；中介的合作。下文将对土地流转过程中扮演中介角色的村组及影响其参与土地流转的因素展开分析。

处于第五阶段的 F 县 W 村，村"两委"在土地流转过程中充当了中介角色（但未与双方签订合同）：在各级政府的指导及村"两委"的协调下，该村农户直接与花卉种植企业依照正规程序签订了较为规范的合同，对双方的权责作出明确规定，有效地保证了土地流转双方能够获得合法、合理的利益。与 W 村相比，处于第四阶段的 N 县 L 村的村民小组在该村土地流转过程中更好地充当了中介角色：村民小组与农户签订承包合同（而且所签订的合同较为规范），之后一起租给蔬菜企业。值得注意的是：尽管土地流转中介及合同的规范性都较高，但 L 村的土地流转规模并不大，这表明土地流转受多种因素影响，村组的介入（规范性的合同）只是因素之一。处于第三阶段的 N 县 X 村，村"两委"主导了 100 亩耕地的流转，既是承租方又是出租方，扮演了一种特殊的中介角色，村"两委"的这一举措有效地提升了农户参与土地流转的积极性，对X村土地流转的顺利开展起到了重要作用。

村组是否有效地介入土地流转受以下因素影响：土地流转的开展是否得到政府的允许；如有私营部门参与土地流转，私营部门是否合法；参与土地流转是否需要村组支付部分经费；土地流转是否使农户获益；等等。H市土地流转所展现出的五个阶段中，村组未出现在前两个阶段，其他三个阶段中，村组在第三阶段所发挥的作用最为明显——这一阶段的土地流转实质上由村组主导。在第四和第五阶段，随着私营部门的参与和政府的直接介入，村组在土地流转过程中所发挥的作用依次下降，在第五阶段甚至只起协调作用，这一情况与土地流转的发展趋势存在不符：在更高一个阶段的土地流转中，各参与主体（政府、村组、农户、私营部门）所发挥的作用应该较为均衡，不应出现某一主体完全主导土地流转的局面。下文将对各主体均衡参与的土地流转阶段（即土地流转的发展趋向）加以阐释。

四 "四位一体"：土地流转趋向

20世纪90年代，我国开始大力倡导村民自治，进入21世纪之后，我国东部和中部部分地区的村民自治有长足发展，然而，西部省、市、区大部分地区并没有多大进展。据H市的实际情况来看，这些地区村"两委"（某些是村三委）的主要工作依然是执行县乡（区镇）政府下达的命令。换言之，县乡村关系更多的是领导而非指导。事实上，目前，在H市迅速、真正实现村民自治（彻底改变县、乡、村之间的领导关系）能够推进乡村的快速发展、复兴。原因在于：某些情况下，县乡政府对行政村的领导能够快速推进土地流转进程。

据H市目前的土地流转发展状况来看，该市有必要在土地流转进程中构建这样一种全面整合治理体系：在高层政治领导者的直接领导和参与下，通过法律、制度、政策的作用，在各种资源支持系统的支持下，凭借政府、村组、私营部门和农户之间的协作，通过全程的治理，以复兴农村为目标，以土地流转为手段，全面提升政府的治理能力，以有效借助土地流转增加农民收益、充分利用农村的闲置土地、提升土地利用效率，从而实现复兴我国农村这一终极目标。①

目前，H市所推进的土地流转主要有四个参与主体：政府、私营部门、村组和农户。但不同阶段的土地流转参与主体数量不同、所发挥的作用也存在较大差异，各主体之间并未实现良好协作。作为一种发展趋向，土地流转进程中构建的以"四位一体"为特征的全面整合治理体系须注意以下几点：1. 政府、私营部门、村组和农户是土地流转过程中最为重要的四个参与主体，这四者都应该出现于土地流转进程之中且应该发挥较均衡的作用。从H市土地流转现状可以看出：除第五阶段之外的四个阶段均存在某些主体的缺失；第五阶段中，四个主体均参与其中，但村组只发挥协助作用，这一作用明显小于其他三个主体的作用。2. 不同情境之中，土地流转的四个参与者（政府、村组、私营部门、农户）所扮演的角色有所不同，以H市土地流转为例：第五阶段中，政府扮演主导角色——领导各主体展开土地流转；第四阶段中，农户、村组和私营部门所发挥的作用较为均衡；第三阶段中，村组发挥了主导作用；第二阶段和第一阶段中，土地流转出现于农户之间，发挥作用的只有农户。3. 农户在土地流转的运作过程中并不必然扮演被动的角色。在乡村自主治理能力较弱的情况下，会出现两种完全相反的情况：农户自主完成土地流转（这种土地流转只发生在农户之间，农户是主动的，如H市土地流转的第一和第二阶段）；农户在政府主导下完成土地流转（这种情况下，农户是被动的，如H市土地流转的第五阶段）。随着乡村自主治理能力的提升，政府在借助土地流转实现

---

① 张成福、党秀云：《公共管理学》，中国人民大学出版社2007年版，第305页。

农村复兴的这一过程中所起的主导作用会有所减小——农户熟悉土地流转之后,乡村自主治理的能力随之提升,其以个体身份或以整合的组织与私营部门开展土地流转之时,不再需要政府的过多干预。4. 构建土地流转进程中全面整合治理体系的初期(即进入土地流转第六阶段的初期),政府所发挥的作用应该强一些,这一体系构建起来之后,政府应该逐步培育乡村的自主治理能力,并随之逐渐减少对农户参与土地流转的干预,为村民自治的真正实现及农村的复兴创造有利条件。

H市在土地流转进程中构建的全面整合治理体系主要有两方面构成:机制、土地流转的参与主体。分别阐释如下:

机制方面的要素。第一,基于充分资源支持的全面整合治理。充分资源的支持系统是在土地流转进程中构建全面整合治理体系的基础之一,在推进土地流转进程中构建的这种充分资源的支持系统包括:全面整合治理的信息系统和知识系统;全面整合治理的人力资源系统和教育与培训系统;全面整合治理的财政资源系统;全面整合治理的物质资源系统;全面整合治理的政策资源系统;等等。[①] 第二,重视绩效的全面整合治理。推进西部农村地区土地流转的进程时,所构建的全面整合治理体系必须重视土地流转绩效的提升,全面整合治理绩效指标的确立有助于对土地流转进行有效管理,这种绩效指标必须明确、可衡量、可实现,还必须具有适用性、可持续性、相关性和弹性。在确立绩效指标的基础上,通过对土地流转的全面整合治理进行绩效衡量,有效监控这一过程中的绩效,促进绩效提高,提高全面整合治理水平。第三,网络化协作的全面整合治理。进入21世纪后,随着我国信息社会的发展,政府间的组织结构将更多地以网络组织为基础(而非科层制体系);地方政府之间合作(尤其是经济合作)的增强能够有效推进网络化政府间关系的形成。同时,政府与公益部门、私营部门之间的合作日益增多,公众(借助网络)对政府的影

[①] 张成福、党秀云:《公共管理学》,中国人民大学出版社2007年版,第308页。

响力也日益增强。这种网络化协作是土地流转进程中构建全面整合治理体系的要素之一：政府、村组、私营部门、农户四者之间可以依托网络平台开展土地流转，而且，与土地流转相关的网络平台的存在，也为土地流转的全面整合治理提供了便利，土地流转的各参与方能够在网络平台中获取与土地流转相关的、自己所需的信息，为最大限度地维护各方合法利益、加快推进土地流转进程创造有利条件。第四，多元协商的全面整合治理。为推进土地流转进程而构建的全面整合治理体系应该采用多元协商模式，构建多元协商的全面整合治理：参与土地流转的各方（政府、村组、私营部门和农户）都是全面整合治理过程中的多元协商主体，在土地流转的各阶段（尤其是合同的签订及修改阶段），各参与方都应该展开协商，除在现实中展开协商之外，各方还有必要基于前述土地流转网络平台协作处理土地流转进程中出现的问题。

土地流转参与者方面的要素。第一，发展途径的全面整合治理。土地流转的各参与方必须用发展的视角看待土地流转，制定切实可行的规划用以有效应对推进土地流转进程中可能遇到的问题；将土地流转视为复兴农村的最关键且应该长期采用的举措；通过提高各参与方的全面整合治理能力有效地防止土地流转过程中问题的出现或重演；用可持续发展的方法开展土地流转，使耕地能够在复兴农村的过程中长期发挥效用。第二，全面统一的整合治理。土地流转仅仅是实现农村复兴的举措之一，这一举措与其他举措密切相关，管理者将土地流转方面的单一管理方式改进为全面统一的整合治理方式。其中包括统一的战略、政策、危机管理计划、组织安排、资源支持系统等的制定。[①] 第三，全面风险的整合治理。全面风险的整合治理是指在推进土地流转的过程中将这一举措与政府治理总规划中的每一个方面进行有机整合。[②] 管理者将土地流转视为

---

① 张成福、党秀云：《公共管理学》，中国人民大学出版社2007年版，第306页。
② 同上书，第307页。

整体行政运作的重要组成部分,而非一种孤立的活动。第四,负责任的土地流转参与者。政府、村组、私营部门和农户这四者具有强烈的责任意识和危机意识,四者共同构建借助土地流转实现农村复兴的文化和环境;官方积极地领导变革,通过制度、政策和管理的创新来推进土地流转进程,并加强与私营部门和农户的沟通,获取他们的信赖;使私营部门和农户积极地支持各种计划和项目。

　　H市借助土地流转推进农村复兴这一过程中构建以"四位一体"为特征的全面整合治理体系,其意义主要有:第一,充分利用H市土地资源。以市场角度考虑,加快土地流转进程能够将小农经营转向较大规模的集约经营,不失为提升经济效率之举。H市土地流转的增强能够促使闲置劳动力和闲置土地合理运用,从而充分利用H市的土地资源,避免了土地资源的闲置或浪费,为H市政治、经济和社会的健康快速发展创造条件。第二,减小H市贫富差距,促进政治稳定与社会和谐发展。H市的正确土地流转的有效运行,能够促进土地资源的合理配置,增加缺地农户的收入,减小H市农户内部的贫富差距,在这一基础上加快H市经济发展,减小H市与东部经济发达地区之间的差距,从而有效地促进我国政治稳定与社会和谐发展。第三,推进H市经济发展,增强政府财力。H市的正确土地流转能够促使土地资源得到有效利用、农户增产增收,在这两者的基础上,H市经济的发展速度能够得到提升,进而增加H市政府的财政收入——增强政府财力。第四,标志着我国基层治理模式的转变。过去一百年间,我国的土地所有制状况从地主占据绝大部分土地到农民打土豪分田地,20世纪50年代转变为集体所有制,20世纪70年代末开始转变为家庭联产承包责任制,近年来则开始大范围出现流转现象,国家随之逐渐放松对土地流转限制,此举意味着我国基层治理模式开始出现转变:在借助土地流转推进农村复兴的进程之中提高对私营部门和农户的重视程度,促使当前农村地区存在的一元化治理模式开始转变为多元治理模式(多元治理模式的要素之一是治理主体的多元)。第五,小农经济的存在使土地被分割为小块，农业机械难以进入这些田地进行耕作，引入新技术的难度较大。小农经济的存在是农村衰败的重要成因，因此，为了实现农村复兴，必须采取措施消解小农经济。开展土地流转能够为规模化种植业的发展奠定基础，进而消解小农经济、提升土地利用率，为农村复兴创造有利条件。第六，随着我国城市化进程的推进，大量农村青壮年外出务工，老幼则留守于农村，农村的发展缺乏人力、物力和财力。开展土地流转则能够为农村的复兴提供所需的人力、物力和财力。第七，在我国增强综合国力的过程中，必须保障粮食总量，但是，在缺乏农村劳动力的情况下，极难为粮食总量的稳定提供保障。这一问题的解决有赖于借助土地流转开展规模化种植业，应用机械和新技术为粮食总量的稳定提供保障。

五 土地流转与乡村经济社会发展

H市在推进农村复兴进程中所借助的土地流转呈现出五种模式，分属五个阶段，最高阶段的土地流转由政府主导，其发展趋向是全面整合治理的土地流转。除多种模式、多个阶段之外，H市的土地流转还存在多种诱发因素、多种方式、多种特征，且受多种因素的影响。

国家治理体制的现代化与社会发展水平密切相关，农村（政、经）自主权的良好运用（即自治能力的提升）则与农村社会发展水平密切相关，从当前的情况来看，土地流转能够有效地提升农村的社会发展水平。复兴农村的关键在于增强农村竞争力和发展动力，农村竞争力和发展动力的提升，则有赖于我国国家与社会关系的转变，具体表现之一是将基层现存的一元化治理模式转变为多元化治理模式。

国家与社会之间的关系存在四种类型：弱国家强社会（中世纪时期的欧洲国家）；强国家弱社会（东方国家大多是这种类型）；

强国家强社会（西方发达国家大多属于这一类型）;① 弱国家弱社会（以索马里为代表的失败国家）。目前，我国不同地区展现出的国家与社会关系有较大差别：整体来看，东部省份即将完成从第一种类型向第二种类型的转变，中部省份正处于从第一种类型向第二种类型转变的进程之中，西部省份则刚开始从第一种类型向第二种类型转变，前述将现存的一元化治理模式变更为多元治理模式是这种转变的表现之一。

我国西部省份现存的强国家弱社会模式是这些省份土地流转未能快速推进的关键成因——这种模式之下，社会自治能力很弱，难以为土地流转的开展提供足备的推动力。多元治理模式的兴起是我国西部省份现存国家与社会关系发生转变的表现之一，也是优化H市土地流转状况、推进西部农村复兴的关键。H市借助土地流转推进农村复兴这一举措，增强了将现存的一元化治理模式变更为多元治理模式的推动力（实质上是国家与社会关系转变的推动力），同时，正在逐步构建的多元治理模式也为优化土地流转状况提供了助推力，二者之间呈现出一种相互促进的关系。值得注意的是：目前，H市在借助土地流转推进农村复兴的过程中所构建的由政府主导的土地流转主要包括三个参与主体：政府、私营部门、农户。这三个主体中的政府实质上包括村委会和小组：H市的县乡村所存在的治理依然是一元化的治理，国家对社会的控制力依然非常强。在推进一元化治理向多元化治理转变的过程中，这种政府主导的土地流转的参与主体有必要变更为四个：政府、村组、私营部门、农户。由此形成一种"市、县（区）、乡（镇）政府指导；村组协助；农户自愿；农户在村组的协助下作为整体与私企对接"的土地流转模式，借助这种土地流转增强社会自治能力，推进我国西部省份国家与社会关系的转型，提升这些省份国家与社会关系的发展水平。村组与政府的分离，使土地流转的三个主体变为四个主体，村组受政府指导而非领导，其自治能力在

---

① 杨光斌：《政治学导论》，中国人民大学出版社2007年版，第107—108页。

土地流转过程中得到有效提升，能力提升后，再恢复到三个主体的可能性极小。将村组正式纳入全面整合治理体系，能够将单个的农户整合为集体，有助于增强农户的整体实力，并增加农村治理过程中的参与主体，为一元化治理模式向多元化治理模式的转变及这一基础上国家与社会关系的转型创造有利条件。

H市土地流转进程中值得注意的情况之一是：政府选定为土地流转试点的地方，土地流转状况明显优于其他地方，呈现出一种两极化状态。这一点反映出：现存的国家与社会关系（表现之一是一元化的治理方式与思维），直接影响了该市土地流转状况——政府重点扶持的地区，土地流转状况极佳，反之则极差。换言之，由于农户的治理能力不够强，其所处地区土地流转状况的良好与否，最重要的影响因素是政府是否领导有方，这一情况明显是强国家弱社会的表现。土地流转过程中所显现出的农户自治能力尚弱（即社会自治能力较弱）这一问题，是H市借助土地流转推进农村复兴进而转变国家与社会关系的过程中必须加以重视的问题。

H市土地流转过程中呈现出的两极化状态，并不意味着应该进一步提升政府的干预能力（此举会进一步强化现存的强国家弱社会模式），恰恰相反，要从本质上、一劳永逸地解决这一问题，必须将现存的强国家弱社会模式转变为强国家强社会模式，最重要的举措是将一元化治理模式转变为多元化治理模式，以此来提升农村的自治能力：首先，农村的自治能力弱，则难以自主推动大规模的土地流转，换言之，农村自治能力的提升有助于农户自主开展大规模土地流转。若不将一元化治理模式转变为多元化治理模式（即政府一直"输血"，而不培养农村的"造血"能力），农村的自治能力难以有效提升，自主发展能力无法培育出来，当政府难以继续为农村的发展提供有力的支持之时，农村会继续衰败。其次，一元化治理模式之下，土地流转形式较为单一，多元化治理模式的构建，将村组、私营部门和农户有效地纳入治理进程之中，能够为培育多种土地流转形式创造条件，以更好更快地推进土地流转，进而加速农村复兴及国家与社会关系转型的过程。最后，一元化治理模式和小农经济这两者是引致当前农村衰败的关键原因，延续甚至强化这两者，必然走上路径闭锁的道路，对这两者加以改变才能够使农村的治理走上路径依赖之路，这就需要以多元化治理模式替代一元化治理模式、借助土地流转实现规模化种植以消解小农经济，在这一基础上实现国家与社会关系的快速转型。

第 六 章

农村权威[*]

　　十八届三中全会提出改革的总目标是"完善社会主义制度，实现治理能力和治理体系的现代化"，其最终的指向是"真正实现社会和谐稳定、国家长治久安"。基层治理是国家治理体系的重要组成部分，农村社区[①]是基层的基层。农村权威事实上是确保"社会和谐稳定、国家长治久安"的各种国家宏观政策的末梢执行者，是农村社区内公共物品供给的组织者，是农村社区的利益表达者。换言之，农村权威尽管不是正式的公务员，却承担着各种行政性任务在农村社区内的执行和落实。另外，农村权威又是村民，他们必定生长在农村，遵守着传统性很强的农村社区的行为规范和生活习俗，自觉或不自觉地、愿意或不愿意地代表和表达着农民的利益和偏好。威尔逊和古德诺等西方学者对政治与行政进行了区分，并认为政治是公共意志的凝聚和表达，行政是公共意志的执行。虽然在现实中，政治和行政很难截然分开，但一定程度上的区分和平衡是需要的。农村权威身兼国家共同体意志的执行和农村社区利益表达的双重功能。农村社区的发展和演变的历程是什么？农村权威的双重性与农村社区的形成和发展有什么关系？农村权威实际具体形态（不是大致轮廓）究竟是什么？他们在现实的时空背景下到底发挥

---

[*] 本章由程文侠执笔。
[①] 社区的英文是 community，又译为共同体；前者在中文的语境中偏重于区域内人们生活上的交往性，后者偏重于人们的共性。本章在行文中对两者不作区分，交相选用。

着什么样的作用？他们有什么样的无奈和局限？他们未来的发展和演化方向是什么？本章试图运用对 H 市 XY 村的实地调研材料，对这些问题有所回答。当然，作为一项学术研究，笔者时刻提醒自己，努力提炼调查材料所具有的共性方面的东西。可是，由于笔者自身水平有限，可能做不到一叶知秋。

  本章所论述的权威，除特殊说明外，指的是共同体中拥有特殊影响力的人物，他与一般成员之间的影响力关系虽然是相互的，却是不对称的，他多多少少得到共同体成员的某种程度、某种方式的认可，从而可以推动共同体的事务的解决。本章的主题"权威"之所以没有用"乡村"这个词去做定语，是因为本章的背景是现代化和社会秩序的转型。而"乡村"这个词的原生性和传统性太强，不足以表现现代化力量所引起变化的剧烈性。当然，本章也会借鉴学术界有关乡村权威的研究成果。因此，在本章的语境之下，农村权威和农村精英的内涵有相通之处，只不过农村权威突出的是一种不对称的关系结构，而农村精英强调的是其与农村群众的分野。因此，本章中所论述的农村权威是根据影响力资源的多寡来定义的，重点解释在农村现代化过程中权威与权威、权威与民众之间的互动关系。需要强调的是，本章所指的农村权威虽然是人物，但是更着重于人物所组成的关系结构。因此，虽然本章的农村权威虽然主要是指"体制内"的人物，但是也容纳"体制外"的人物。另外，本章的"权威"虽然主要讲的是个体，但也涉及具有相对数量"影响力资源"的集体。

一　乡政村治

  结构主义认为，一个地方的社会、经济等发展状况在很大程度上决定了其政治治理形态。因此，在分析 XY 村农村权威之前，有必要把 XY 村的基本情况做一个简要的介绍。

1. 地理和人口

XY村地处J镇L河以南,与JS村、SY村毗邻,属集镇规划村,距离J镇政府所在地约为1公里,距离N县约为15公里,距离H市约为30公里,交通较为便利,村平均海拔550米,村内地势平坦,村北面有巴山群岭绵延而过。村内耕地面积565亩,山林面积350亩。全村有6个村民小组,255户,937人。其中,第一组55户,213人;第二组44户,168人;第三组51户,190人;第四组42户,154人;第五组,26户,88人;第六组,37户,124人。第一组位于通往J镇的JS桥边,毗邻JS村;二组位于一组的东南方,离一组较近;三、四组在一、二组的东边,五、六组的西边;五、六组紧挨SY村。较南方平地村落而言,XY村分布的是较为分散的,村内的稻田、菜地把各个村民小组隔开。相邻的村民小组之间都有长短不一的距离。然而,XY村在焦山桥村口的河滩地上整治出一片地来卖给了村民做宅基地。据说,这里原来是公社时期村里晒谷子、打稻草的地方,其中有一部分还是别村的地方。后来,在现任村支书的运作下,把这块地全弄了回来,并进行了集中的规划,在按块出售给村内居民作宅基地。因此,村口整齐的一排排房子里其实住了原来村内各组的人。所以,从大路一走进XY,看到的全是规划整齐的新房子。可是,一旦走进去就没有那么美观,像南方很多农村一样,房屋多是沿着路边而新建的。而老房子也被庄稼给包围着。

XY村的村名虽然是"X"字,但是村内X住户并不占主导优势,大约占到了总住户的四分之一到三分之一,并且多集中在第一村民小组。然而,其他姓氏的住户众多且高度分散,有韩、陈、张、王、瞿、杨等大小数十种姓氏。因此,X姓虽然没有占到村内绝大多数,但仍然是XY村第一大姓。

2. 经济、社会和文化

XY村的人均纯收入在2013年首次超过1万元,达到10570元。村内主要种植水稻(一季)、油菜和蔬菜,另外还有一些不成规模的养殖业。但是农业已然不再是 XY 村的支柱产业，劳务输出成了 XY 村的支柱产业。

马克思主义认为，经济基础决定上层建筑。经济基础的变化在很大程度上决定了人们思想观念和行为方式的变化。像很多中国中西部农村一样，XY 村近年来经历了经济基础的快速变迁，以前只有零星的外出务工人员，现在村内大约有三分之一的人口进城务工经商，并且绝大多数是青壮年劳动力。XY 村农民人均纯收入的三分之一以上是工资性收入，第一产业家庭经营性收入不到七分之一（见表 6-1）。囿于各种条件的限制，笔者并没有获得 XY 村之前的经济数据。但是，我们有理由假定同时期的 XY 村的经济结构只会比费孝通所论述的开弦弓村具有更浓重的小农性。费孝通认为开弦弓村"极少有完全不干农活的人"[①]，"占总户数约76%的人家以农业为主要职业"[②]。且不用那些外出的 XY 村青壮年村民极少干农活，即使留在村内的老弱现在也很多不会那么辛苦的干农活。现代化的机械、水利已经使得留在村内的农民很大程度上摆脱了繁重的农活。当然，费孝通所论述的"职业"是以"农户"为单位的，和表 6-1 的农民人均纯收入还不能直接转换。但是，考虑到当时人口流动很少，"总户人家"的"农业职业"大致可以等于农民的农业收入。因此，我们可以推断 XY 村的经济基础在近几十年内经历了天翻地覆的变化。

表 6-1　　　　　　XY 村农民人均收入情况表　　　　　　单位：元

	2010 年	2011 年	增减（%）
农民人均纯收入	8015.03	8572.43	6.95
工资性收入	3459.1	3176.27	-8.18

[①]　费孝通：《江村经济——中国农民的生活》，江苏人民出版社1986年版，第11页。
[②]　同上。

续表

	2010 年	2011 年	增减（%）
在非企业组织中劳动所得收入	368.36	433.9	17.79
在本地内劳动所得收入	41.81	587.57	1305.33
外出从业所得收入	3049.93	2154.8	-29.33
家庭经营性纯收入	4423.73	5179.21	17.08
第一产业	1220.9	884.18	-27.58
第二产业	271.19	406.78	-50.00
第三产业	2931.64	3888.25	32.63
财产性纯收入	58.76	135.59	130.75
转移性纯收入	70.45	81.36	110.77

资料来源：XY 村村委会统计表。

与经济基础改变相适应的是，现在的 XY 村文盲和半文盲已经是绝对少数，超过一半的成年村民接受过初中教育。村内基本上家家有电视，电话和手机也相当普及，甚至有几户人家安装了宽带网络。应该说，XY 村现在的村民在交流和娱乐方式上，与他们的先辈们有很大的不同。

整体而言，虽然 XY 村没有集体经济收益，但是其各项基础条件都是不错的。2009 年被列为市级新农村建设示范村，2010 年被列为清洁工程重点村，2011 年被列为县级"关心空巢老人、关心留守儿童"示范点。

3. 村治结构

XY 村的村治结构是以村支书为核心，以党支部和村委会为两翼，以村民小组长、村民代表会议、全体党员会议为支撑的。其中村、组干部是有薪酬的。（见表 6-2、表 6-3）

表 6-2　　　　　　XY 村 2009 年村干部实发工资表　　　　　单位：元

姓名	职务	月工资	总金额
XCL	支部书记	300	3600
XWY	村主任	300	3600
HL	妇女主任	300	3600
RMH	会计	300	3600
合计			14400

资料来源：2014 年 4 月调研材料。

表 6-3　　　　　　XY 村 2009 年组干部实发工资表　　　　　单位：元

姓名	职务	组别	月工资	总金额
XJC	村民小组长	1	58	696
XWH	村民小组长	2	55	660
XMC	村民小组长	3	56	672
HZA	村民小组长	4	50	600
CSQ	村民小组长	5	37	444
ZMS	村民小组长	6	45	540
合计				3612

资料来源：2014 年 4 月调研材料。

另外，在 XY 村有一个服务期为三年的大学生村官也是有薪酬的。不过，大学生村官是由组织部门招募、管辖和考核的，其薪酬不直接纳入一般村、组干部的管理体系。但是，无论是一般村组干部的薪酬，还是大学生村官的薪酬，都是由政府有关部门下拨和发放的。因此，村干部薪酬的发放常被认为是乡镇政府控制村干部的一种手段①，从而成为基层群众自治组织行政化和科层化加强的标志。②

但是，每逢村内有什么大事难事，往往在村支书的提议下，经过村"两委"成员的同意，召开党员全体大会，并在大会上要求党员签到。（见表6-4）

表6-4　　　　　　2010年XY村党支部党员点名花名册

序号	所在村民组	姓名	性别	民族	出生日期	月	日	月	日	月	日
1	XY村1组	XCL	男	汉	19561101						
2	XY村3组	XWY	男	汉	19500211						
3	XY村6组	RMH	男	汉	19491201						
4	XY村1组	XJC	男	汉	19480701						
5	大学生村官	WT	男	汉	19860102						
6	XY村1组	CMY	男	汉	19430101						
7	XY村1组	CMZ	男	汉	19330701						
8	XY村1组	LGY	女	汉	19430201						
9	XY村1组	XFY	男	汉	19360501						
10	XY村2组	XWJ	男	汉	19470301						
11	XY村2组	ZZZ	男	汉	19340701						
12	XY村2组	HZZ	男	汉	19330301						
13	XY村2组	HZD	男	汉	19310301						
14	XY村3组	LYQ	男	汉	19470501						
15	XY村3组	XMC	男	汉	19571001						
16	XY村3组	XWB	男	汉	19410701						

① 赵树凯：《乡镇治理与政府制度化》，商务印书馆2010年版，第181页。
② 同上书，第192页。

续表

序号	所在村民组	姓名	性别	民族	出生日期	月	日	月	日	月	日	月	日
17	XY村4组	HZC	男	汉	19511101								
18	XY村4组	HZY	男	汉	19591201								
19	XY村4组	HZO	男	汉	19430901								
20	XY村4组	MBM	男	汉	19480501								
21	XY村5组	QSB	男	汉	19640901								
22	XY村5组	LZC	男	汉	19430901								
23	XY村5组	RGS	男	汉	19660701								
24	XY村5组	YZQ	男	汉	19530801								
25	XY村5组	ZPH	男	汉	19600901								
26	XY村6组	QDF	男	汉	19331201								
27	XY村6组	ZBS	男	汉	19471012								
28	XY村6组	ZFL	男	汉	19480901								
29	XY村6组	ZMR	男	汉	19471001								
30	XY村6组	ZLR	男	汉	19411001								

资料来源：2014年4月调研材料。

从XY村的党员点名花名册中可以看出，XY村30个党员在各村民小组中的分布相当平均。其中，1组是6个党员，2组是4个党员，3组是4个党员，4组是4个党员，5组是5个党员，6组是6个党员，外加1个大学生村官党员，总共30个党员。这和X姓为主的村"两委"干部群体相比，反差是比较强烈的。[1] 因此，党员大会其实有意无意间成了XY村各村民小组的利益代表机构。另外一个突出的现象是，XY村的党员群体都年纪偏大。30个党员中只

---

[1] 在XY村的4名村干部中，除了RMH之外都是属于许姓家户的。妇女主任HL虽然自己不姓许，但是其丈夫是姓许。

有 4 个人是 1960 年以后出生的，1950 年以前出生的有 20 个。

二 传统与现代

中国的农村正处于快速的现代化进程中，因此其传统性的一面尽管逐渐受到现代化的侵蚀，但是其作用仍然是不可无视的。本节将讨论农村权威的这种传统和现代并存的两面性。

1. 农村社区

权威是属于团体的权威，团体是权威的皮，权威是团体的毛。我们讨论农村权威当然首先要讨论产生农村权威的农村社区（community）。

对中国传统农村的研究者大都有个天然的假设，即单个的农户是归属于某个团体的，而这个团体无论是杜赞奇的"权力的文化网络"[1]，还是费孝通的"乡土"[2]，抑或王沪宁的"家族村落"[3]，都是给予农民以公共物质福利和生活安顿感的事物。换句话说，已有的研究假定农民天然属于某个共同体（community），在这个共同体之内获得生存和生活所必需的公共品。然而，这个假定是值得商榷的。杜赞奇、费孝通和王沪宁所运用的理论概念是以他们各自所掌握的实证材料为基础的。而实证材料的获得是与调查对象的可及性息息相关的。杜赞奇的"权力的文化网络"所运用的材料是南满铁道株式会社编辑而成的《中国惯性调查报告》。我们有理由推断，这些殖民者的调查很可能只是对交通比较便利的农村基本情况的反映。并且，可能由于时间等因素的约束，他们会把精力主要集中在比较成规模的村庄上。而费孝通作为中国本土社会科学的开拓者，虽然他在田野调查上用力甚深且成果丰硕，但作为一个人类学家，

---

[1] 杜赞奇：《文化、权力与国家——1900—1942 年的华北农村》，江苏人民出版社 1994 年版。
[2] 费孝通：《乡土中国》，江苏文艺出版社 2007 年版。
[3] 王沪宁：《当代中国村落家族文化》，上海人民出版社 1991 年版。

其关注点在于业已成型的社区（community），会有意无意地忽视了散居的农户，不会去关注可能成长为社区的一家家散居的农户。王沪宁的资料来自20世纪80年代复旦大学师生的调查报告，虽然无从考证其调查"村落"选择的依据，但是交通的便捷性以及其与调查者的私人联系应该是重要的影响因素。因此，其关注的村落也是有一定局限性的。当然，我不是说我们的调查没有受到交通因素的影响，也不是说我们的调查对象与我们没有私人联系。我们的调查肯定有我们的局限，但是我们的局限可能会对既有的研究作出一定的补充。

由于调查时间有限，我们无法对XY村的历史进行详尽的考察。但是，对XY村既存现状的分析可能有助于我们对其过去的推测。

我们对XY村的调查多多少少是带着预设而来的。然而，与我们的预设形成反差的是，这里并没有发现传统的宗族势力的痕迹。村中没有祠堂，村民也没有族谱。另外，XY村的传宗接代的观念并不是很强烈。存在一个相互区别又有一定联系的现象：村里有不少人家无男嗣，其中现任村支书就只生了两个女儿；村里有不少家户是有上门女婿的。通常人们认为中国祖宗崇拜和子嗣传接的观念是把传统农民整合进村庄社区的纽带，在村庄社区内得到物质和精神的公共物品，而农村权威或多或少，或直接或间接都借助这一观念来加强其权威地位，并主持村庄公共物品的生产和供给。当这一论断普及一定程度，以至于人们把其作为不言自明的真理的程度，从而放弃了对这一观点的学理上的辨析。在此，笔者无意挑战这一观点的主流地位，而是试图指明这一观点虽然具有广泛的解释力，但是绝非能涵盖一切中国农村。

由于调查时间有限，我们无从判断XY村是一直没有祠堂和族谱，还是因为在新中国成立后的政治运动中毁掉了而没有修复。但是，从XY村舆论对于无男嗣户和倒插门的包容，应该能大致推断出XY村一带祖宗崇拜和传宗接代的观念并没有如一般推测的那么强烈。为什么会出现这种情况？是因为 XY 村的村民外在于中国传统文化之外，以至于他们并不把传宗接代当作生命的重要任务？还是说 XY 村的村民受到了更大的压力，从而把一般人认为的人生使命放在了稍微次要的位置上？中国数千年的帝制统治，使得大小传统不断对流，很难想象距离早期中华文明中心长安不远的地方能够外在于中国传统文化之外。XY 村无男嗣户不多的事实也从另外一个方面表明，村民不是没有传宗接代的观念，而只是相比较而言没有那么强烈。是相比较什么才使得 XY 村的村民淡薄了普通人持有的信仰呢？答案很可能是生存压力。所谓"衣食足而知礼节""民无恒产因无恒心"。

  XY 村农田资源的生存限制来自四个方面，即南面的 L 河、北面的 BS 支脉、东面的 SY 村、西面的 JS 村。其中，除非发生天下大乱，否则东西两面正方边界是无法逾越的，与 SY 村和 JS 村接壤的良田早已获得各方承认。剩下的只有 L 河河滩和 BS 支脉的山麓。我们无从考证 SY 村到底从山麓地开垦出多少田地，但是从村口河滩地改建的四排房子可以大致推算出开垦的山麓荒地绝对不是一笔小数目。据说，以前的 L 河是没有河堤的，一遇大雨，河两边的农作物就很难保证收成。另外，不像南方下游的河流，洪水冲击过后会留下肥沃的土壤。L 河是 BS 上的溪流汇集而成的，现在所观看到的河旁边也多是些小碎石，并没有什么土壤。因此，河滩地收益小、风险大，经济价值不大。村口的河滩地因为地势比较高，且相对平整，就被当时的大队留作"晒谷场"，现在这块地已被村委会卖给了各组村民作宅基地。这块地总共有整齐的四排房子。据说这四排房子的宽度和就是大致原来河滩地的宽度。现在，其他的河滩地早已被开垦为良田，种上了农作物。2010 年，XY 村申请到了一个项目扶持资金，把这块地统一规划为蔬菜种植基地，并对这块地面积大小进行了统计。除了六组以外，XY 村的五个村民小组的村民都在河滩上开垦了荒地，总共有 66.831 亩。（见表 6-5）

表 6 – 5　　　　　　　　2010 年 XY 村河滩地土地统计面积表

序号	姓名	面积（亩）	组别
1	HQF	0.44	一组
2	XWZ	0.61	一组
3	XJG	0.49	一组
4	XMX	0.51	一组
5	CZH	0.63	一组
6	XFM	0.68	一组
7	XWY	0.37	一组
8	CYH	0.36	一组
9	CY	0.18	一组
10	XHB	0.5	一组
11	XFQ	0.3	一组
12	XJC	0.61	一组
13	WZM	0.6	一组
14	XCQ	0.56	一组
15	XJT	0.64	一组
16	XMY	0.55	一组
17	XCS	0.56	一组
18	XJL	0.37	一组
19	XCJ	0.4	一组
20	XZZ	0.57	一组
21	LCQ	0.67	一组
22	XPE	0.28	一组
23	MCH	0.53	一组
24	CXQ	0.57	一组

续表

序号	姓名	面积（亩）	组别
25	XWJ	0.47	一组
26	XWJ	0.58	一组
27	XHY	0.35	一组
28	WMS	0.49	一组
29	XJH	0.52	一组
30	XJF	0.62	一组
31	XHW	0.44	一组
32	XQW	0.16	一组
33	ZHH	0.35	一组
34	XJC	0.59	一组
35	WZX	0.32	一组
36	LLM	0.27	一组
37	XJA	0.37	一组
38	LGY	0.47	一组
39	XJH	0.14	一组
40	XCY	0.62	一组
41	XQW	0.33	一组
42	ZYZ	0.13	一组
43	XCL	0.49	一组
44	CMZ	0.69	一组
45	WZY	0.3	一组
46	XBC	0.19	一组
47	HQH	0.35	一组
48	CLL	0.62	一组

续表

序号	姓名	面积（亩）	组别
49	CMY	0.15	一组
50	WQH	0.64	二组
51	CJF	0.4	二组
52	CHZ	0.27	二组
53	ZJM	0.828	二组
54	HZW	0.735	二组
55	YYY	0.56	二组
56	HPS	0.57	二组
57	HEH	0.39	二组
58	WYQ	0.45	二组
59	ZHF	0.33	二组
60	YYJ	0.27	二组
61	HDW	0.55	二组
62	ZZD	0.46	二组
63	HXY	0.637	二组
64	HRC	0.4	二组
65	LZM	0.58	二组
66	TJP	0.59	二组
67	XWJ	0.65	二组
68	HSN	0.84	二组
69	LXY	0.29	二组
70	HLE	0.52	二组
71	LJF	0.275	二组
72	XWH	0.81	二组

续表

序号	姓名	面积（亩）	组别
73	YYQ	0.28	二组
74	HZY	0.39	二组
75	JPE	0.31	二组
76	ZYH	0.796	二组
77	DSY	0.37	二组
78	ZMH	0.16	二组
79	WGS	0.26	二组
80	HR	0.25	二组
81	XWC	0.54	二组
82	ZM	0.4	二组
83	ZMY	0.39	二组
84	YLF	0.36	二组
85	HRX	0.44	二组
86	LCF	0.38	三组
87	XGQ	0.32	三组
88	HZW	0.09	三组
89	XDG	0.495	三组
90	XDL	0.185	三组
91	XSA	0.2	三组
92	XWA	0.27	三组
93	XJJ	0.42	三组
94	LWY	0.81	三组
95	XWY	0.29	三组
96	XJZ	0.74	三组

续表

序号	姓名	面积（亩）	组别
97	LRX	0.39	三组
98	XWY	0.4	三组
99	LYX	0.4	三组
100	LYQ	0.97	三组
101	XWJ	0.49	三组
102	XWY	0.93	三组
103	XWX	0.77	三组
104	XJA	0.43	三组
105	XJG	0.06	三组
106	XYG	0.13	三组
107	XXG	0.29	三组
108	XMF	0.29	三组
109	XMW	0.53	三组
110	ZXF	0.52	三组
111	SXB	0.22	三组
112	SXH	0.61	三组
113	XCM	0.44	三组
114	XJG	0.07	三组
115	XJD	0.19	三组
116	XJG	0.08	三组
117	LQL	0.31	三组
118	XJF	0.26	三组
119	ZYF	0.46	三组
120	XBW	0.47	三组

续表

序号	姓名	面积（亩）	组别
121	XMC	0.43	三组
122	XWB	0.41	三组
123	XJX	0.39	三组
124	SCC	0.27	三组
125	SDW	0.1	三组
126	XWK	0.16	三组
127	SXM	0.44	三组
128	CJC	0.07	三组
129	SXH	0.26	三组
130	XGQ	0.24	三组
131	DZY	0.27	四组
132	HZG	0.37	四组
133	YGL	0.6	四组
134	ZXY	0.28	四组
135	HZX	0.65	四组
136	MXP	0.71	四组
137	LHY	0.25	四组
138	JQH	0.41	四组
139	HZF	0.26	四组
140	HZZ	0.39	四组
141	LXY	0.42	四组
142	HYP	0.33	四组
143	YZX	0.26	四组
144	YHM	0.2	四组

续表

序号	姓名	面积（亩）	组别
145	CLS	0.38	四组
146	YZJ	0.22	四组
147	HZF	0.21	四组
148	JHM	0.38	四组
149	YB	0.19	四组
150	LHZ	0.31	四组
151	HZF	0.34	四组
152	HZA	0.36	四组
153	YZM	0.2	四组
154	LYY	0.2	四组
155	JT	0.2	四组
156	RDA	0.3	五组
157	RGJ	0.3	五组
158	LBQ	0.1	五组
159	RMC	0.15	五组
160	QBM	0.41	五组
161	LZH	0.21	五组
162	CDQ	0.17	五组
163	CDP	0.42	五组
164	CDQ	0.26	五组
165	ZLA	0.16	五组
166	YZM	0.3	五组
合计		66.831	

我们虽然无法获知山麓地开垦的确切数据，但从现场的观察来

看，其总面积与河滩农地相比肯定是有过之而无不及的。如果我们暂且假定 XY 村山麓地的开垦是和河滩地一样多，那么 XY 村所开垦的田地总共 130 余亩，超过 XY 村总耕地面积 565 亩的五分之一。如果再考虑到以前水利灌溉设施的缺失和落后，我们有理由推算 XY 村可能真正能够有比较稳定产出的良田耕地可能不会超过现有耕地的一半。也就是说，XY 村早已经历了地少人多的突出矛盾。其实，据黄宗智的研究显示自明代开始中国长江三角洲地区就已缺少待开垦的耕地，这个地区经历了"农业的过密化"，实现的是"没有发展的增长"[①]。农业的过密化固然是解决人地矛盾的一个方法，但是农业不管如何过密总会有一个极限值。因此，向外移民始终是解决人地矛盾的一个重要方法。

我们的调查无从获知 XY 村村界内是那些现在村民的祖先最早来到这里，但是 XY 村腹地容不下一个发育完整的传统村庄社区应该是一个不争的事实。据费孝通对新中国成立前苏南富庶地区的调查显示，一个由户均四口组成的村庄，每户 10 余亩土地，仍然感受到"相当重的人口压力"[②]。而苏南被普遍认为是粮食高产区，并且种的是两季稻。而陕西 H 市种的是一季稻。因此，单位土地的承载人口肯定是大大低于苏南地区的。所以，我们有理由推断，在 XY 村村界内，新中国成立前的耕地很可能养活不了 25 户以上、100 人以上的人口。这样的地界范围内，要么不足以形成一个农村共同体，要么不足以产生"乡绅"和"地方权威"[③]，又或是两者都是。因此，在 XY 村村界内的以前村民要么是马克思所说的自顾自的"马铃薯"，要么根本没有运用私人财富承担村界范围内公共

---

① 黄宗智：《长江三角洲小农家庭与乡村发展》，中华书局 1992 年版，第 11 页。
② 费孝通：《江村经济》，江苏人民出版社 1986 年版，第 25 页。
③ 无论是费孝通的"乡绅"，还是张静的"地方权威"，都被认为是需要掌握相当量的财富，并且具有一定的功名。如果考虑到功名的获得仍然是以相当量财富为前提的话（据说以前有个谚语叫"穷养猪，富读书"），那么我们就更有理由推断 XY 村村界内很难产生这种类型的农村权威。（参见费孝通《乡土中国》，江苏文艺出版社 2007 年版；张静《基层政权》，浙江人民出版社 2000 年版。）

品供给的"乡绅"。从 XY 村的户主姓氏分布来看，我们倒是有一定的理由推测可能是两者都是。

XY 村占地约为 1.2 平方公里，据说原来有 5 个自然村（现在是 6 个村民小组）。每个小组大致成为一个聚落，且小组之间并不是相连的，相互之间是有一定距离的。据了解，XY 村在 2009 年开始了"新农村建设"，对村内的主干路进行硬化，据测量这条公路长达 2000 米。当然，主干道虽然是一条贯穿 XY 村的道路，但并不是完全的横直，并且村头村尾都是有一小段路旁边是没有农户的。然而，我们还是从这条路的长度上大致能够判断 XY 村各小组之间的横向距离。仅凭一条主干道的长度也许我们可以知晓 XY 村首尾两个村民小组的横向距离，但是仍然不能获知农户的散居的程度。2010 年，XY 村修建了一组和五组的通组公路，总长度约为 1000 米。所谓通组公路指的是村民小组所在的聚落通往村内主干道的公路。综上所述，XY 村的各村民小组之间的分散程度可见一斑。值得补充强调的一点是，XY 村村尾的六组与隔壁的宋营村只有数十米之隔。

虽然我们不能说居住分散就一定是一个地方缺乏整合的标志，就是这个地方没有形成共同体（community）的象征。但是，从散居的程度上我们还是大致上可以判断一个地方的整合程度、共同体（community）的向心度。因为聚居不但可以提高人身和财产的安全度，而且还可以提高土地的利用效率。居住集中了，村民之间就更可能相互照看。农田连片，水利设施和耕作器械就能更好地发挥作用。之所以会存在一个有限地方农户呈散居状态，很可能是这个地方欠缺"社会资本"[①]，欠缺共同体（community）观念，也就没有所谓的"地方权威"。经济学中有个常识，说的是一项安排尽管长期而言有利于参与各方，但是短期内收益是有限的，并且还存在安排变迁的成本。因此，如果各方没有一个利益共同体观念，没有一

[①] 虽然学者们对"社会资本"的定义各殊，但是一个基本的内容是指个体和团体间的关系网络和信任所带来的生存和发展的资源。

个权威来主持变迁，就会存在各种没有效率的安排。① 所以，很可能的情况是，像早期的北美殖民者一样，在现在 XY 村这个地界内，有几户人家先后在这里落户，各自占定了一块地方，这块地方既是他们各自的生活区域，又是他们的生产区域，彼此之间的交往有限。有所不同的是，北美人口压力较小，农业从未"过密化"。而 XY 村以组为单位的聚落形态，很可能是在人口压力，原先的农户有亲戚朋友投靠，或者是后代子孙繁衍，逐渐而形成现在的样子。

因此，我们必须破除一个误区，以为具体某某农村天然的是一个共同体（community），天然的存在一个协调各方利益、主持村级公共产品供给和分配的权威。其实，我们现在讲的某某村很可能只是一个地域的概念，就像第二次世界大战后涌现的很多第三世界国家，可以说他们是 state，但却不是 nation-state，因为他们没有一个共同的民族文化。换句话说，他们不是一个天然共同体（community），没有一个传统的权威来对地域内的成员进行整合。

这个推测也被我们所获得的另外一个资料所证实。在我们所获得的 XY 村 251 户户主名单中②，虽然许姓是第一大姓，但是其他姓氏众多，且高度分散。（见表 6-6）

表 6-6　　　　　　　　XY 村各组姓氏分布表

序号	姓氏	一组（户）	二组（户）	三组（户）	四组（户）	五组（户）	六组（户）	总计
1	许	34	4	28	0	0	2	68
2	陈	8	2	1	0	3	1	15
3	张	2	4	5	0	2	12	25
4	郭	2	0	0	0	0	0	2

---

① 参见道格拉斯·诺思《制度、制度变迁与经济绩效》，格致出版社 2012 年版。
② 需要说明的是，其中的户主可能是入赘的女婿。但是，因为其人数不会超过总户主数的百分之五。因此，这种情况的存在并不能影响我们对 XY 村姓氏分散的总体评价。

续表

序号	姓氏	一组（户）	二组（户）	三组（户）	四组（户）	五组（户）	六组（户）	总计
5	吴	1	0	0	0	0	0	1
6	廖	1	0	0	0	0	0	1
7	韩	1	8	0	0	0	0	9
8	李	1	3	4	6	1	1	16
9	朱	1	0	0	0	1	2	4
10	汪	1	0	0	0	0	0	1
11	田	1	0	0	0	0	0	1
12	岳	0	3	0	4	0	1	8
13	王	0	3	0	0	2	3	8
14	胡	0	3	0	0	0	1	4
15	柴	0	2	0	4	0	0	6
16	但	0	2	0	0	0	0	2
17	唐	0	2	0	0	0	0	2
18	罗	0	1	0	0	3	0	4
19	刘	0	1	3	0	0	0	4
20	郑	0	1	0	0	0	0	1
21	瞿	0	1	0	0	4	1	6
22	首	0	1	0	0	0	0	1
23	何	0	1	0	0	0	0	1
24	宋	0	0	7	2	2	0	11
25	杨	0	0	1	1	3	0	5
26	殷	0	0	1	0	0	0	1
27	蒲	0	0	1	0	0	0	1
28	黄	0	0	0	20	0	0	20

续表

序号	姓氏	一组（户）	二组（户）	三组（户）	四组（户）	五组（户）	六组（户）	总计
29	穆	0	0	0	3	0	0	3
30	赵	0	0	0	1	1	2	4
31	蒋	0	0	0	1	0	1	2
32	芮	0	0	0	0	4	1	5
33	门	0	0	0	0	0	5	5
34	危	0	0	0	0	0	1	1
35	魏	0	0	0	0	0	1	1
36	兰	0	0	0	0	0	1	1
37	马	0	0	0	0	0	1	1
合计（户）		53	42	51	42	26	37	251

资料来源：2014年7月调研材料。

从表6-6中，我们可以发现XY村共有37个姓氏之多。其中，只有许姓的家户数超过30户；20户到30户之间的姓氏有张、黄两姓；10户到20户之间的有李、宋、陈三姓。10户以下的姓氏有31个，并且其总户数达到了101户，约占XY村总户数的五分之二。所以，XY村根本不是一个宗族社区（community），甚至以前并不具有一样的村名，只不过各家碰巧住在这样的地方。所以，凭借传统的血缘和家族纽带是无法对其地域内的农户进行整合的。

综上所述，在地势平坦的XY村村界内，各农户居住的相当分散，并且其姓氏相当多样。另外，新中国成立前并修建濂水河的河堤，农田也没有现代性的水库和沟渠的灌溉。因此，虽然在XY村地界内居住的村民不是处于"一切人对其一切人战争"的自然状态，但是其生存状态是离"贫穷、孤独、卑污和短寿"[1]的凄惨境

---

[1] 霍布斯：《利维坦》，商务印书馆2012年版。

况不远的。所以，在前现代社会的 XY 村村界内是不会存在所谓的"自发秩序"[①]，不会存在传统性的共同体（community），当然也就不会有张静所论述的传统"地方权威"[②]。因此，如果 XY 村能够称为一个共同体（community）的话，它就会是一个"人为秩序"。这个"人为秩序"是在外力作用下靠指令而促成，为的是满足有限而迫切的目标。大部分不姓许的农民（占 255 户中的 187 户）都有了一个共同的称号——XY 村村民。

2. 农村权威派生的两重性

既然 XY 村社区（community）的性质我们弄得更清楚了，它是一个非市场的共同体（community），弄清其权威的性质也就水到渠成了。但是，到目前为止，我们仍然没有直接论述农村权威的性质。农村权威的两重性中的传统性一面到底是什么，是需要进一步解释的问题。中国 20 世纪的社会主义革命，消灭了乡绅、族长等传统性的农村权威，杜赞奇意义上的"保护型经纪"和"营利性经纪"[③]不复存在。因此，现有的农村权威不是对旧有农村权威的学习模仿，也不是其自然演化。然而，现有的农村权威毕竟是从农民中而来，他们传统性的一面是来自传统的农民性格。尽管 20 世纪的红色革命埋葬了传统性农村权威，但是却没有、也不可能做到改变传统的农民性格。新中国成立后，国家机器尽管使出了全身解数来试图锻造"社会主义新人"。"文化大革命"后家庭联产承包责任制的实行，从一定意义上可以说是国家对于传统农民性的重新

[①] 哈耶克认为一个群体自发演化成一系列规则，使得其内部联系紧密，以至于对一个部分的了解可以推算出其整体。（参见哈耶克《自由秩序原理》，生活·读书·新知三联书店 1997 年版。）

[②] 张静认为传统的基层社会是由于中央管制系统的地方权威所掌控的，他们通常是族长、乡绅或地方名流。他们并不经由官方授权，也不具有官方身份，但是却承担起地方事务的整合任务。（参见张静《基层政权——乡村制度诸问题》，江苏人民出版社 2000 年版，第 18—19 页。）

[③] 杜赞奇：《文化、权力与国家——1900—1942 年的华北农村》，江苏人民出版社 1994 年版。

承认。关于传统农民性格，费孝通在《乡土中国》中进行了出色的阐述：

> 不流动是在人和空间的关系上说的，在人和人在空间的排列关系上说就是孤立和隔膜。……孤立和隔膜并不是绝对的，但是人口的流动率小，社区的往来必然疏远。……（农民）在区域间接触少，生活隔离，各自保持着孤立的社会圈子。①

这种性格也就是孙中山所说的国民性中"私""散"，导致费孝通所说的农民把不必要的生活污水往自己洗菜吃水的河里泼的结果。这种传统的农民性在经济学中有个相似的概念叫"搭便车"②。不过，经济学家是把之作为普遍的人性，而不是某个群体的行为特征而使用的。其基本含义是：个人往往倾向于坐享公共物品的方便和利益，而不考虑这种行为对他人和集体的影响；如果所有人都这样做的话，其最终的结果是公共品供应枯竭的多方共输局面。如果仅仅是这种只考虑个人自己的"理性人"人性起主导作用的话，那么人类社会根本不可能产生文明。人类社会大量存在合作性的行为。经济学家在解释这种行为的时候提出了"选择性激励"③ 和"意识形态"④ 等概念。这种传统的农民性之所以有别于经济学家

---

① 费孝通：《乡土中国》，江苏文艺出版社2007年版，第3页。
② 奥尔森：《集体行动的逻辑》，上海人民出版社1995年版。
③ "选择性激励"是由美国经济学家提出的概念，他认为在一个大的集团中，一个人为集团内的公共物品供给贡献心力往往是得不偿失的。因为这种公共品有非竞争性和非排他性，无论团体成员是否为团体效力都能得到团体的公共产品。因此，一个理性的人将选择"搭便车"。而如果所有的人都这样做，那么这种个人的理性将会导致集体的非理性。所以，团体为鼓励成员为团体的公共产品供给承担成本就会提供有别于所有成员都能享受的公共品之外的"选择性激励"。"选择性激励"分正向激励和反向激励两种，前者指的是为人民所欲的私人物品，后者是对搭便车行为的惩戒。（参见奥尔森《集体行动的逻辑》，上海人民出版社1995年版。）
④ 诺思在《经济史上的结构与变革》第五章中把意识形态和搭便车放在一起来谈，他认为意识形态是克服搭便车行为的有力解释工具。诺思所理解的意识形态是一种引导和约束个人行为的价值观念，这种价值观念使得人们更容易信从有利于公共品供给的集体规则。（参见诺思《经济史上的结构与变革》，商务印书馆2009年版。）

们所说的"理性人"人性在于其本身的程度更甚，因此其克服搭便车行为的"选择性激励"和"意识形态"就会不一样。我国曾经和现在所具有的为克服传统的农民性所导致的搭便车行为的"选择性激励"和"意识形态"的浓度和烈度是迥异于西方经济学家的论述的。社会主义革命成功后，国家一穷二白，团体无力提供物质性的正面激励。这种"选择性激励"当然没有西方的"选择性激励"来得温和，但这却是通过集体行动而实现国家原始积累的必要无奈之举。这种"选择性激励"除了残酷和猛烈之外，还有个致命的弱点就是不可持续。虽然历次的政治运动中敌人常被说成少数，是"百分之五"（毛泽东语），但是这"百分之五"的判定标准人为性、任意性极强。几番的政治运动过后，使每个人都可能成为"百分之五"中的一员。最终导致相当多数人的紧张，紧张导致厌倦。另外，随着代际更新进行，集体制下所提供的医疗、水利等公共物品逐渐被新一代人视为理所当然。这种"选择性激励"的威慑和劝服的边际效益递减，递减到一个程度就必然被弃而不用。

这留下了一个难以预料的后果，即阻碍了公民责任与公民意识的建立。明明是大家都处于同一个共同体（community）之内，却一定要分出一个"敌我"，不是所有人都是共同体的成员。虽然这种"选择性激励"随着"文化大革命"的结束而被废弃，但是其作为一种观念遗迹很可能会长久地存留在人们的意识里，阻碍着对共同体的一种归属感和依恋感的建立，从而使广泛的自主性参与的民主体制难以建立。

唐斯认为，面对着各种成本和收益的不确定性，如果公民不是受到了公民责任的驱使而去参与投票、参与政治，那么自由民主制度必然崩溃。[①] 其实，这种观点可以稍稍改装而适用于中国的基层民主：在某种程度上，基层群众自治之所以不尽如人意是因为公民

---

① 参见唐斯《民主的经济理论》，上海世纪出版社2005年版。

对基层共同体的这种责任意识不强。① 当原有的残酷"选择性激励"废止后，代之而起的必然是物质性的奖励。

另外，为了最大限度地调动民众的积极性，增强人们集体行动的意义感和使命感，共产主义的意识形态是极为高调和堂皇的，动辄"改造世界""跑步进入现代化""狠斗私心一闪念"等。当这种高调而堂皇的意识形态指导下的政策遇到了挫折，当那些据称是信奉这种意识形态的共产党员没有起到先锋作用，那么原先民众的积极响应就会变成麻木，麻木之后就会愤世嫉俗。这样的话，其结果就不只是一种意识形态的破产，而是整个价值观念和道德诉求的元气大伤。因此，对这种社区下的权威的"选择性激励"必然是物质性色彩很浓的，虽然这不一定是直接的金钱报酬。

传统的农民性固然导致了 XY 村村民们公民意识和公民责任感的缺失。但是，XY 村早已被强行整合。尽管它离理想的共同体（community）还有一定的距离，但是现在六个组的所有村民的户口本和身份证上的家庭住址上都是在 XY 村名下，不管他们是否姓许。现在，村民们通过村委会办理"农合""农保"等，接受国家提供的各种公共服务。各小组的村民通过他们邻居党员了解村内大事，了解国家相关的惠农政策。他们虽然责任意识有待进一步成长，但是权利意识已经提高到一定的程度。显然不再是阿尔蒙德讲的"村民文化"②中的村民。

而农村权威虽然也是农民，但是他们毕竟不是普通的农民，他毕竟掌握了比普通村民更多的组织资源和信息资源，有更为广泛的社会经历和交际网络。

XY 村大学生村官：我们村支书是 1993 年入的党，高中毕

---

① 需要强调的是，笔者不是认为不存在其他的原因干扰了基层民主实践。
② "村民文化"又译为"狭隘文化"，"狭隘观念者指那些对政治体系所知甚少、甚至一无所知的公民。他们认识不到自己对政治体系可能施加的影响或承担的义务"。（阿尔蒙德：《比较政治学：体系、过程和政策》，上海译文出版社 1987 年版，第 41 页。）

业，2002年做的书记。之前在外面做生意的，据说在四川和甘肃都跑过好几年。后来被一个朋友叫回来当了书记。

问：是什么样的朋友？乡镇领导吗？

XY村大学生村官：这个具体我不太清楚，但应该是。有一次，我们支书过生日，他的几个同学就是当过镇长的。

问：支书过生日能来多少人？

XY村大学生村官：有二三十桌吧，来了二十多辆车，支书家的院子都停不下，有些车还停到村委会大院来了。我们这普通人过生日一般也就六七桌，了不起十来桌。[①]

村支书作为XY村最有威信的人[②]，首先他有一个当然的资源就是党组织，这种组织资源就是现代性的直接体现。现代政治学者大都认为政党组织是现代化的产物，也是现代化的推进工具。[③] 村支书的党员资格和对村级党组织的掌控是其现代性的一个体现。凭借这个资源，他可以知晓上级党委的各项决策，从而为XY村争取到各种资金和实物扶持；他可以在党员大会上动员党员的支持，虽然他所用的感召和激励有限，但是一个交流组织的存在就提供了一个施加影响力的渠道。

其次，村支书的权威来源于他的学历。虽然张静在谈到传统地方权威时也把"学位"作为其地位的三个影响因素之一[④]，但是传统的科举功名是非常不同于现代的学历教育的。这一方面体现在学习的内容上：传统的科举功名的学习是伦理性和诗文性的，重在培养人们对既有纲常的尊崇；而现代的学历教育虽然也有"思想政治"，但其器物性的一面更为明显，且传授的是一种变革的观念。

[①] XY村大学生村官访谈，2014年7月。
[②] 无论是我们的访谈还是问卷调查都显示，村支书是村里最有威信的人。
[③] 参见萨托利《政党和政党制度》，商务印书馆2006年版；亨廷顿《变化社会中的政治秩序》，上海人民出版社2008年版。
[④] 张静：《基层政权——乡村制度诸问题》，江苏人民出版社2000年版，第18—19页。

另一方面体现古今的学习组织上：传统的学习组织规模小，其人员出路单一；而现代的学习组织的规模比较大且其人员出路多元。因此，学历的获得固然会像传统地方权威一样，有助于增加其所有者的社会声望，然而更为重要的可能是现代性见识的拓展和一个由同学组成的社会关系网络。从上文的访谈资料可知，XY 村的村支书获得的权威地位很可能是由于其同学的推荐。

最后，现代性农村权威与传统型"地方权威"的最大不同可能是市场经济的经历有助于巩固和加强其权威地位。帝制时期的中国，主导性的政策是"重农抑商"，商人连科举考试资格都没有，更别说参与和主持基层社会的治理。而改革开放后，确立了以经济建设为中心的路线，在"致富光荣"的标语下，做生意的商人地位至少在基层社会的地位空前提高。政府部门力图延揽一些"致富能手"主持村务。XY 村的村支书很可能就是在这种考量下被吸收进党组织，并担任支书主持 XY 村的村务。事实上，对经历过市场经济洗礼的村民偏好，已被明文规定在地方党委的文件中：

> 全镇将进一步加大对村（社区）党支部书记队伍建设，优先从群众认可的农村致富能手、退伍军人、外出返乡优秀务工经商人员中选拔村（社区）干部。继续实施"农村党员致富带头人"工程，在全镇培养 30 名农村党员致富带头人，增强带领群众致富能力……①

综上所述，作为一个包括六个村民小组的 XY 村社区（community），它的形成不是自发自然的，而是一个以受现代化动力而形成的政党和一个以现代化为目标的政党运用政治性和行政性的力量而促成的。然而，这个政党的力量虽然是强大的却不是无限的。无论是普通的农民，还是农村权威，其传统的农民性一面并不能得到有

---

① 《中共 J 镇委员会关于加强农村（社区）党组织建设工作的实施意见》。

效的消解和重铸。因此，农村的治理和农村现代化各种举措的推进必然要仰赖对农村权威的物质性的"选择性激励"，必然要借助政治化和行政化的控制。换句话说，正是因为农村社区和农村权威的两重性，既具有传统性的一面，又具有现代性，所以，村民并不具备自主性参与所要求的公民责任意识。而我国又是发展中国家，面对赶超世界先进的繁重任务，因此，以政治化和行政化为主的自上而下的一元化控制似乎是无法避免的无奈之举。

三 治理行政化

中国治理模式的一个最基本特征是"党国体制"[1]，官方的说法是"党是社会主义各项事业的领导核心"，党政不分是一个没有多大争议的事实。自 19 世纪末威尔逊提出了政治与行政两分以来，学者对政治与行政的内涵以及各自应当的范围的认识不断深化。"政党是整体的部分"[2]，把民众的要求和支持通过既定的准则转化和上升为政治体系权威性的决策。[3] 因此，通常而言，政党是连接国家和人民的渠道，发挥着自下而上的利益连接作用，是属于政治的范畴。而行政是"政策的执行"[4]，它是通过一套等级制的科层官职系统而自上而下传递指令。幸运或不幸，党国体制没有实现利益关联结构和指令执行结构的分离。在基层，行政与政治的混合、党政不分是一个存在已久的现实。这一现实在 XY 村的具体和确切形态，以及它对 XY 村所产生的利弊得失，是本节所阐释的主要内容。

1. 示范村和项目制

如上所述，XY 村作为一个农村社区（community），同很多普

---

[1] 参见《"中国模式建构与政治发展"学术研讨会会议记录》，载《复旦政治学评论（第十一辑）》，上海人民出版社 2012 年版。
[2] 萨托利：《政党与政党制度》，商务印书馆 2006 年版，第 18—19 页。
[3] 参见阿尔蒙德《比较政治学：体系、过程和政策》，上海译文出版社 1987 年版。
[4] 参见古德诺《政治与行政——政府之研究》，北京大学出版社 2012 年版。

通的"行政村"一样，它不是由市场性和宗族性力量推动下而自然发育而成的，而是由政治性和行政性的力量自上而下形塑而成的。换句话说，作为"行政村"的 XY 村是这种党国体制的末梢。然而，与普通的"行政村"不同的是，XY 村是一个示范村。2009 年 XY 村被列为市级新农村建设示范村，2010 年被列为市级清洁工程重点村，2011 年被列为县级"关心空巢老人、关心留守儿童"示范点。这种"示范"一方面固然是因为 XY 村具有一定的基础条件；另一方面，"示范"也带来了很多直接和间接的资金和物资支持①。

从一个会议纪要中，我们可以一窥政府对 XY 村的支持力度。

> 8 月 31 日，县委常委、常务副县长 GDP 在 J 镇 XY 村主持召开会议，就 J 镇 XY 村新农村建设有关问题进行了专题研究。县总工会主席 WGH 出席了会议。县委农工部、县编办、人劳局、交通局、林业局和 J 镇政府的负责同志参加了会议。
>
> 会议听取了 J 镇关于 XY 村新农村建设工作情况的汇报。会议认为，在各级领导的高度重视下，通过整合捆绑涉农资金。XY 村新农村建设取得了明显成效，为推动全县新农村建设起到了很好的示范作用。会议要求，镇村两级要切实提高工作水平，搞好新农村建设工作。
>
> 会议决定：
>
> 一、着力发展主导产业，拓宽农民增收渠道。镇村两级要增强农民在新农村建设中的主体意识，加大培育主导产业力度，把懂经营、有头脑的农民组织起来，建立农民专业合作社。通过专业合作社把农户组织起来，大力发展设施蔬菜种植、生猪养殖等产业，年内启动 200 亩设施蔬菜项目，列入县

---

① 当地一名村干部曾略带自豪的口吻说道："我们村是一个盆景，大大小小的检查、评比、观摩不断，基本上每个星期都有人来。有时，一天要接待好几拨人。"

农业局计划盘子,并在市县现有补助的基础上,每亩再补助500元,共计10万元,主要用于农户贷款贴息。该项目的实施要通过专业合作社与农户发生经济往来关系,采取政府扶持,自主经营,自负盈亏的方式运行。

二、加快基层阵地建设,建好村级活动场所。J镇要把XY村村级活动场所建设作为重中之重,切实抓紧抓好。用地规模、建设规模要适度,并报相关部门审定后再进行建设。县计划局要把XY村村级活动场所建设列入项目计划,给予资金扶持。

三、加大项目倾斜扶持力度,解决好建设资金不足的问题。县新农办要抓住XY村列入市级新农村示范村的机遇,争取优惠政策和资金扶持。尽快实施后续1公里村组道路硬化工程项目和村组水毁道路的修复,由县计划局安排10万元水毁供排和道路设施恢复资金;县林业局要将XY村列入2011年村庄绿化建设项目中,并争取项目资金扶持。各包联部门要加大包联合扶持力度,根据各自部门实际,最大限度地给予资金扶持。J镇和XY村要进一步加大村庄整治力度,落实好各项建设任务,改善村容村貌,真正起到示范引领作用。[1]

需要指出的是,XY村的示范村身份不仅不会体现其治理方式的特殊性一面,反而更能彰显其治理方式一般性的一面。从上文的会议纪要中我们可以发现一个频频出现的词——"项目"。政府对XY村的资金和物资的扶持是通过形形色色的项目而进行的。渠敬东认为项目制是近十年来出现的"一种新的国家治理体制":这种治理体制的宏观背景是,在分税制下,国家必须以转移支付的形式来配置资源,维持对公共事业的有效投入和全面覆盖。[2] 示范村的

---

[1] 《南郑县人民政府专项问题会议纪要》,2010年9月25日。
[2] 参见渠敬东《项目制:一种新的国家治理体制》,《中国社会科学》2012年第5期。

意义在于得到的形形色色的项目多，因此也就能更为明显地反映"项目制治理"的形态。

2. 利益关联和政策执行

"新农村建设"和"城乡清洁工程"是 XY 村村部宣传栏上出现频率最高的两个词。实际上，无论是"新农村建设"还是"城乡清洁工程"都是整个 H 市在全市范围内推行的综合项目。尽管"新农村建设"和"城乡清洁工程"在具体内容上有所交叉，但是，总体而言两者还是差异性比较大的综合性项目。首先，两者的出现时间并不同步。"新农村建设"比"城乡清洁工程"出现得早。其次，与时间上的先后有关的是，"新农村建设"重在农村基础设施的新建，而"城乡清洁工程"重在农村环境卫生的改善和保持。然而，不管怎么样，就 XY 村而言，其获得的大大小小的项目都是隶属于这两个综合项目之下。

在 2006 年《中共中央、国务院关于推进社会主义新农村建设的若干意见》下发之前，可以说除了少数东部地区外，中国的绝大部分农村在生产生活设施上是远远落后于城市的。下雨出门时泥泞的小路，大小便时臭气熏天的旱厕。城乡之间的差别，不仅仅是双方收入在量上的悬殊，而是两者的生活习惯和生活方式分别属于现代和传统的质上的差别。随着电视等大众传播媒介深入 XY 村的家家户户，村民们逐渐意识到自己生活方式的落后。而村民中的那些进城务工经商经历的人更是对乡下生活的落后性有着"切肤之痛"。改善农村的生产生活条件应该是村民的切实利益所在。

阿尔蒙德在谈到利益表达时，把精英人物代理视为一个"合法的接近渠道和施加影响的策略"：

> 精英人物代理也可以成为没有其他表达手段的利益集团的渠道，特别是那些庞大的非社团性集团。十九世纪三十年代和四十年代，英国议会中某些贵族和资产阶级出身的议员自告奋勇地来为工人阶级表达利益。但他们并不是通过各种渠道传送

上来的压力和要求作出反应，而更多地是充当这些被忽视和被压制的工人阶级利益的独立和自封的保护人。①

虽然我们无从知道"精英人物代理"的确切发生经过，但是"新农村建设"与 XY 村村民的利益关联性却是无疑的事实。可能，"新农村建设"作为一项政策的制定，这种利益关联性略显模糊而牵强。然而，作为一个项目的执行，"新农村建设"是比较具体和确切的。

有学者认为，中国的发展范式"政策主导"，政策的制定很难看到民众的直接参与，而政策的执行却明显地容纳了民众的讨论、协商，甚至是争论。②"新农村建设"作为一个政策项目的推动，在 XY 村治理很明显地体现了自上而下的压力和诱导与自下而上的要求和参与的交互作用。

(1)"自下而上"

首先，我们来看自下而上的要求和参与。这主要体现在两个方面：一方面是主持"新农村建设项目"的农村权威的人选；另一方面是"新农村建设"推行过程中村民的参与和配合。

张静认为乡村干部地位分配时，为执行政策的人事任命是行政问题，而有"利益连带的支持系统"的权威产生是政治问题。③虽然张静也指出了农村权威行政与政治混合的事实，但是其写作背景 20 世纪 90 年代，其理论的前提条件已经发生变化。当时，农业税没有取消，村干部掌握着一定的资源分配的权力；"打工经济"没有大规模的出现，农民的收入相对单一，村干部的"工资"虽然谈不上丰厚，但仍然是对农业收入的重大补充；因此，当时村干部角色对于大多数农民来说还是有很大吸引力的。我们在 H 市几个县的

---

① 阿尔蒙德：《比较政治学：体系、过程和政策》，上海译文出版社 1987 年版，第 212 页。
② 参见史卫民《政策主导型的渐进改革》，中国社会科学出版社 2011 年版。
③ 张静：《基层政权——乡村制度诸问题》，江苏人民出版社 2000 年版，第 18—19 页。

调研中听到一个比较普遍的谈论却是"现在我们这里大家都不愿当村干部"。

其实，留在农村的人还有很多，肯定还有不少人是愿意当的。这句话的意思是，那些有能力、有资格当村干部的人已经并不认为这个角色有多大吸引力了。因此，才会产生上一章中 J 镇党委发布的关于加强党建的文件，其基本含义就是上级党委、政府积极地物色合适的农村权威的人选，来为其各种政策项目的有效落实和贯彻准备必要的人力资源。因为政策项目的落实是与党委、政府的政绩挂钩的。因此，至少就"说了算"[①]的农村权威的人选而言，政策项目的执行能力肯定是重要考虑的因素之一。所以有学者认为近年来农村基层自治组织的行政化倾向越来越严重。

然而，这个论断是不确切的。乡镇党政部门在物色村支书的时候，首先，一个前提是村支书必须是这个村的村民。而以前村支书却不一定是这个村的村民。其次，村支书必须有一定的利益代表性（用官方的话说叫"群众基础"）。前面一章已经论述过，XY 村虽然是一个有众多姓氏的"行政村"，但是却仍然存在一个主导性的大姓，尽管这个大姓并不占绝对多数。因此，包括村支书在内的村"两委"成员绝大多数是 X 姓。这有点类似于西方多党制下，第一大党组阁。第一大党虽然没有获得选票的大多数，但是其他党众多且得票没有集中，因此在内阁中第一大党仍然占据主导性的作用。[②]因此，农村权威的产生即使是在党政部门物色下的任命，也是难以用"行政化"来一语概括的。

实际上，在政策项目的执行过程中，必须得到普通村民一定程

[①] 我们在汉中农村调研的时候，经常会问基层官员、村两委干部和农民的一句话就是"这个村谁说了算？"尽管回答或直接或间接，但都是"书记说了算"。而村支书的产生是要获得镇党委的任命和批准的。

[②] 把村庄的姓氏集团比作西方国家党团是有根据的：党团是靠某种纪律来维持其凝聚力，而农村的姓氏集团是靠残存的传统性婚丧嫁娶等仪式、习俗来维持其凝聚力。而无论是政党纪律还是传统性习俗都是属于规则的范畴，都在一定程度上起着规范人们利益关系的作用。

度上的默认和参与。这种默认和参与与以前的性质是不一样的：家庭联产承包责任制之前自不待言，大部分的资源掌握在村干部手上，村民的默认和参与是有关对待公有制的；家庭联产承包责任制后取消农业税之前，村干部手上仍然握有一定的税收负担的分配权力，虽然村民们时有抗税行为，但是并不认为这种行为是正当的[①]；项目制以来，村干部掌握的资源相对严重减少，项目的实施在不少情况下是有违村民的既定观念习惯的。以"新农村建设"项目为例，其中一个大的工程就是道路硬化。道路硬化的资金来自政府部门，但是道路所占的土地还是村民的。虽然，法律上承包责任田是属于集体的，但是自 20 世纪 90 年代确立土地承包三十年不变以来，村民的观念中却认为承包地就是自己的。政府部门出钱进行道路硬化，对道路的标准有一定的要求，并且要求资金划拨与标准执行相关。"新农村建设"中道路硬化的标准之一就是拓宽路面。

> 2000 多米的通村主干道上面要求是 3.5 米宽，原来的老路大部分连一半都不到。通组公路（要求）2 米多（宽），原来（的路）也不到一半。这都要占村民的田地，很多人就不答应，以为田地是自己的。[②]

因此，农村权威必须要做大量的工作，取得这些占有道路两边农地村民的赞同，听取他们的利益诉求。像此类的项目执行，如果农村权威没有一定的利益代表性，做起工作来将非常困难。因此，XY 村的两委会成员才大多是许姓人士。孟子说："为政不难，不得罪于巨室。"这些人本身就是 XY 村的"巨室"，推动项目执行自然容易。如果遇到许姓村民的反对，他们有天然的血缘关系可以用作

[①] 参见孙立平、郭于华《"软硬兼施"：正式权力非正式运作的过程分析——华北 B 镇定粮收购的个案研究》，载《清华社会学评论特辑 1》，鹭江出版社 2000 年版。

[②] XY 村村支书访谈，2014 年 7 月。

说服的媒介。一旦许姓村民做出了表率，其他的农民也相对容易说服。即使有所抵触，也势单力薄，更容易各个击破。

再说村民的参与和配合。其实，上文论述"新农村建设"项目执行多少涉及一些村民的参与和配合。另外一个更能体现项目执行过程中村民的参与和配合的例子是"农村清洁工程"。像道路硬化之类的项目虽然涉及村民的利益，但这毕竟是局部性和一次性的，其持续时间较短。而"城乡清洁工程"却是全体性和长时段的，甚至有点移风易俗的意思，其执行难度要比道路硬化之类的项目要高得多。"农村清洁工程"要求每个农户把旱厕改造成"三格式"水冲厕所，要求村民不乱扔垃圾，要求村民生活污水不乱泼。"城乡清洁工程"所禁止的很多事项其实恰恰是 XY 村绝大多数村民的生活习惯。因此，"城乡清洁工程"项目的成功执行必须得到村民的参与和认可。

这就涉及一个参与渠道和参与载体的问题。有意思的是，在 XY 村，党员大会[1]是普通村民的参与渠道和参与载体。虽然村委会组织法明文规定村公共事业的兴办由村民会议或村民代表会议讨论决定，但是 XY 村常年在外的村民约 400 人，占到全体人口的五分之二，村民会议根本开不起来。而村民代表的人数又较为有限，并且 XY 村 18 个村民代表有 15 个是党员[2]。可是，为什么不多选一些村民代表呢？首先，在 XY 村"说了算"的仍然是村支书，党员大会是他的"权力基础"（power base），发挥党员大会的作用是"坚持党的领导"的一个重要方式。另外，可能更为重要的是，XY 村的党员年纪都偏大[3]，并且有一些曾经当过村干部。这些老党员年纪比较大，生活压力比较小，有很多空余时间参与村集体事物。让他们当村民代表他们又不太愿意，毕竟村民代表名义上是部分村民

---

[1] 其实确切的叫法应该是党员及村民代表大会，只不过村民代表大部分是党员，而很多党员不一定是村民代表，因此 XY 村的人直接简称为党员大会。

[2] 截至 2014 年 7 月 XY 村共有 34 名党员。

[3] 从第六章的表 6-4 中我们可以得知，XY 村的党员中，1950 年以前出生的有 20 个。

选举产生的，显得比村委会主任"小"，他们不愿意为了一点点误工补贴而显得比村主任矮半截。其实，这些党员实际上替代村民代表的作用也是有一定道理的。第一，他们来源比较平均，六个组的党员数量相差较小。每个党员事实上都可以在党员大会上代他们的邻居表达一些意见，同时也可以把党员大会上的讨论情况在与邻居的日常闲聊中传递给他们。第二，他们又有一定的威信。这首先表现在党员进入机制上，之前农民入党动机比较大，成为党员很不容易，所以老党员与一般群众相比多少是有一定的觉悟，说话有人听。其次，他们毕竟到了一定的年纪。① 至少在村里公共事务上，他们的意见一般的村民是会认真对待的。

翻看 XY 村"农村清洁工程"的会议记录专门档案②，有几次都是党员大会。现摘录一段：

> 每个党员、干部要带头清理自家房前屋后的杂物杂草，打扫干净。③

正是通过各组党员言传身教的说服和劝导，XY 村村民参与到对各自的房前屋后杂物杂草的清理，配合着"农村清洁工程"项目的执行。

（2）"自上而下"

我们再来看自上而下的压力和诱导。每年年初，J 镇党委和政府都会召开大会，布置本年度重点和中心任务，并且由党委书记和镇长分别与村支书和村主任签订《目标责任书》。每年年终，J 镇党委和政府又会召开大会，对"目标责任"的完成情况进行打分，

---

① 孟子说："天下达尊者三：爵一，齿一，德一。朝廷莫如爵，乡党莫如齿，辅世长民莫如德。"可见年龄是威望的来源之一。

② 据说"农村清洁工程"验收评比中，文档管理也是其中一项。所以，XY 村的"清洁工程"文档做得很完整。

③ 《XY 村"清洁工程"会议记录》。

并表彰先进，批评落后。村"两委"班子成员待遇的浮动部分与本村目标责任的完成情况挂钩。"新农村建设"是 J 镇乃至 N 县很长一段时间的重要任务，当然是"目标责任"的重要内容。其次，N 县新农村建设办公室会对一些新农村建设单位进行直接考核，并根据考核结果划拨一定的奖励资金和物资。

为认真做好新农村试点示范工作，促进示范镇村建设，发挥示范带动作用，促进全县农村经济社会率先突破发展。按照省、市社会主义新农村建设考核办法，结合我县实际，特制定本考核办法及评分标准。

一、考核对象与范围

考核对象和范围为 2010 年在建和新启动的 15 个示范村。

二、考核原则

按照分类建设、量化考核、逐项打分、综合考评、奖优罚劣的原则进行考核考评。

三、考核内容

考核内容是新农村建设"20 字"方针和《S 省社会主义新农村建设示范村考核指标（试行）》，主要包括生产发展、生活宽裕、乡风分明、村容整洁、管理民主等五个方面，具体考核内容见附表《南郑县新农村示范乡镇（村）建设考核标准及评分表》。

四、考核办法

1. 考核由县新农办统一组织进行，县新农村建设领导小组成员部门参与。

2. 考核分为日常考核和年终考核，日常考核占总成绩的 40%，由县新农办根据工作进展情况不定期进行；年终考核占年度考核总成绩的 60%，由县新农办抽调工作人员在 12 月中旬集中进行。

3. 考核采用听、看、访、查、评的方法进行。一是听取被考核乡镇、村的全年工作情况汇报；二是查看各种文件、资料和记录；三是走访群众，收集意见建议；四是实地查看主导产业、村容整洁、乡风文明等方面内容，生活宽裕、管理民主等方面入户与群众交谈。

4. 量化考核。按照《南郑县新农村示范乡镇（村）建设考核标准及评分表》考核记分，采用百分制评分办法，80分以上为优秀，60—80分为基本合格，59分以下不合格。

五、考核奖惩兑现

根据年终综合考评结果，进行考核奖惩兑现。年终考核为优秀的，全额拨付以奖代补资金；基本合格的，部分拨付以奖代补资金；不合格者，扣除全部以奖代补资金，并取消示范村资格。

《N县新农村示范乡镇（村）建设考核标准及评分表》略[①]

的确，无论是乡镇党政机关与村干部签订的形形色色的《目标责任书》，还是县直机关直接下发的《考核评比》，就其形式而言似乎都是行政性的。然而，光凭这些自上而下的压力手段就断定这是基层群众自治组织的自治空间缩小、行政控制力度加强是武断的。韦伯在谈到行政管理体制的本质、前提和发展时认为：行政的发展是和马克思所说的生产资料和生产者分离的类似过程，行政人员并不占据行政手段，越来越倚重执行"生产资料"所有者的命令而获得的"工资"收入，进而达到要求行政人员投入其整个劳动力的程度；行政管理体制是等级性的，这就意味着上级决定着下级的人选任命，并且当上级对下级不满意时，上级可以并且能够替换下级；行政管理人员的权限和责任是由固定的法律和规则确定的。[②]

[①] 《南郑县2010年社会主义新农村建设考核办法及评分标准》。
[②] 马克斯·韦伯：《经济与社会》（下卷），商务印书馆1997年版，第278—286页。

第一，农村权威的村干部身份作为一项工作是兼职性的，并且对于其个人而言，很可能不是很重要的兼职。从表6-1中我们可以知道，XY村农民的年人均纯收入在2010年已经超过8000元；而从表6-2我们可以得知，XY村的村干部2009年的工资每人只有3600元。如果我们按XY村村民从2009年到2010年的人均纯收入增长率是10%计算①，那么XY村村民2009年的人均纯收入将超过7200元，超过了村干部工资的两倍。如果我们按每户4口人，2个劳动力、2个非劳动力计算，那么村干部的工资就只有一个普通劳动力收入的四分之一。可见，仅凭这点工资根本无法养家糊口。其实，村干部的首要身份仍然是农民，他们或者要从事农业生产，或者要从事工商业活动。当村干部只是作为一种副业，或者是弥补主业收入的不足，或者是通过担任村干部来进入更大的交际圈，从而扩大收入的来源渠道，比如说村干部经商者就能获得比一般的村民经商者更多的信任资本。其实，如果单纯从村干部的工资收入这一点来看，农村权威近年来的变化是一个去行政化的过程。据我们在H市另外一个地方的访谈中了解到：

> 在农村出外务工经商潮以前，一个村干部的工资是超过一个普通的成年男性劳动力的。村干部自身毕竟还要种田，还有一部分农业收入。以前在大家普遍没什么钱的时候，农村相对比较富裕的群体主要有三类：一是医师；二是泥瓦匠、木工等手艺人；三是村干部。②

以前，村干部的工资占其总收入的比重大，乡镇政府通过考核村干部的任务完成情况而发放工资就更可能控制村干部。农村权威更可能是对上不对下，因为上面控制了他们的"钱袋子"。所以，

---

① 2010年到2011年XY村村民人均纯收入的增长速度不到7%（见表6-1）。
② F县某乡原财政所官员访谈，2014年7月。

农村权威更可能把乡镇的指令当回事。现在，农村权威的大部分收入已经不是来自乡镇发的工资。乡镇所发的工资不到他们总收入的四分之一，乡镇运用行政性的绩效考核来控制农村权威的效果基本是边际性的。因此，就农村权威的收入结构而言，近年来的变化其实是经历了一个去行政化的过程。

第二，与上一条有关的是，镇、村关系不是等级性的，或者说等级性正在日趋减弱。农村村民自治"海选"实行以来，乡镇已经不能任命村主任。虽然，乡镇仍然保留一些选举操控的影响力，但是和以前的直接任命相比控制力明显减弱。尽管乡镇党委仍然保留对村支部书记的任命和批准权力，但是这种权力不是行政权力，而是政治权力。前文已有所述，乡镇党委在任命村支部书记的时候首要考虑的不是其个人的能力、素质，而是其所代表的利益群体。换句话说，村支部书记的确定不是仅仅为了有效地执行指令的上级单方面意愿，而是要考虑村支部书记在村里的利益关联性。"一元体系中政党是选拔的工具"[1]，这种选拔看中的绝不是行政体制所要求的个人专业素质，而是个人所代表的利益群体。行政体制建立的前提是必须要有一定的规模性，这就意味着每个职位上存在若干个合格的候选者，上级可以并且能够在对下级不满意的情况下，对下级实行罢免和替换。可是，事实上，乡镇根本无法做到这一点。首先，村的规模比较小，产生不了多少个合格的农村权威；其次，村干部的吸引力下降。这种吸引力下降不但表现在上文提到的工资收入上，而且表现在村干部的职位声望上。以 XY 村为例，在 20 世纪 90 年代以前极少有人外出，现在全村却有大约五分之二的人是常年在外的。这就意味着更少的人关心村里的事，也就是更少的人关心村干部在村里做了什么事，农村权威的声望自然是下降的。所以，就乡镇对村干部的任命和替换而言，其选择空间不是变大了，而是变小了。因此，就人事而言，农村近年来的变化也是一个去行政化

---

[1] 萨托利：《政党与政党政治》，商务印书馆 2006 年版，第 74 页。

的过程。

第三,"项目制治理体制"下,农村权威的权限和责任的不稳定性。一套成型的行政管理体制要求规则的固定性和稳定性,只有这样才能推动经常性的行政工作。因此,规则"并非通过对具体个案发布具体命令授权它去处置问题,而仅仅是抽象的决定"①。可是,在当下农村治理的"项目制"下,超越了一系列行政科层制,添加了"自下而上"的市场化竞争机制。② 各种形形色色的项目规则是具体的,每个项目所要求农村权威处理的事情和达到的目标都是殊异的,而项目所给予农村权威支配的资金和物资也是不同的。因此,有学者认为项目制不是科层制的表现,而是动员性的治理。③

就 XY 村而言,农村权威的主要工作根本不是执行一般的行政指令,而是"跑项目"。作为各种项目的"示范村",XY 村尽管是依靠了它独特的区位优势,但更主要的是因为 XY 村村支书的活动能力。与 XY 村毗邻而居的 SY 村在各方面都落后于 XY 村,到目前为止 SY 村还没有修建通组公路。而 XY 村不但早就修好了通组公路,而且家家户户用上了自来水,还建好了数百平方米的村民活动中心,篮球场、健身器材、图书馆等一应俱全。不少 SY 村的村民傍晚时分都会骑车来 XY 村村民活动中心消磨时间。也因此 XY 村成为 J 镇党政机关展示政绩的窗口。但凡有什么视察,J 镇党政部门都会把人领到 XY 村来观摩。也正是因为 XY 村争取到不少的项目,有了一定的基础,J 镇的政府官员一旦知道有什么新项目都会在第一时间知会 XY 村争取,并且在必要的时候给予奥援。

其实,XY 村的治理并不是依靠固定性、长久性的行政规则。如果一定要说有什么规则的话,也是利益交换和利益共享规则。无

---

① 马克斯·韦伯:《经济与社会》(下卷),商务印书馆1997年版,第281页。
② 折晓叶、陈婴婴:《项目制的分级运作机制和治理逻辑——对"项目进村"案例的社会学分析》,《中国社会科学》2011年第4期。
③ 陈家建:《项目制与基层政府动员:对社会管理项目化运作的社会学考察》,《中国社会科学》2013年第2期。

论 XY 村争取到多少项目，到最终都会算入 J 镇领导的政绩中。因此，XY 村的农村权威和 J 镇的领导官员是一个利益共同体。作为交换，XY 村的农村权威也常常会承担一些不是他们分内的工作和任务。

>问：这么多报纸、杂志是有人送的还是村里自己订的？
>XY 村村支书：都是自己订的，哪有人会送。
>问：那岂不是花了不少钱？
>XY 村村支书：那当然，一年要差不多四千块钱。
>问：那是镇上要求的吧？
>XY 村村支书：镇上也没有那么明确的要求，算是帮朋友忙，完成工作量。①

XY 村村支书办公室里一摞摞的报纸和杂志堆在那里甚是可观，大多没有翻过的痕迹。据说，每年年末，县里都会给 J 镇党政办公室下达报刊征订的任务。按理说，作为没有集体收入的"空壳村"，XY 村不应该订这些没人看的报刊。J 镇党政部门又消化不了这么多的任务量，于是任务就下压到村里。XY 村争取的项目多，J 镇的党政部门也没少帮忙，订几份没人看的报刊也算是还一些人情。②

3. 小结

作为一个基层社区（community），XY 村根本无所谓行政化。

---

① XY 村村支书访谈，2014 年 7 月。
② 2014 年 7 月，第二次来汉中调研的时候发生了一件有意思的事情。我们要在 4 月份来过的另外一个村做一个问卷，请 J 镇党委书记帮忙协调。J 镇党委书记于是打了一个电话给这个村的村支书，党委书记说话的语气一点都不像对下级那种态度（我碰巧也听过他与下级的对话，不说颐指气使吧，做领导的气势还是有点的），很是客气。村支书的回答是他有点事走不开。党委书记就叫他请另外一个人出来协助。后来，话锋一转，谈到一笔项目资金的拨付上来了。好像是村支书在抱怨有一笔下拨款迟迟没有消息。党委书记解释到这笔钱下拨是确定的，但是还没有到镇上，并安抚那个村支书，叫他放心。整个通话大概有五分钟，说协助我们问卷的事不会超过一分半钟。J 镇党委书记的口气很像市场上讨价还价的生意人。

但是，作为担任 XY 村公共事业兴办主持者角色的农村权威是有行政性色彩的。然而，农村权威的行政性色彩一方面是过去公社集体制下的遗迹；另一方面也是"项目制治理"下的一种新的动员方式。农村权威更为根本的特征应该是政治性，尽管这种政治性不是以村民显性的自主参与表现形式的。农村权威一方面在村庄里有一定的"群众基础"；另一方面也通过"跑项目"的方式与乡镇官员形成一定的利益联结。

四 农村权威与社会基础

XY 村能够反映中国当下农村的一些共性的东西。在前现代时期，XY 村北面靠河南面靠山，生存腹地极为有限。是现代化力量的作用拓展了 XY 村的生存腹地，增加了既有土地的人口承载力。同时，把在这块土地上生存的、联系不太紧密的人群整合进一个共同体（community），尽管这种整合还不是那么的圆满。

我们的调查发现，XY 村不是一个"自发成长"的共同体（community），它的人为建构性极为明显。政府的一元主导治理之下，有着深刻的两重性。这种一元化治理带来了巨大的成就：XY 村的村民能够在这有限的土地上比较安定地繁衍生息，能够告别"贫穷、孤独、卑污和短寿"的准自然状态；"新农村建设""清洁工程"等一个个项目能在短时间内改变村民们祖祖辈辈的生产生活习惯，带来文明、带来进步。另外，我们也应该看到，一元化治理的成就背后是有代价的。至少，一元化治理的力量不是万能的，还存在一些难以解决的问题。

首先，村民公共责任意识不足。或者说，相比个人权利意识，村民的公共责任意识是有待于进一步成长的。如前所述，XY 村作为一个社区（community），很大程度上是政府力量强加的。其自身根本没有发育出村民对村庄的公共意识，村民们根本没有那种西方社群主义所讲的对"社区（community）的一种依恋"①。这种公共责任意识的缺乏固然是因为村民们传统小农习惯的延续，同时也是一元化治理的必然后果。一元化治理虽然也能够容纳公民的参与，但这种参与是"动员性参与"。"动员性参与"的实质是大的政策方向是政治精英决定的，"参与"在一般情况下只是精英们为了增强他们的决定的认知度和认可度而对大众的一种告知。当然，特殊情况下也允许"参与者"决定政策方向的具体落实步伐。当政治精英是帕累托意义上的"真正精英"（才德兼具）的时候，并且精英有着突出的素质，其与大众的分野比较明显，大众事实上也认同精英的"先锋队"地位，这种参与必定是精英争取大众支持"创造历史、改造世界"的一种工作方法，大众在这种参与中所体现的是一种对精英的信从。当精英的政策方向没有出问题，精英和大众的分野比较清晰，那么普通群众的公共责任意识是能够调动的。当精英的政策方向都出了问题（如"大跃进"和"文化大革命"），并且大众的文化素质提高，精英的道德素养下降，精英就不再能够得到大众基于某种公共责任意识的信从。可是，治理作为一项事业又必须得到大众的支持和配合。这时，动员大众不再能诉求某种公共责任，而是大众的逐利之心。于是，我们看到了改革开放后大众的权利意识的成长。可惜的是，公民责任意识无法在一元化治理的大环境下发育。所以，我们才会看到农民普遍对村庄公共事业的冷漠，即使农村社区（community）的很多公共事业在我们局外人眼里是明显有益于大多数人的。② 这种公共责任意识的缺乏造成了农民"搭便车"的泛滥，使得农村社区（community）公共物品供给严重不足。国家通过各式各样的"项目进村"也许能一时弥补这种农村社区（community）公共物品的不足，但是其可持续性是值得怀疑的。即使能够持续，"项目进村"也造成了公共财政资金使用

---

① 徐大同：《西方政治思想史：70年代以来》，天津人民出版社2001年版，第101页。
② 贺雪峰：《新乡土中国》，北京大学出版社2013年版，第117页。

的巨大浪费。① 随着"项目进村"的边际效益递减,随着国家公共财政资金的相对萎缩,对村民的公共责任意识必然会提出更强烈的要求。

其次,公共机构的回应性不够。政府主导下的一元化治理政治与行政不分,"在工作运行上依然算得上游刃有余"②。但是,其所产生的弊端也不可小觑。在这样的一元化治理下,村民的自主性利益主张难以有效集聚,更难以切实传递。在农村分化没有出现和农民物质条件落后的情况下,这个问题并不明显。只要政府能够认真听取民意,那么其政策就会相对容易成功。可是,当农村产生了分化,农民的物质条件好了以后,大家的意见也就更为多样化。这时,政府即使能够虚心听取民众意见,也会发现其很多政策仍然不得人心或没有达到期望的效果。特别是在民众的精神文化需求上,政治与行政不分的一元化治理更是束手无策。在这种体制下,公共机构行政执行能力的强大是以政治代表性的不足为代价的。在精神文化领域,工作实效很难以形成可见的效果,也难以运用行政手段进行考核。我们在 XY 村调查发现,村民活动室贴满了"妇女之家""留守老人之家""留守儿童之家"之类的条幅,但是这些"之家"据说基本上没有组织过活动,都是为了应付政府部门的检查,争取"项目"资助而做的样子。但这些妇女、老人、儿童肯定是有精神文化需求的。这些精神文化需求还不只是能够看看电视和电影,更重要的是相互之间的交往和交流。可是,XY 村的农村权威所组成的公共机构应付上面检查和评比尚且不暇,就根本无力回应村民的这些精神文化需求了。这其实是为邪教的传播准备了土壤。不少邪教的传播就是在农民精神空虚和社会联系缺少的情况下

---

① 折晓叶、陈婴婴:《项目制的分级运作机制和治理逻辑——对"项目进村"案例的社会学分析》,《中国社会科学》2011 年第 4 期。

② 赵树凯:《乡镇治理与政府制度化》,商务印书馆 2010 年版,第 249 页。

乘虚而入的。① 实际上，打击邪教也是 XY 村所在的 J 镇 "维稳"中心工作之一。在 J 镇党政大院里 "维稳" 公告栏内发现，除了说违规上访就是打击邪教，并且其篇幅不亚于前者。如果农村社区（community）的回应性没有加强的话，我们有理由怀疑这种单靠打击的方法能够取得多大的效果。

小农的终结是不可抗拒的历史潮流，建立适应历史发展方向的新型农村社区和农村权威是一个迫切的现实问题。也许有论者会认为：随着农业户口和城市户口区别的取消，随着城市化进程的加快，农村和农民也会一并消失；到时候所有人成了市民，农村的各种问题就会得到釜底抽薪式的解决。其一，我们不相信中国的城市化是完全靠农民向城市的异地移民完成的，我们认为中国的城市化很大程度上是靠保持农村社区（community）传承性基础上的农民就地现代化完成的。其二，即使中国的城市化的进程是完全地靠城市对农民的吸收完成的，其过程必定是漫长的，进展必定是缓慢的。② 而现在农村治理的一些问题已然逐渐凸显，因此为了农村的长治久安，为了农民群体的幸福安康，我们是有必要认真考虑建立新型的农村社区和农村权威的问题的。

我们认为目前至少可以从以下几点着手：

第一，兴建公共娱乐设施。随着小农的终结，将会有越来越少的村民把农村作为共同的生产单位，很多村民之间的相互接触机会变少，以至于有学者认为农村成了 "半熟人社会"③。因此，增加村民之间的相互接触的机会，提供村民参与农村社区（community）公共生活的机会，是培养村民公共责任意识的前提。现阶段 "项目

---

① 杨华：《农村基督教的南北差异》，载共识网 2014 年 7 月 6 日（http：//www.21ccom.net/articles/zgyj/dfzl/article_20140706108933.html）。

② 据一项研究显示，我国农业人口市民化的人均公共成本约为 13 万元（潘家华等：《中国城市发展报告——农业转移人口的市民化》，社会科学文献出版社 2013 年版）。我国的农民基数如此之大，消化吸收这么大的群体需要的时间是比较长的。

③ 贺雪峰：《未来农村社会形态："半熟人社会"》，载《中国社会科学报》2013 年 4 月 19 日。

制治理"方式短期内很难全然改变,我们正好可以利用这种治理体制的优势来推进农村公共硬件设施的建设。然而,也应该注意纠正一些业已存在的问题。首先,政府有关部门应提供农村公共娱乐设施设计方案选项。就我们在 XY 村发现的情况而言,存在公共资源比较严重的浪费问题。据说,当时申请项目时是 XY 村的村干部找人做的规划,还花了不少钱,做规划的人不太专业,村干部自己也不懂。如果政府的有关部门能够承担这种工作,那么将节约很多公共资源。其一,政府的相关工作者比村干部更具有相关的专业领域知识,具有更好的判断鉴别能力来选择规划设计者;其二,政府的设计能够产生规模效应,节约设计和建设的成本。

第二,培养农村社区(community)内自助性组织。就 XY 村而言,村民活动中心有些公共资源的闲置和浪费是和服务人员的缺少有关的。如果村内有一些自娱自乐的组织,这些组织能够申请使用村民活动中心的设施,那么不但会提高村民的幸福感,活动中心的资源也不会闲置和浪费。另外,通过村民自我组织的团体也能够培养人们自主参与团体的技巧和公共责任的意识,弥补村委会等现有组织的回应性不足的问题,真正做到自我服务。

就 XY 村而言,也许很长时间内它的常住民都是"老""妇""幼",这些群体能否自我组织起来是他们幸福的一个重要因素。另外,这些组织能否向专业的养老院等学习一些技术规范也是值得深思的问题。对于一些常年在外的青壮年而言,也许农村只是他们难得的"度假村",农村社区(community)如何能使得这个"度假村"能提供更好的服务,农村权威如何发挥更好的作用,这些都是值得思考的问题。

第七章

乡村秩序：国家与社会关系视野中的维稳体制[*]

进入 21 世纪以来，上访、请愿、罢工、集体"散步"、聚众闹事、冲击政府机关等事件频繁发生。面对严峻的形势，各级政府从层层考核、一票否决到制订各类应急预案，左支右绌、拼命招架。"稳定压倒一切"邓小平的政治告诫真正变成了官员们的行动指针，在党和政府文件中，"稳定是硬任务"紧随"发展是硬道理"一语之后，变成了政治沟通的常用语。

关于"维稳"及"维稳体制"的报道也越来越频繁地出现在各类媒体上，有两个新闻事件特别值得关注。一是 2010 年的"安元鼎"黑监狱事件，一家名为"安元鼎"的私人保安公司与地方政府及其他权力机关合作，设置数十处"劝返场所"，非法拘禁和押解大量上访人员。[①] 二是 2011 年有关中国维稳经费预算超过军费的新闻报道引起了众多关注，相关话题也迅速登上了新浪微博等社交媒体的头条，被官方媒体严厉驳斥。[②] 这两大新闻事件前者以极端案例反映出某些地方维稳手段之恶劣，后者则从一个侧面反映出维稳成本之高

---

[*] 本章由李国强执笔。
[①] 龙志、杨艺蓓：《安元鼎：北京截访"黑监狱"调查》，《南方都市报》2010 年 9 月 24 日。
[②] Chris Buckley, 《中国今年维稳预算 6244 亿首超军费》，路透社新闻，网址：http://cn.reuters.com/article/wtNews/idCNCHINA-3911420110307；周继坚：《捏造"中国维稳预算"缺乏基本常识》，新华社新闻，网址：http://news.xinhuanet.com/politics/2011-04/06/c_121272130.htm。

昂，都可谓"一石激起千层浪"，引发了全国舆论的评论与反思。

这些事件的持续发酵，实际上意味着关于中国维稳体制的性质与特征探讨，甚至从学术研究的热点变成了公共舆论的关注重心。那么，现行维稳体制到底是如何运转的？在这些吸引眼球的公共事件背后，隐藏着怎样的逻辑？进一步讲，如何将这样一套维稳体制置于当代中国国家与社会关系的视野中进行理解？

本章以S省H市为例，沿着国家与社会关系的路径，深入剖析现行维稳体制的内在逻辑，进而尝试性地提出新的解读。本章认为，改革开放以来，特别是20世纪90年代中后期以来，中共面临社会矛盾冲突增加而地方政府治理能力弱化甚至异化的窘境，因而试图用自上而下的维稳体制来约束基层政权、掌控社会形势。然而，维稳体制所塑造的社会"硬壳秩序"过于僵硬，而且缺乏内在的公正性和权威性。

本章数据资料主要来自官方统计资料及田野调查。2014年4月下旬，笔者作为中国社会科学院政治学研究所"地方政府治理与社会治理现代化研究"项目组成员之一，赴H市HT区、FP县、NZ县专门就社会稳定与社会秩序问题进行调研，获得了大量一手和二手资料；7月，项目组委派专人到曾经走访过的一区两县发放调查问卷350份，收回有效问卷318份。因此，调研资料和问卷数据是比较丰富的。

一 乡村维稳二十年

从20世纪90年代初至今的二十年里，H市维护社会稳定的历史过程可以划分为三个阶段。第一个阶段是2000年之前，社会稳定问题越来越突出，而系统化的应对办法尚未出现；第二个阶段是2000—2008年，维稳体制逐步形成；第三个阶段是2009年至今，维稳体制越来越完善和严密。

（一）非制度化阶段（2000年以前）

根据中国政治体制归口管理原则，中共各级政法委员会负责领导本级公安、检察、法院、信访、民政等部门，是维护社会稳定的主要领导和协调机构。然而，设立政法委的最初目的是加强党对司法的领导，职能上偏重于维护社会治安和打击刑事犯罪，后来所说的社会稳定问题并非其关注重心，也未形成一整套有效的应对办法。所以，从20世纪90年代初到2000年，当社会稳定问题变得越来越突出之时，政法委领导之下的维稳工作呈现出强烈的不平衡性，一方面在运用专政手段打击法轮功、门徒会等邪教组织方面取得了很大进展；另一方面却无法有效地解决大规模的信访和群体性事件问题。

从20世纪90年代中叶开始，H市地区的邪教组织发展势头迅猛，其中法轮功邪教组织尤其猖獗。H市地区佛教昌盛，课题组2014年7月的问卷调查发现，受访者当中有106人信仰宗教，占总数的33.76%；其中信仰佛教的91人，又占信仰宗教的受访者总数的85.85%。在浓厚的佛教氛围之下，法轮功组织趁机侵入并迅速发展，诱发了大量不稳定事件。经过数年有效打击和综合治理，法轮功等邪教组织迅速萎缩，其他如门徒会等邪教组织星散。H市政法委指出，截至2000年，全市97%的"法轮功"练习者都得到了不同程度的转化，粉碎了多起法轮功顽固分子组织的非法聚集和进京上访图谋。[①] 2001年，进一步转化了55名法轮功重点人员，最大限度地遏制了地下宗教势力的蔓延，这标志着法轮功等邪教势力得到了比较彻底的解决，不再成为威胁社会稳定的主要因素。

然而，H市政法部门对于今日我们所熟知的信访及群体性事件问题，却有些束手无策。这类问题初次引起H市党政领导的重视是在1994年，该年度上访以及各类群体性事件大量增加。原因是多方面的，在城市，市场经济严重地冲击了旧有的经济格局，不少全民和集体所有制企业经营困难，甚至面临亏损、停产和倒闭等问

[①]《H市年鉴》编辑部：《H市年鉴2001》，三秦出版社2001年，第58页。本章所用数据除非特别注明，均引自历年《H市年鉴》《HT区年鉴》《NZ县年鉴》的信访及政法章节，个别原始数据之间有抵牾，则根据不同年份比对最终确定，为避免重复烦琐，不一一注出。

题，公有制企业职工成为各类不稳定事件的主要群体。在乡村，税费负担加重，硬性摊派种植烟叶等经济作物，以及罕见的大旱天气引起生活困难等，导致干群矛盾激化，部分地区甚至酿成了凶杀或自杀案件。以 NZ 县为例，1994 年信访总量达 904 件次，其中来访 405 人次，分别较上年增长 14.43% 和 25.39%（见图 7-1）。最引人注意的是集体上访案件的增加，该年度集体上访共 60 起、1706 人次，分别为上年的 6 倍和 10 倍（见图 7-2）。

20 世纪 90 年代中后期，城市企业改制继续推进，乡村农民负担持续加重，各类不稳定因素始终未能彻底消除，导致 H 市维稳压力持续增大。1999 年，H 市、县区两级信访部门处理信访 27236 件次，比上年增加 49.3%；接待集体上访 965 批、14268 人次，较上年分别上升 156.6%、85.6%，显示出非常快的增加速度。在 NZ 县，全年信访达到 1220 件次，来访 548 人次，重信重访 330 件次，为历年来新高。在 HT 区，群众信访 1515 件次，来访 561 次，此外集体上访 214 批、3097 人次，均较上年大幅度上升。

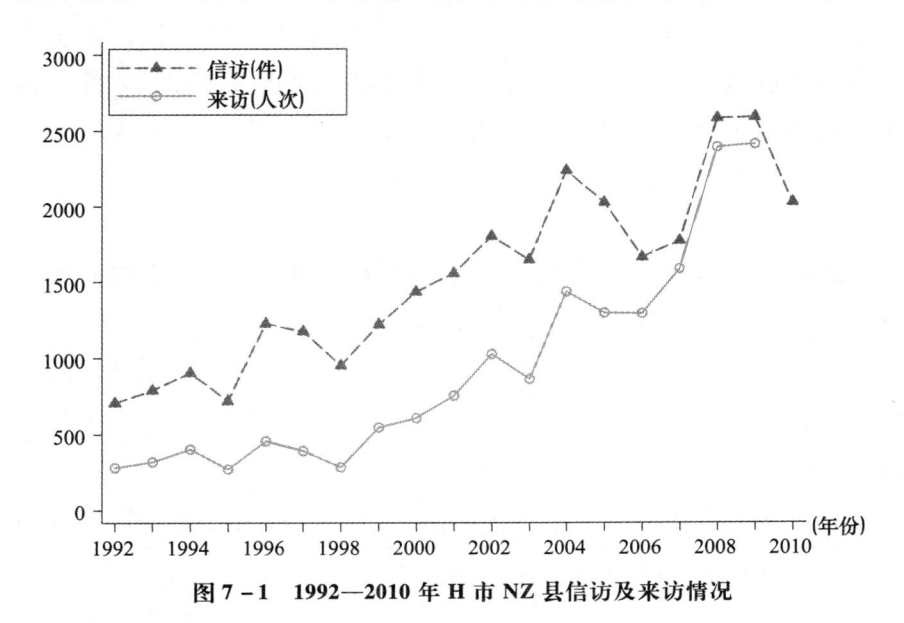

图 7-1　1992—2010 年 H 市 NZ 县信访及来访情况

资料来源：1993—2011 年《NZ 县年鉴》；"来访"的数据缺 2010 年。

（二）维稳体制形成阶段（2000—2008年）

2000年，中共中央维护社会稳定领导小组办公室成立，并与中央政法委合署办公。同年8月，中共中央办公厅、国务院办公厅转发《中央社会治安综合治理委员会关于进一步加强矛盾纠纷排查调处工作的意见》（中办发〔2000〕17号），指出"维护社会稳定是社会治安综合治理工作的基本任务"，改变了综治以往主要针对社会治安和刑事犯罪的定位，并要求各地建立排查调处矛盾纠纷机制，把社会稳定问题化解在基层。这标志着中央决心从组织上和制度上入手建立维稳的长效机制。

正是从2000年开始，H市开始了有计划地建设维稳体制的步伐。首先，继续加强社会治安综合治理网络，例如H市政法委2002年的口号是"面上抓排查、内部抓网络、城市抓社区、农村抓治安中心户长"，2003年增加"街道抓巡逻"，2004年又加上了"行政边际地区治安抓协作联防"。其次，建立健全矛盾纠纷排查调处制度，从2000年开始，H市政法委根据中央文件精神，在全市开展了矛盾纠纷排查调处活动，共排查各类矛盾纠纷1642件。再次，按照"分级负责，归口管理"原则，逐步建立和完善市、县区、乡镇、村四级信访工作网络。最后，建立完善的目标责任制，层层实施维稳考核。

2007年，中共十七大报告要求加强社会管理，"建立健全党委领导、政府负责、社会协同、公众参与的社会管理格局"。然而在基层，"社会管理"往往被直接理解为"管理社会"，维稳部门侧重于用强有力的行政手段掌控社会，使得社会按照自己意志进行运转。在H市，社会治安综合治理被扩充了，增加了"平安建设"，这样，更多地维稳内容被纳入进来，综治管理网络也更多地被应用于维护社会稳定方面。

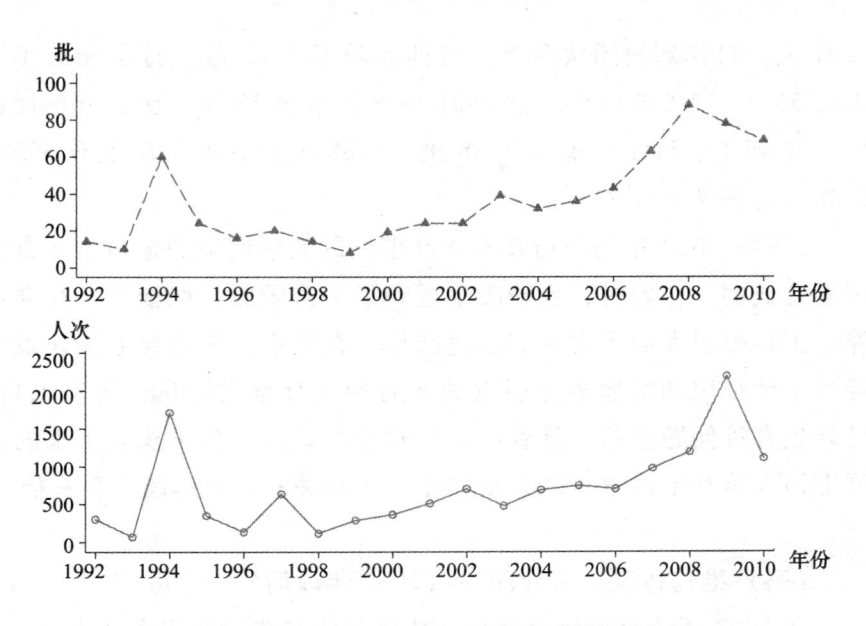

图 7-2　1992—2010 年 H 市 NZ 县接待集体访情况

资料来源：1993—2011 年《NZ 县年鉴》。

尽管维稳体制在逐步建立，但其发挥作用却需要假以时日。2000—2008 年，H 市各类上访及群体性事件呈现逐年上升趋势（参见图 7-1、图 7-2NZ 县的信访趋势）。李连江等人研究发现，全国性及进京上访高潮主要发生在 2006—2008 年，之后就呈现逐步下降趋势。[①] H 市也不例外，伴随着北京奥运会的召开，各类上访以及群体性事件呈现井喷式暴发趋势。其中，集体访的情况愈发严重，以 NZ 县为例，集体访从 2004 年的 32 批、684 人次，快速增至 2007 年的 63 批、966 人次。

2008 年，全市、县区信访总量达到 31994 件次，为历年来新高；群众赴省上访 384 人次，非正常进京上访 69 人次。全年共排查矛盾纠纷 2638 起，化解 2309 起，有效处理群体性事件 87 起

[①] Lianjiang Li, Mingxing Liu, and Kevin J. O'Brien, "Petitioning Beijing: The High Tide of 2003-2006," *The China Quarterly* 2012 (210), pp. 313—334.

4201人。打掉邪教团伙3个，查处邪教案件22起，打击相关犯罪人员55人。NZ县信访总量2581件次，来访2389人次，分别比上年上升46%、51%；集体访88批、1188人次，比上年上升39%、23%（见图7-2）。

2000—2008年间信访及群体性事件的大幅度增加，是由多方面因素造成的。在农村，税费改革缓和了干群矛盾，但治安、社会保障、土地等引发的矛盾冲突迅速凸显。在城市，房地产业快速发展导致土地征用和房屋拆迁引发的矛盾冲突日益尖锐化，流动人口、计划生育等问题依然困扰着市、县政府。此外，多年积累下来的重复上访人员和案件成为老大难问题，让相关的维稳部门十分头痛。

（三）维稳体制完善化阶段（2009年以后）

在2008年北京奥运会之后，H市各级各类信访开始逐年下降。2010年，NZ县信访量有了较大下降（见图7-1、图7-2），受理群众信访2023件次，同比下降22%；集体访69批1095人次，同比下降11%、55%；到市访813人次，同比下降29%；赴省个访15人次，同比下降63%；进京非正常访9人次，同比下降75%。到2011年，全市信访形势有了很大好转，到市一级上访1461批、8769人次，同比下降22%、19%；到市一级集体访361批、6027人次，同比下降20%、18%。

信访量稳步下降标志着政府维护稳定的努力取得重大进展，也标志着从政府角度来看，整个维稳形势正在逐步走向"可掌控"的范畴。最近五六年来，尽管信访量有起有伏，群体性事件时有发生，但社会稳定形势整体上没有发生大的问题，各级政府掌控社会稳定的能力在稳步提升。在信访工作领域，用一些地方政府总结性的话来讲，就是"信访秩序进一步好转，信访工作逐步走向了规范化、法制化的轨道"。[①]

[①] 陕西省NZ县地方志办公室编：《NZ县年鉴》，中国县镇年鉴社2009年版，第114页。

之所以会如此，直接原因大致有三个：第一是随着人口及社会经济结构的变化，一些不稳定因素自然消失了。H 市属于西部落后地区，在农村，外出务工人员急剧增加，因农村经济纠纷、基层选举而导致的社会矛盾呈现弱化态势；① 在城市，随着下岗职工逐渐退休或安置，社会稳定形势趋于缓和，目前影响社会稳定的主要是征地拆迁问题。第二是因为维稳部门的力量得到加强。例如 H 市政法委在 1998 年编制 19 人、实有 16 人，到 2011 年时编制已达 29 人。H 市信访局在 1998 年仅有 10 名工作人员，到 2011 年时编制已达 23 人，实有工作人员 19 名。② 第三是"花钱买稳定"取得了一定成效。2008 年，H 市信访局为了给上访者解决生活困难，花费 130.43 万元；到 2011 年，H 市及各县共投入 3466 万元，化解信访"老大难"积案 305 件。

然而，这些因素能够发挥作用是有着深层次背景的，那就是维稳体制的形成和完善。正是维稳体制的形成和完善，从根本上遏制政府眼中的"不稳定因素"，使得社会形势重新回到政府的掌控之下，也使得政府在人员和资金方面的投入更加富有成效。观察 H 市历年维稳情况，2008—2009 年是重要转折点，因为多年来精心构筑的维稳体制初见成效；2011 年为另一个标志性年份，市信访接待中心和 10 个县区信访接待大厅建成并投入使用，以一种政治景观的煊赫样式，向人们昭示出维稳体制最终臻于完善。这一延续至今的维稳体制最显著的特征有三：压力型考核、精细化管理和布点式防

---

① 访谈记录 H 市 20140425。问卷调查显示，57.14% 的受访者家中有人曾经或正在外出打工（$N=315$）。在以凉皮小吃著称的 NZ 县 XJ 镇，大量的外出打工者都是全家老幼一起外出开店，做卖凉皮的生意。大规模外出打工使得农村的"能人"目光向外，不再纠缠于村庄中的蝇头小利。

② 伴随人员增加，办公设施和财政投入也呈现快速上升趋势。以 2008 年为例，市县信访部门新增信访干部 11 人，县区信访局新添车辆 4 辆、电脑 24 台，配置传真机、打印机、摄影照相等办公设备。HT 区、Y 县、ZB 等县区共设立 98.5 万元的信访应急救助资金……实行年度考核奖惩制度，对连续工作满 15 年的市县区信访局干部颁发荣誉证书、享受市级劳模待遇。参见《H 市年鉴》编辑部《H 市年鉴 2009》，三秦出版社 2009 年版，第 88 页。

控。其组织之严密、工作之细致、效果之显著,令人叹为观止。

二 压力型考核

在中国压力型政府体制之下,上级控制下级的最重要方式之一就是目标考核。目标考核很少关注下级执行任务的过程,相反,通常是由上级制定明确的(经常是数量化)的考核目标,下级执行时不妨因地制宜、各显神通,上级主要根据下级党政部门的最终绩效予以奖励或惩处。① 在维护社会稳定成为各级党政部门头等大事的今日,上级政府用目标考核的办法来敦促下级党政部门维稳是再自然不过的事情了。维稳考核的特点在于其激励机制,即对先进分子的奖励颇有些无关痛痒,但对于落后者的惩罚则极为严厉,换言之,这更像是体育运动中的淘汰赛模式。

在当前官员问责压力主要来自上级党政部门的政治制度之下,压力型考核体系是维稳体制运转的主要驱动力。《国家信访条例》第四条规定:"信访工作应当在各级人民政府领导下,坚持属地管理、分级负责,谁主管、谁负责,依法、及时、就地解决问题与疏导教育相结合的原则。"这一规定包含三重含义:一是按地域管理;二是责任划分要明晰;三是尽量就地解决。这与现行政府结构是比较吻合的,有利于自上而下地逐级考核信访情况,也从实际上赋予压力型考核合法性。

(一)目标考核制度的升级与完善

在H市,治安综合治理和社会稳定长期以来都列入官员政绩考

---

① OlivierBlanchard and Andrei Shleifer, "Federalism with and without political centralization: China versus Russia," *National Bureau of Economic Research*, 2000. Pierre F. Landry, Decentralized Authoritarianism in China: The Communist Party's Control of Local Elites in the Post - Mao Era, Cambridge University Press, 2008. 荣敬本:《从压力型体制向民主合作体制的转变:县乡两级政治体制改革》,中央编译出版社1998年。

核之中，但是，系统化、制度化的严格考核则始于2003—2004年。2003年，H市政法委开始严格执行社会稳定"一票否决"制度，对于没有完成社会稳定任务的单位和个人，无论其他方面工作是否到位或优秀，一律撤销其评先进、获奖励的资格。该年度，H市各区县"一票否决"了78家单位和82名个人的评先受奖及文明单位资格，对若干重大案件负有失职责任的党政领导和干警进行了责任追究。市信访局也开始与各区县签订《信访工作目标责任书》，实行量化考核；还初步制定了规章制度，用细化和量化的办法考核各级党政组织及官员，主要内容包括信访工作职责、监督考核、责任追究三方面。

2004年，H市信访局贯彻政法委的精神，把工作责任制及"一票否决"制度进一步精细化、制度化，出台了相关的规章制度：

> 制定出台了《H市信访工作责任制及其追究办法》，发至各县区、H市经济开发区和市直各部门、直属机构贯彻执行。对XX县政府、X县政府、市卫生局及HT区、XX县有关责任乡镇在信访工作中接劝工作不及时、疏导不力、处理问题不负责任等进行通报批评。会同市目标管理责任制考核委员会办公室制定《H市信访工作一票否决规定》，于2004年10月后起执行，把责任追究落到了实处。[①]

2007年，中共十七大召开，北京奥运会迫在眉睫，矛盾纠纷化解的重要性进一步加大。H市召开多次会议，明确规定社会稳定问题由原来的分管领导主抓，变为"一把手"亲自领导、分管领导具体负责，并建立起与之相关的更加严密细致的工作与考核制度，表明党政各部门重视程度大幅提高。此外，H市还要求相关会议制度严格化，信息渠道畅通化，以便为解决矛盾创造最好条件。

---

① 《H市年鉴》编辑部：《H市年鉴2005》，三秦出版社2005年版，第103页。

2010年之后，随着维稳体制的不断完善，压力型考核成为常态，相关工作已经逐渐常规化，即变成了党政部门工作日程中最重要的部分之一，自上而下的维稳考核与"一票否决"制度成为一年一度政绩考核的重要内容，社会稳定方面出现问题将直接影响相关责任人的仕途。以2011年信访工作为例，H市主要领导每逢开会必讲信访，对信访不合格的党政部门进行明确的惩处或警告：

> 市上2次市常委会、8次市政府专题会议听取信访工作汇报。市上主要领导逢会必讲信访工作，带头履行第一责任人职责，带头接访、包抓协调突出信访问题；市上分管领导深入基层检察信访工作，协调解决重大信访问题，帮助信访部门解决困难；其他市级领导按照职责分工，解决分管领域的矛盾纠纷。……加强信访工作目标责任管理，增加信访工作考核分值，督促各级各部门把信访工作纳入年度目标责任考核内容，强化对主要控制指标掌控。严格责任追究，市上先后对三个区县发出提醒通报，县区通报批评19个乡镇（办事处）和单位，对5个乡镇（办事处）主要领导进行谈话。[①]

（二）基层综治考核

层层实施的维稳考核，最基础的一级落在了基层党组织和基层自治组织（简称"两委"）身上，这就是所谓的"上面千条线，下面一根针"。在城市，街道办事处与居民委员会主任和党支部书记签订目标责任书；在农村，乡镇政府与村民委员会主任和党支部书记签订目标责任书。基层"两委"是相关规定的最终实施者，真正担负起了最艰巨的维稳任务。在H市，党支部固然要服从上级领导，村、居自治组织的自主性也不强，通常支部书记是"一把手"，主任在工作上给予配合。在签订目标责任书的时候，上级政府、党

---

① 《H市年鉴》编辑部：《H市年鉴2012》，三秦出版社2012年版，第101页。

委，支部书记和村（居）主任共同在一份责任书上签字盖章。

从课题组调研的一区两县各乡镇来看，无一例外均与下属"两委"签订了关于维稳的目标责任书，下面以2014年HT区DD街街道办事处与下属居委会签订的目标责任书为例进行讨论。在HT区DD街街道办事处，街道办与居委会签订了一份总体性目标责任书，规定社会治安综合治理与安全生产、人口与计划生育、城市环境卫生等三大类工作实行"一票否决"。除此之外，还分别就社会治安综合治理、信访、平安建设、安全生产四个方面，单独签订了具体细致的目标责任书。

社会治安综合治理目标责任书将"领导重视，机构健全"单列为第一类考核项目，分值占总分的30%。责任书规定，"落实'谁主管、谁负责'，社区和单位党政领导是第一责任人，由分管领导具体负责工作，并确定专（兼）职人员，定期组织研究分析内部治安状况，及时解决存在的问题"，"切实做到年初有安排，平时工作有记载、有资料、有检查，半年有小结、年终有总结"，"层层落实承包责任制，做到横包到边，纵包到底，树立一盘棋的思想"。[①] 考核由街道办事处社会治安综合治理委员会负责，按照操作细则打分，具体如下：

> 按百分制计算，制定打分操作细则和考评表，并组织有关单位部门成立考评小组，深入社区、企事业单位，采取听汇报、提问、查资料、详查、抽查、走访群众等方法，结合平时掌握的情况，按考评涉及的项目逐项打分，一般每季度进行一次抽查，半年进行一次小考评，年终进行总考评，汇总结果作为奖惩依据。如发生重大问题，则组织专项调查。[②]

按照DD街街道的社会治安综合治理责任书规定，与考核结果

[①] H市HT区DD街街道办事处：《2014年社会治安综合治理工作目标责任书》，2014年。
[②] 同上。

相配套的是完善的奖惩措施,这包括一类奖励措施、两类惩罚措施。奖励措施规定的比较模糊,仅表示予以适当奖励,从调研座谈中了解,主要是通报表彰、发放一定数额的奖金等。惩罚措施规定要具体得多,第一类惩罚措施是通报批评并建议主管部门严肃处理,主要适用于以下情况:

——对领导不重视,组织不健全,措施不得力,造成治安或刑事案件者;
——因治安管理不严,引起流氓滋事,打架斗殴,赌博治安案件发生,又不积极主动采取措施制止,影响内部治安秩序者;
——对民事纠纷调处不当引起矛盾激化,造成越级上访或重大影响者;
——被判刑、关押或安置帮教人员重新犯罪者;
——不按时与办事处签订治安管理目标责任书者。①

第二类惩罚措施是一票否决。一票否决主要适用于发生重大不稳定事件或事故的情况,一旦被一票否决,主要责任人面临严厉处分,别的工作完成得再好都没有用,基本上全年所有工作都被否定,还要扣奖金甚至扣工资,以及通报批评。DD街街道办事处规定一票否决适用于以下五种情况:

——因领导不重视,工作措施不得力,发生重大火灾,恶性刑事案件、事故,造成非正常死亡的;
——对重大治安隐患和容易激化矛盾的纠纷处理不得力,造成严重后果影响社会稳定的;
——因情报信息不灵,发生"法轮功""全能神"等邪教

---

① H市HT区DD街街道办事处:《2014年社会治安综合治理工作目标责任书》,2014年。

组织聚众闹事、赴省上京事件的；

——党政领导凡年内受到党纪、政纪处分的；

——三次被区级以上通报批评的。①

（三）基层信访考核

较之综治工作，信访目标责任书则规定的比较细致和具体，包括加强信访工作组织领导、化解越级集体上访和非正常上访、贯彻落实《信访条例》、加强信访信息工作等四个方面，其中化解越级上访和非正常上访所占分值最多，占总分的45%（见图7-3）。责任书明确要求社区党支部、居委会成立信访领导小组、人民调解委员会和信访室，机构领导由支部委员兼任，同时支部书记为信访第一责任人。还要建立由党支部书记任主任的矛盾纠纷排查调处中心，每月定期研究疑难信访问题。上级领导交办的信访案件，以及本社区突出的信访问题，要有党政主要领导人包案主办，负责到底。

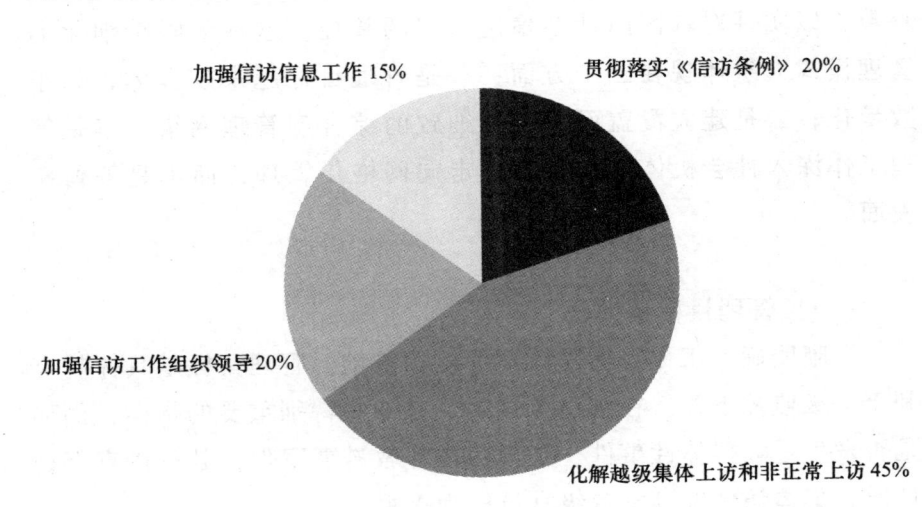

图7-3 H市HT区DD街街道办事处信访目标责任书分值占比

---

① H市HT区DD街街道办事处：《2014年社会治安综合治理工作目标责任书》，2014年。

信访目标责任书规定了"一票否决"的四种情况：

——区以上信访工作领导小组、联席会议通报批评1次以上的；

——中省市要结果案件不能100%报结，区级领导、联席会议及信访局要结果不能95%报结的；

——凡年度未完成"一控制、两下降"目标任务的；

——对重大治安隐患和容易激化矛盾的纠纷处理不力，造成严重后果影响社会稳定的。①

三　精细化管理

在自上而下的严格考核之下，各级党政部门不得不使尽浑身解数，以实现对辖区内社会稳定形势的掌控。这种无限精细化的管理模式大致体现在三个方面：一是管理目标越来越具体，趋于数量化；二是建立覆盖面、工作细致的综合型管理网络；三是管理工作深入社会机体之内，乃至走向网格化管理，而不是停留于表面。

（一）管理目标精细化

清晰明确的工作目标是政绩考核的基础，管理目标越具体越有利于上级监控下级。在维稳考核中，有一些特别重要的指标，例如是否发生重大群体性事件，是否存在邪教滋事案件，赴省进京上访情况，集体访情况等，各级官员极为重视。

---

① H市HT区DD街街道办事处：《2014年信访工作目标责任书》，2014年。

表 7-1　　　　　　　　H 市基层维稳重要量化指标列表

名称	解释
"一控双降"	控制群体性事件上升势头，降低集体访和越级访
"两率一度"	社会治安满意率、平安建设知晓率和政法单位满意度
调解纠纷成功率	主要考核基层社区、单位调解委员会的工作情况
信访总量	来信件数与来访人次之和
集体访总量	包括批、人次两项指标
越级上访总量	包括三类：进京、赴省、到市
重信重访率	重复来信、重复上访占信访总量的比例
要结果案件报结率	对于获得中央、省、市相关部门或领导批示的案件，下级政府部门办理完结并上报的情况
非正常死亡人数	无论何种原因导致的非正常死亡人数均包括在内

在 HT 区 DD 街街道办事处《2014 年社会治安综合治理目标责任书》中，要求下属各单位不得发生政治性案件及群众性聚众闹事案件、集体上访，社区、单位调解委员会调解纠纷成功率在 95% 以上。[①] 在其 2014 年平安建设目标责任书中，规定了一些非常具体的社会治安防控网络指标，例如内保组织、调解组织健全人员不少于 3 人，重要企事业单位要建立专兼职的护厂队、护校队，学校（幼儿园）配备保安不少于 2 人。责任书还明确规定了几类需要严加防范的重大不稳定事件，例如不发生 1 人以上的命案和交通、火灾事故，不发生重大安全生产事故，不发生大规模群体性事件和造成恶劣影响的炒作事件。[②]

在 NZ 县 XJ 镇，镇政府与各村统一签订目标责任书，涵盖了各村全年度工作的主要内容，其中包括维稳。以 2012 年为例，责任

[①] H 市 HT 区 DD 街街道办事处：《2014 年社会治安综合治理工作目标责任书》，2014 年。
[②] H 市 HT 区 DD 街街道办事处：《2014 年平安建设目标责任书》，2014 年。

书有五大部分，分别是：经济发展；党建、精神文明及统战工作，综治及平安建设、信访、司法工作；食品药品安全、医疗卫生与环境保护工作；考核奖励。其中，综治及平安建设、信访、司法工作所占篇幅最大。目标责任书要求"两委"干部保证：杜绝法轮功、门徒会等邪教案件或问题的发生，刑事案件发案率低于0.3‰，治安案件发案率低于7‰，来镇上访量控制在3‰以内，到县上访量控制在1‰以内，到市上访量控制在0.5‰以内，赴省进京上访量为零，到县以上无集体上访。①

FP县YJZ镇2014年综治暨平安建设目标责任书则是另一番景象。由于这个山区县维稳及信访工作做得比较好，越级上访、集体访或群体性事件都很少发生，所以考核重点放在了日常工作程序方面，例如以下几个规定：

　　——落实责任到位。制定工作制度，做到年初有安排、半年有报表、年终有总结；每季度召开会议研究分析和安排部署综治和平安工作。（查资料、记录，每差一项扣2分，共10分）

　　——信息报送。及时上报镇党委政府交办的事件处置情况和辖区内重大不稳定情况，按程序及时上报，无迟报、漏报、瞒报现象。（每月上报一篇，缺一篇扣1分，共15分）

　　——档案资料齐全。年度有计划、总结、月报表、记录，法定节假日前上报带值班名单等各项工作档案资料真实完备，装订成册，规范整齐，妥善保管。（查资料，每差一项扣2分，10分）②

---

① H市NZ县XJ镇：《XJ镇2012年工作目标责任书》，2012年2月。
② 中共YJZ镇委员会、YJZ镇人民政府：《YJZ镇综治暨平安建设目标责任书》，2014年。

（二）管理网络全覆盖

H市政法部门一直试图建立严密的维稳管理网络，做到每件不稳定事件或苗头都能找到负责人，都能做出恰当的应对。从现实情况来看，维稳管理网络分为纵向和横向两个层面，即所谓"纵包到底，横包到边"。纵向是指从村组到县市各级政府分工明确、责任清晰、相互配合与联动；横向主要指在基层乡镇（街道）和村（居）层面，要覆盖到基层每家每户，还要对不稳定因素进行重点掌控。

表7-2　　　　　H市维稳管理网络的基本特性

纵向安排	层层实施目标责任制，上下级联动
	实现快速、全面、准确的政治信息传递要快
横向安排	构建严密无遗漏的防控组织网络
	社会矛盾冲突的分类处理和解决

就纵向管理网络而言，核心内容有二，一是每一级党政部门都实行目标责任制，处理每一个事件都能避免拖延，迅速实现上下级行政神经的贯通；二是政治信息传递要快速、全面、准确，绝大多数社会矛盾冲突信息都能够及时上达，上级政策信息、处理方案能迅速在基层落实。H市政法委关于矛盾纠纷排查调处体系的安排，就完全体现了这两大核心内容：

（1）层层实施目标责任制

实行组、村、乡镇、县、市层层负责制，形成上下联动、齐抓共管的工作局面。各区县各部门建立"一把手"负总责亲自抓，分管领导直接负责具体抓，相关领导履行"一岗双责"配合抓的工作机制，大部分乡镇成立由党委书记任主任的矛盾纠纷调处中心，企事业党委及村委会成立相应工作机构，制订工作方案，建立制度，层层夯实工作任务和责任。

（2）政治信息传递

> ……乡镇坚持每月召开一次驻村干部会、一次村调解主任会，市、县坚持每月召开一次信访情况分析研判会，整理排查出的问题，安排排查化解工作，建立逐级逐月报告和零报告制度，畅通信息渠道。排查出的矛盾纠纷，各级联席办向相关责任单位交办，逐层落实领导包案，落实责任单位和责任人，限定期限调处，逐人逐件建立工作台账跟踪督办。[①]

就基层横向管理网络建设而言，核心内容也有两方面，一是防控组织网络的构建，这包括乡镇（街道）层面维稳机构的整合，以及村（居）乃至居民层面维稳力量的培育；二是社会矛盾冲突的分类处理，对于各类不稳定因素都能恰当地分类和解决。

防控组织网络的构建是以往社会治安综合治理的群防群治思路的延续，向来为维稳部门所重视。2004年前后，H市政法委的思路是"面上抓排查、内部抓网络、城市抓社区、农村抓治安中心户长、街道抓巡逻、行政边际地区治安抓协作联防"。2011年之后，H市政法委的维稳思路进一步拓宽，制定《平安建设十条标准》，从组织机构、人员队伍、工作运行、经费保障等十个方面明确量化，实现数字化管理、图表式作业、标准化推进、常态化考核。用他们自己的话说，就是全市要形成以"家庭治安代表人"为点，"平安家庭互助组"为线，"治安中心户长"为面的点、线、面防控格局。

社会矛盾冲突的分类处理能使维稳部门的工作更有效率和针对性。例如在H市NZ县，县委、县政府明确规定处理信访问题是一项系统化工程，要针对初访、疑难杂信访、上访等不同情况采取不同的解决办法，全面覆盖各类情况。NZ县信访工作形成了以下局面：

---

① 《H市年鉴》编辑部：《H市年鉴2008》，三秦出版社2008年，第98—99页。

坚持"属地管理、分级负责,谁主管、谁负责"的原则,不断加大"要事解决"力度,做到了三个解决:一是对初信初访及时解决,基本做到了件件有着落,事事有结果;二是对疑难杂信访协调解决,全力破解信访难题;三是上访问题依法按政策妥善解决,狠抓信访工作"双向规范",既规范信访工作行为,又规范上访人行为,形成畅通、有序、务实、高效的信访工作新秩序,筑牢了基层信访稳定工作的第一道防线。[①]

(三)管理手段现代化

管理手段现代化向来受到社会治安综合治理部门的重视,长期以来,全国各地为了增强公安机关机动反应能力,投入了大量的资金购置先进设备、建设高效率的应对制度,包括设立110报警服务电话,建设治安亭、报警点和巡警体制等。

H市在2010年的工作值得一提,为了应对全国普遍出现的校园安全事件,当年全市学校、幼儿园投入安保资金4631余万元,在982所校园的重点部位安装视频监控设施,在481所学校安装报警装置,配备伸缩警棍等防护器械4638套,为1306所学校配备保安1572名。电子监控能够让维稳部门快速获取准确信息,有利于及时部署应对措施。当年全市在市区、县城、主要集镇、重点部位安装电子监控探头3682个,"实行全天候三级监控,全面深化'两见警'、'三深入'警务模式"。[②]

H市城市维稳工作的最重要进展体现在网格化管理方面。网格化管理是将城市管辖区域按照一定标准划分为单元网格,借助现代信息技术对每个单元网格实施管理、疏导和信息分析,达到维护社会秩序目的。网格化管理需要投入大量资金购置计算机、信息终端

---

① SX省NZ县地方志办公室编:《NZ县年鉴》,中国县镇年鉴社2009年版,第116页。
② 《H市年鉴》编辑部:《H市年鉴2011》,三秦出版社2011年版,第68—69页。

及监控设备等项,还要配置相应的工作人员。目前我国东部、中部大多数城市都实现了网格化管理,H 市由于经济相对落后,迟至 2013 年下半年,才投入 100 多万元,在 HT 区一个街道办事处下面的 7 个社区进行网格化管理试点。

HT 区实施网格化管理,大约每个网格内包括 300 个住户,约 1000 人。基本上每个社区为一个网格管理站,每个网格管理站需要 5 名工作人员,包括 1 名服务员、2 名信息员、1 名党小组长,信息员通常由社区居民中选任,其他人员为社区居委会工作人员或党员干部。网格信息员手持终端设备,随时将区域内可疑人物、突发事件等大小问题上报,例如某人要上访,信息员可以立刻用终端设备拍照上传。报上去之后,社区、街道及区管理部门之间实现了信息共享,商讨解决办法,上级命令也可以及时下达到基层网格管理员那里。

四 布点式防控

"维稳工作中最重要的是管理,管理中最重要的是人的管理,人的管理当中最重要的是特殊人群的管理。"[1] 在 H 市调研的某次座谈会上,一位基层维稳干部如是说。这段"精辟"的总结提醒我们,维稳工作的重点在于对特殊人群的防范与掌控。精细化管理是维稳工作的日常运行状态,大体可看作面向非特定人群的预防措施,而对特殊人群的布点式防控,则显露出整个维稳体制的重点指向对象。

大体而言,维稳工作重点防控对象有二:一是社会边缘人群,维稳部门密切监控,随时掌握其动态,力图将不稳定因素消灭在萌芽状态;二是上访人员,不但要密切监控,还要对其被视为"不稳定"的行为加以限制。突然而至的危机事件或者毫无预兆的群体性事件,往往很难事先消弭于无形,所以工作重点在于事后处理,对于当事人加以说服或控制,处理办法基本与上访人员相同。

---

[1] 访谈记录 H 市 20140421。

（一）社会边缘人群管理

对社会边缘人群的管理向来是社会治安综合治理工作的重要内容，主要包括流动人口、刑释解教人员、青少年群体等若干类人群。随着时间流逝，越来越多的人群被纳入社会边缘人群范畴，例如在2010年排查不稳定因素时，重点上访人员、精神病人、邪教组织成员、治安危险分子等都榜上有名。2011年，因空巢老人和留守儿童易成为治安和刑事案件的受害者，这两类人群也受到H市政法委的重视。

对流动人口的管理向来是维稳的重点对象，流动人口包括流出和流入两类，2008年，HT区在农村、社区建立流动人口管理服务站，ZB县对外出务工人员进行综治培训、跟踪服务等加强以流动人口为重点的社会服务和管理工作，都是比较有特色的。相关部门及基层政权每年都会对流动人口进行摸底调查，以2011年为例，全年清理出租房屋3616家，登记暂住人口57398人，排查重点人员3392名。

社区矫正与青少年法制教育也是社会边缘人群管理的重要内容，以2010年为例，H市做出了如下努力：

> 制定全市社区矫正工作制度，摸清全市符合社区矫正条件的对象959人。推进"假释帮教一体化"试点工作，全市共安置刑释解教人员561人，其中回原单位安置36人、落实责任田448人、社会救济24人、从事个体经营53人。……构建学校、家庭、社会"三位一体"的青少年法制教育和亲情关爱网络，加强对农村留守儿童的司法保护，开展12355青少年服务台建设、优秀"青少年维权岗"创建活动，保障未成年人权益。[①]

从基层维稳考核情况来看，对社会边缘人群的管理也是一个重

[①] 《H市年鉴》编辑部：《H市年鉴2011》，三秦出版社2011年版，第69页。

要方面。在 FP 县 YJZ 镇普法依法治理工作目标责任书中，要求各村居对流动人口和刑释解教人员严加管理，规定"有外出务工人员返乡法制培训内容和记录"，"刑释解教人员有登记，有管理，不失控，帮教责任落实，无重新犯罪"。[1]

NZ 县 P 镇距离市区较近，情况复杂，所以在管理社会边缘人群方面任务更重。P 镇对各村居的考核，特别强调了三类人群：邪教分子、刑释解教人员及流动人口。此外，因吸毒人员情况复杂，很有可能涉及盗窃、卖淫及其他严重的刑事犯罪，所以也要求严加防范。

关于邪教分子：

> 密切注意法轮功等邪教组织的新动向，严防法轮功练习人员流窜作案，切实做好原有练功人员监控帮教、思想转化工作，对顽固分子要树立长抓不懈的思想观念，要开展有针对性的斗争，防止法轮功等邪教组织死灰复燃，切实达到"三零"目标的实现。

关于刑释解教及违法青少年：

> 按照相关规定登记造册，做到底子清、去向明，成立帮教领导小组，落实帮教人员，制定包教措施。对违法青少年和社会矫正人员要落实"三定三包"措施，即定人员、定时间、定任务；包管理、包管教、包改好，定期检查汇报。

关于吸毒人员：

> 对吸毒人员要做好排查目的，积极配合公安部门对吸毒人员采取强制教育戒毒，形成社会教育、组织教育和家庭教育的

---

[1] 中共 YJZ 镇委员会、YJZ 镇人民政府：《YJZ 镇普法依法治理工作目标责任书》，2014 年。

多种格局……

关于流动人口:

> 加强出租房屋和暂住人口清查、登记、整顿、管理工作,按照"谁出租、谁负责"的原则,对暂住人口、房屋出租和特种行业要定期清理整顿、严格加强管理,做到底子清、情况明、手续齐全,登记率达100%,办证率达98%以上。①

(二) 对上访人员的处理

对于上访人员以及有可能上访的人员,全国各地维稳部门的做法大致相同,主要是交替运用盯防、截访、惩处等三种手段。应该说,这三种手段并非新鲜事物,从20世纪90年代就一直存在,进入21世纪之后被采用得越来越普遍,到2007—2008年,依然成为整个维稳体制中最常被用到的手段并延续至今。

盯防重点上访人员是维稳部门遏制上访行为的第一道防线。2007年,面对中共十七大之前高涨的上访热潮,H市不得不采取更加严厉的措施,命令基层政权排查出重点对象并严加控制,对排查出可能择机来区到市上访或赴省、进京越级上访的苗头性问题及重点对象,逐一落实了区级领导和责任单位,制定印发了《HT区处置群体性事件应急救援预案》,对一些上访老户也都落实了包抓领导,稳控责任人和稳控措施,采取了"一对一"盯死看牢的办法,有效地把上访人员稳控在当地。②

---

① 中共HT区浦镇委员会、HT区浦镇人民政府:《HT区浦镇平安建设及综治维稳目标责任书》,2014年。

② 《H市年鉴》编辑部:《H市年鉴2008》,三秦出版社2008年版,第98—99页。2008年,世界瞩目的北京奥运会召开,H市针对一些上访老户,在"一对一"盯死看牢之外,增加了"一日三见面"的举措,稳控措施进一步升级。参见《H市年鉴》编辑部:《H市年鉴2009》,三秦出版社2009年版,第88—89页。

如果盯防举措未能奏效，就必须依靠有效的截访来解决。2007年，H市在手忙脚乱之余，决心建立"信访劝返长效机制"，工作重点是拦截进京上访。在制度方面，完善《群众赴省到京上访处置工作方案》，制定《群众来市级党政机关上访接待处置工作办法》，落实和规范上访人员接待、劝返、稳控责任和程序；在组织方面，H市建立由市联席会议召集人任组长的H市驻京信访劝返工作领导小组，从公安、法院、信访等相关部门抽调12人组建长期驻京劝返工作组，市财政拨付专项经费，解决车辆、住房、办公等问题。十七大期间，政法委书记带队组成驻京信访劝返工作组，劝返上访人员。

2008年，北京奥运会召开，截访任务进一步升级。H市抽调72名干部，分成三个小组，建立四道防线派人驻守，防止信访人失控。由于措施得力，奥运会期间H市的进京非正常访和集体访为零。在NZ县，奥运会期间的信访稳定工作被当作一项政治任务，成立了县委副书记任组长、常务副县长和政法委书记任副组长、公安、法院、司法、信访主要领导为成员的信访稳定工作领导小组，从县直部门和乡镇抽调16名工作人员组成了驻京劝返组、接访组和车站值班组三个工作组，对重点信访问题和人员落实稳控措施，在重点交通部位设卡布点，严防进京上访。

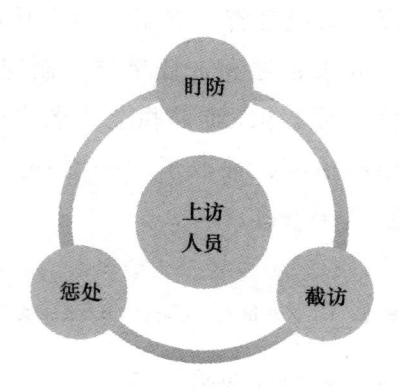

图 7-4 维稳部门对上访人员的处理办法

对于政府眼中的"缠访""无礼访"人员，H 市也在 2007 年出台了制度化的惩罚措施，并在稍后不断完善制度，加大惩罚力度。下面是 2007 年和 2009 年的一些情况：

> 完善《群众赴省到京上访处置工作方案》，制定《群众来市级党政机关上访接待处置工作办法》，落实和规范上访人员接待、劝返、稳控责任和程序。加大少数违法上访人员的依法处置力度，2007 年，违法上访人员依法劳教 4 人，依法行政拘留 29 人，举办法制学习班 28 期 61 人。①
> 2009 年，各县区建立普法教育中心，对首次进京非正常访、赴省集体访和来市集体访组织策划者进行普法教育。加大依法处理违法信访行为，依法打击堵门、堵路等严重妨害公共安全群体性上访挑头人员。2009 年，依法处置堵门、堵路上访事件 5 起，教育 116 人，训诫 59 人，行政拘留 57 人，刑事拘留 1 人，成功转化 296 人。②

如前所述，盯防、截访和惩处三大手段一直以来都是维稳部门处理上访人员的主要手段，由于惩处的权力主要掌握在县级及以上政法部门手中，所以基层工作重点是盯防和截访。例如在 HT 区浦镇 2014 年信访工作目标责任书中，规定了六项工作措施，其中有三项都是关于盯防和截访的：

> 按照"属地管理，分级负责；谁主管，谁负责；分口管理，齐抓共管"原则，看好自己的门，管好自己的人，做到早发现、早化解，努力做到发现得早，化解得了，将矛盾化解在基层，把人员稳控在当地。

---

① 《H 市年鉴》编辑部：《H 市年鉴 2008》，三秦出版社 2008 年版，第 90 页。
② 《H 市年鉴》编辑部：《H 市年鉴 2010》，三秦出版社 2010 年版，第 84—85 页。

对重点信访人员和缠访、闹访人员，在做好教育疏导工作、稳定其情绪的同时，要夯实包抓责任安排专人"盯死看牢"，做到"一日三见面"，并及时上报信访情况。

积极做好上访群众的陪访、接访和劝返工作，并按要求做好处理结果的回复。对接访、劝访工作不及时，造成不良影响或严重后果的，将追究相关责任。①

某些地方还对基层村（居）截访能力提出了极为苛刻的要求，迫使基层村（居）想方设法随时关注重点信访人员动态，信访负责人 24 小时处于待命状态。HT 区 DD 街街道办事处鉴于各社区距离市信访局及其他党政机关比较近，上访条件便利，特别规定对在市区越级上访和非正常上访的人员，社区在接到通知后必须在 10 分钟内接访并及时劝返回本社区。② 要求 10 分钟内接访，无疑对基层村（居）的反应能力构成了极大的考验。

五 "硬壳秩序"及其悖论

就 H 市而言，现在人们所熟知的维稳体制自 20 世纪 90 年代萌芽，2000 年之后地方维稳部门开始有意识地构筑，2007—2008 年左右大体形成，之后日趋严密和完善。这一体制的三大构件分别是压力型考核、精细化管理和布点式防控，三者交织融合，筑起了拦截不稳定因素的大坝。细观今天的 H 市，维稳体制依然发挥着作用，仅目标责任书就有社会治安综合治理、平安建设、信访工作等多种类型，基层官员稍有差池就可能遭受上级机关的严厉处罚，因而不得不诉诸越来越严密的稳控措施，维稳的日常管理走向精细

---

① 中共 HT 区 P 镇委员会、HT 区 P 镇人民政府：《2014 年信访工作目标责任书》，2014 年。

② H 市 HT 区 DD 街街道办事处：《2014 年信访工作目标责任书》，2014 年。

化，对重点人群的防控走向灵敏化。

应当说，维稳体制的确发挥了基层官员预想中的作用，最近五六年来，H市的维稳形势看上去又回到了党政部门的掌控之中。然而不可忽视的是，功效的显著并不能证明其存在的合理性，维稳体制滋生的种种弊端近来已饱受诟病，其最显著者就是把"秩序"理解为维稳最重要的目的，乃至是唯一的目的。

维护社会秩序是国家最基本的职能，即便是最主张限制政府权力的学者，也把国家的此项职能视为必需。从亚当·斯密的守夜人理论来看，国家应当设立"严正的司法机构"，"尽可能保护社会所有成员不受其他成员的欺侮或压迫"。① 运转良好的国家能够充分地保护公民权利，惩罚危害社会秩序的刑事犯罪，并强制执行各类契约，同时自身还受到约束而无法肆意妄为。② 如果国家无法提供基本的秩序，任何其他的职能都无从谈起，遑论经济发展、公共产品、社会福利等事务。

国家所要维护的秩序，应当是具有实质性内容的秩序，并非空泛的无内涵的秩序。人们常说最好的秩序是法治，即"已成立的法律获得普遍的服从，而大家所服从的法律又应该本身是制定得良好的法律"。③ 这意味着，法治秩序首先必须是公正的，法律法规的条文应当符合社会通行的公平正义观念，执行法律必须以实现公平正义为依归；其次，这种秩序必须具有权威性，即执法者不但拥有强制的权力，而且其执法行为具有一言九鼎之效，能赢得公民的普遍服从。也就是说，良好的秩序应当兼具公正性与权威性。

然而，以上述标准来衡量，维稳体制所尽力维护的秩序却具有

---

① 亚当·斯密：《国富论》，华夏出版社2005年版，第508页。
② Daron Acemoglu, and James Robinson, *Why Nations Fail: The Origins of Power, Prosperity, and Poverty*, Crown Publishing Group, 2012. Douglass C. North, and Robert P. Thomas, *The Rise of the Western World: A New Economic History*, Cambridge University Press, 1973. Mancur Olson, *Power and Prosperity: Outgrowing Communist and Capitalist Dictatorships*, Basic Books, 2000.
③ 亚里士多德：《政治学》，吴寿彭译，商务印书馆1965年版，第199页。

完全不同的性质，它维护的是一种"既成秩序"。所谓既成秩序，是指社会中矛盾纠纷的发生本身就是一种威胁，而一旦发生，无论事件处理结果如何，无论是非曲直如何，无论裁判者为何人，只要裁判结果出来，当事人均应服从。所有谋求推翻原有结果者，均被识别为潜在的不稳定因素。至于试图用上访、聚众闹事等方式迫使政府介入、以期改变原有结果的行为，无论手段合法与否，均被明确视为维稳部门的防控对象。

在这种秩序之下，公正并非首要的追求目标，重点在于不出事，出了事最好能息事宁人。维稳考核的重点是信访、群体性事件等所谓不稳定因素的发生数量，上级政府对集体访、群体性事件等都有年度指标，超过了一定数量，相关责任官员就要受处罚。但是，对于事件本身的是非曲直，处理是否得当等问题，则并不在考核之列。因而，把事件及相关信息控制在本地，把当事人吸附在本地，不要到上级去，取代了公平合理地解决问题这一宗旨。这显然对社会矛盾纠纷中的弱者是不利的，弱者拥有的最后救济手段是求助于政府，而一旦真正去上访了却被认为是不稳定因素。

当公正性不复存在的时候，秩序本身的权威性也就丧失了。社会秩序要维持，就必须把强力转化为正义，将服从转化为义务，如果不能做到则只有直接诉诸成本高昂的强制力。[1] 研究表明，当矛盾纠纷无法得到公正处理时，上访人员对政府的信任度会迅速下降，各级政府的政治权威迅速流失。[2] 不公正感还会进一步刺激社会抗争的暴发，当今中国此起彼伏的群体性事件与利益受损方被压抑的情绪、被伤害的感情、被侮辱的人格密切相关。[3] 更值得注意的是，在中央集权体制下，维稳考核越严厉，普通老百姓越认为基

---

[1] 卢梭：《社会契约论》，何兆武译，商务印书馆2005年版。
[2] Lianjiang Li, "Political Trust and Petitioning in the Chinese Countryside," *Comparative Politics*, 2008: 40 (2), pp. 209—226.
[3] 应星：《"气"与抗争政治——当代中国乡村社会稳定问题研究》，社会科学文献出版社2011年版。

层政府权威低,基层政府的处理结果越不被认可,赴省、进京找"青天"的倾向就越明显。

总之,在维稳体制之下,地方维稳部门以暴力强制为基础,排斥任何矛盾冲突的发生,处理问题所需的公正性和权威性被置于次要位置,社会秩序直接被理解为服从地方政权利益的秩序。这种维稳体制导向一种绝对静态的稳定,而不是通过解决问题而达到新平衡点的动态稳定。本章采用"硬壳秩序"的说法,形容现行维稳体制笼罩之下的特殊社会秩序,这种秩序极为僵硬,并且丧失了内在的公正性和权威性。

显然,维稳体制带来的这种"硬壳秩序"并不能令人满意。为了测量人们对目前稳定形势的态度,课题组在问卷调查中设计了一个问题,询问受访者"现在不少人去上访,您觉得他们的诉求是否有道理",结果显示,9.58%的受访者认为很有道理,27.16%的受访者认为有一定道理,两者合计占比达到36.74%,另有31.63%的受访者回答"说不准",31.63%的受访者回答"没有太多道理"或"无理取闹"($N=313$)。也就是说,有超过1/3的受访者认为上访是有道理的,不应该用强硬手段阻止其寻求公正的行为。

表7-3 不同政治身份的受访者对上访行为的看法 单位:人、%

	乡村干部			中共党员		
	否	是	总计	否	是	总计
很有道理	22	7	29	25	5	30
	9.48	9.09	9.39	11.52	5.21	9.58
有一定道理	68	17	85	65	20	85
	29.31	22.08	27.51	29.95	20.83	27.16
说不清	79	19	98	71	28	99
	34.05	24.68	31.72	32.72	29.17	31.63

续表

	乡村干部			中共党员		
	否	是	总计	否	是	总计
没有太多道理	34	18	52	29	23	52
	14.66	23.38	16.83	13.36	23.96	16.61
无理取闹	29	16	45	27	20	47
	12.5	20.78	14.56	12.44	20.83	15.02
总计	232	77	309	217	96	313
	100	100	100	100	100	100
Pearson χ^2	Pearson chi 2 (4) = 8.0456 Pr = 0.090			Pearson chi 2 (4) = 12.6883 Pr = 0.013		

数据来源：SX 省 H 市《农村地区社会经济发展情况调查》。

更有甚者，对上访问题的不同看法凸显了官民之间的对立，普通群众更加同情上访行为，而党政干部则对上访的合理性评价较低。表7-3分析了不同政治身份受访者对上访行为的态度，在担任或曾经担任过乡村干部的受访者中，有31.17%的人认为上访"很有道理"或"有一定道理"，而非乡村干部受访者的这一比例则达到38.79%；44.16%的乡村干部受访者认为上访"没有太多道理"或"无理取闹"，而非乡村干部受访者这一比例则仅为27.16%，Pearson χ^2 检验表明受访者是否担任或曾经担任过乡村干部在上访态度方面具有显著差异（$N=309$，$p<0.10$）。

政治身份的另一个衡量标准是中共党员，身为中共党员意味着较高的政治身份。在身为中共党员的受访者中，26.04%认为上访"很有道理"或"有一定道理"，而非中共党员受访者的这一比例则达到41.47%；44.79%的中共党员受访者认为上访"没有太多道理"或"无理取闹"，而非中共党员受访者这一比例仅为25.80%。Pearson χ^2 检验表明受访者政治身份是否为中共党员在上访态度方面具有显著差异（$N=313$，$p<0.05$）。

尽管较之普通群众，基层党政干部和党员上访的合理性评价较低，但他们对维稳体制之下的"硬壳秩序"也有着强烈的不满。对于普通群众而言，维稳体制因缺乏内在的公正性和权威性，所以对社会矛盾纠纷的处理无法令人满意。对于乡村基层干部而言，维稳体制产生了两大问题：一是让他们承担了不应该承担的责任，应该赏罚分明，干部有责任应该承担，但没有责任也不能硬扣帽子；二是由于怕出事、怕上访，反倒纵容了一批要挟和敲诈政府的"访民"，他们动辄赴省、进京上访，聚众闹事，不管他们有理没理，责任都在基层干部身上，为了防止出事，只好"花钱买稳定"。

在某些情况下，目标责任制会以一种非常扭曲的形式存在，特别是属地管理原则引发了大量不满，因为现在人口流动频繁，不稳定事件在某地发生，不一定是当地干部的责任。在 HT 区 NC 镇 NC 村，村支书陈 XX 讲了一个很受委屈的例子：

> 有一年，有个人来我们村走亲戚，到了村里趁机散发法轮功的传单。他不是我们村的，他亲戚也不信法轮功，但出了这个事，镇上还是罚了我们村委每个人 100 元，说是发生在我们村地面上，有责任。我们也不是公安，哪能天天盯着有没有人干这种事？[1]

在 HT 区 DD 街办事处 BDJ 社区，女干部张××书记同样憋了一肚子委屈，她认为现在维稳的主要问题是政府缺乏权威，手段太软，为了息事宁人，百般纵容无理取闹的人。她气愤地说：

> 有些时候国家政策太宽了，纵容无理取闹。明明不符合照顾条件的人，他还要上访，而且，不管他有理没理，都把责任

---

[1] 访谈记录 H 市 20140421。

算在我们头上。有个人原来就没有自己的房子，住的是房管所的房子，后来这个房子拆迁了，政府又给他安排安置房。他还不满意，说原来是门面房，必须恢复原样。有个曾经被劳改的人，要求平反，也来找我们。他上访，我们还得去接他，他要求坐飞机回来，要不然还上访，我们只好满足他。①

在 NZ 县 XJ 镇 LY 村，村支书王××认为，现在为什么有那么多老上访户，就是因为他们从上访中尝到了甜头。村里有个人，原来自己上访，后来不上访了，在北京靠帮助别人上访，一个月也能赚七八千块钱。村里还有个著名的老上访户，一直上访，上访理由很荒唐，而镇上为了息事宁人，用各种名目给他补贴了几十万元，结果还是隔三岔五地去上访，就是为了再要钱。这个老上访户的情况是这样的：

> 我们这里有个人上访了24年了，他是宅基地边界纠纷。当年他们家几个兄弟分家，还请来舅舅主持，把宅基地分了，每个兄弟都平分。刚开始他没说什么，后来看其他兄弟过得好，眼红，就说自己宅基地分少了，要求重新分。这是他们几个兄弟的事，还一直上访给政府添麻烦。另外我们这里原来属于 BC 县，后来并到 NZ 县里面，很多资料都丢失查不到了，他更是逮到把柄了。他到北京上访，我们去接他，要求参观旅游，我们只好陪着。来硬的吧，他有心脏病，没办法拘留，所以更加有恃无恐。②

其实，地方干部不满的根源和普通群众是一样的，都是因为维稳体制所造成的"硬壳秩序"缺乏公正性和权威性。在"硬壳秩

---

① 访谈记录 H 市 20140421。
② 访谈记录 H 市 20140424。

序"之下,既然无法就社会矛盾纠纷本身的是非曲直给当事人以公正,同样无法给予地方干部以公正。判断"好"干部的标准不是是否公正地处理了问题,而是在其管理范围内是否不出事,如果出了事,不论责任是否在相关干部身上,这些干部都要受处罚。另外,既然政府无法给真正需要帮助的人以公正,那么其道义合法性也就不复存在了,从而引发政府权威的丧失以及治下公民的不服从心理。在某些深谙维稳体制的"访民"看来,既然事件本身的是非曲直并不重要,既然地方政府的威信很低,而目标考核制暴露出地方政府最害怕来自上级的问责,那么,何不扮演成受了委屈的当事人,利用这种害怕心理"敲诈"基层政府呢?

由此我们可以看到,维稳体制的确起到了遏制不稳定因素的作用,但是,同时又自动地制造出了自己的对立面,使得有人可以利用制度的缺陷谋取不正当利益。这样的维稳体制需要花费大量的人力、物力和财力,而其效果不但普通群众不满意,并且各级政府官员、基层自治组织干部等也深感困惑。那么,这种看似荒谬的制度安排为什么会出现并延续下来呢?我们需要从国家与社会关系变迁的角度来理解。

六 法的秩序:国家与社会关系的变迁

解读过维稳体制及其造成的秩序之后,最后在这里探讨维稳体制得以产生的历史逻辑。大体而言,这个历史逻辑是:在改革开放新形势下,各类社会矛盾冲突迅速增加,为了应对这些问题,多年来运行的"党治"与"法治"模式无法应对,因此维稳体制作为一种创造性制度安排出现了,当然它仍然属于"党治"模式的范畴。

近代以来,国家政权建设一直是中国革命和建设的重大主题,中国共产党最大的成就是初步完成了国民党政权未完成的国家建设任务。从20世纪50年代到70年代末,中共彻底铲除了横亘在国家与社会之间的中介组织和社会精英,宗族、乡绅及其他赢利型经纪都不复存在,国家政权直接深入城市和乡村的每一个细胞,实现了对社会的全面监控和动员。① 于是每一个社会成员都被纳入一个单位之中,在农村,人民公社—生产大队—生产队控制了农民的经济和社会活动;在城市,工作单位集政治、经济、安全、福利等多种功能为一身,掌控着单位成员的生老病死。②

在这一时期,社会秩序几乎等同于政治秩序,而政治秩序又表现为党的绝对领导,于是"以党代法"的现象变得极为普遍(蔡定剑1999)。社会矛盾被区分为敌我矛盾和人民内部矛盾,解决"敌我矛盾"的方法是分清敌我,采取坚决的镇压手段;解决"人民内部矛盾"的方法是分清是非,按照"团结—批评—团结"的方式来化解。③ 实际情况是,由于工作单位实质上控制了成员的全部公共生活乃至私人生活,因而具有巨大的协调能力,绝大多数矛盾冲突都发生在单位内部,单位本身就可以处理,超出单位范畴的矛盾冲突则由它们共同的行政上级负责协调。所以,大量的社会冲突矛盾都被深入社会内部的政治网络无声无息地化解了。

改革开放以后,国家与社会关系发生了重大变化,政治控制的范围逐渐缩小,社会自主空间逐步扩大,换言之,从全能主义迈向后全能主义。④ 特别值得注意的是,首先,基层政权向上收缩,人民公社变为国家的最基层行政单位乡镇和街道办事处,农村生产大队改为村民委员会,和城市居民委员会都变成了群众基层自治组织。其次,单位制度逐渐解体,工作单位的行政的社会功能弱化,

---

① 杜赞奇:《文化、权力与国家——1900—1942年的华北农村》,王福明译,江苏人民出版社2003年版;邹谠:《二十世纪中国政治——从宏观历史与微观行动的角度看》,牛津大学出版社1994年版。

② Vivienne Shue, *The Reach of the State: Sketches of the Chinese Body Politic*, Stanford, CA: Stanford University Press, 1988. Andrew G. Walder, *Communist Neo-Traditionalism: Work and Authority in Chinese Industry*, Berkeley, CA: University of California Press, 1986.

③ 《毛泽东选集》第五卷,人民出版社1977年版,第370—373页。

④ 萧功秦:《后全能体制与21世纪中国的政治发展》,《战略与管理》2000年第6期。

第七章 乡村秩序:国家与社会关系视野中的维稳体制 263

个人与单位之间的关系从被动的行政依附向普通的劳动合同关系转变。① 最后,市场逐渐成为基础性的资源配置方式,国家尽管依然在利益分配和再分配中扮演着重要角色,但已经不再是唯一重要的力量了。

国家抽身而退也带来了严重的负面问题,市场经济实在是"撒旦的磨坊",既能带来社会进步,也能极大地破坏社会的正常秩序。② 在自私自利的动机驱动下,贫富差距、劳资纠纷、环境污染、失业、食品药品安全等问题日益突出。近年来,在东南沿海经济发达地区,因劳资纠纷、劳动条件恶劣、环境污染等问题引发的社会冲突和群体性事件呈井喷式爆发态势,不受约束的市场机制在其中要承担很大一部分责任。③ 在中西部地区,劳动力及社会经济资源大量外流,仅剩老人和小孩留守在家,原有的社会关系网络几近断裂,社会走向失序。

在不少地方,国家撤出之后的权力真空被黑恶势力迅速填充了,暴力重新成为一种资源配置方式。如果经济犯罪及刑事案件的大幅增加仅是癣疥之疾的话,那么"称霸一方"、控制特定领域社会秩序的有组织暴力犯罪,则实实在在地威胁到社会安定和政府的权威。调查显示,黑社会性质组织以暴力为基础攫取超额利润,我国黑社会性质犯罪涉及房地产、建筑、金融、餐饮娱乐、运输销售、安保等多个领域。④ 在一些地方,黑恶势力控制基层政权,与某些政府官员狼狈为

---

① 边燕杰、李路路、李煜、郝大海:《结构壁垒、体制转型与地位资源含量》,《中国社会科学》2006年第5期。李路路、李汉林:《中国的单位组织:权力资源与交换》,浙江人民出版社2005年版。

② Karl Polanyi, *The Great Transformation: The Political and Economic Origins of Our Time*, Beacon Press, 2001.

③ Ngai Pun, *Made in China: Women Factory Workers in a Global Workplace*, Durham: Duke University Press, 2005.

④ 王牧、张凌、赵国玲编:《中国有组织犯罪实证研究》,中国检察出版社2011年版。严励编:《中国东南沿海地区有组织犯罪实证研究》,中国法制出版社2012年版。

奸，造成的危害更大。①

另外，在三十多年中，普通中国人的生活选择、工作机会以及社会地位获得等都日益和政治秩序脱嵌，个人自由和权利得到了很大的扩展。② 公民自发性结社越来越普遍，盈利、慈善、学术、兴趣等各类社会团体不断增加，宗族力量、宗教团体以其他民间互助组织等传统结社也得到不同程度的恢复。③ 这种转变与西方近代社会从身份到契约的转变类似，④ 个人意识觉醒，集体行动能力增强，使得普通人的维权抗争能力大幅提高，在面临社会不公时不再怯懦和沉默，社会抗争的范围和烈度明显增加。⑤

然而较之所有这些问题，国家政权特别是基层政权治理能力的弱化乃至异化，才最具有威胁性。失去了意识形态及群众运动的束缚，地方政府变得越来越具有独立性，自我谋利动机得到强化。在地方政府与普通群众利益相契合的地方，经济得到发展、公共服务得到改善，但对紧跟中央政策似乎兴趣不大⑥；在其他地方，地方政府阻断中央政府与普通群众之间的联系，选择执行对自己有利的政策，一方面过度汲取社会资源；另一方面对于应该提供的公共服

---

① 陈柏峰：《乡村江湖：两湖平原"混混"研究》，中国政法大学出版社 2011 年版。黄海：《灰地：红镇"混混"研究（1981—2007）》，生活·读书·新知三联书店 2010 年版。

② 阎云翔：《私人生活的变革：一个中国村庄里的爱情、家庭与亲密关系（1949—1999）》，上海书店出版社 2006 年版。阎云翔：《中国社会的个体化》，上海译文出版社 2012 年版。

③ Lily L. Tsai, *Solidary Groups, Informal Accountability, and Local Public Goods Provision in Rural China*, American Political Science Review, 2007, 101 (02), pp. 355—372.

④ 梅因：《古代法》，沈景一译，商务印书馆 1996 年版。

⑤ Ching Kwan Lee, and Yonghong Zhang, *The Power of Instability: Unraveling the Microfoundations of Bargained Authoritarianism in China*, American Journal of Sociology, 2013, 118 (6): pp. 1475—1508.

⑥ 刘明兴、侯麟科、陶然：《中国县乡政府绩效考核的实证研究》，《世界经济文汇》2013 年第 1 期。Susan H. Whiting, *Power and Wealth in Rural China: The Political Economy of Institutional Change*, Cambridge: Cambridge University Press, 2000.

务却置若罔闻①。更坏的情况则如同吴敬琏②警告的，政府官员与商人狼狈为奸，权力与资本合谋，形成"权贵资本主义"。

一方面是社会矛盾冲突日益尖锐化、普遍化；另一方面地方政府未能起到应有的减压作用，在某些情况下甚至自身变成了麻烦制造者。从中央政府角度来看，这种情况如果不加以遏制，很有可能从社会不稳定变为政治不稳定，而这将是不可接受的。如同邓小平所说："中国的问题，压倒一切的是需要稳定。没有稳定的环境，什么都搞不成，已经取得的成果也会失掉。"③

纵观改革开放三十多年来的历史进程，中共为了维护社会稳定所做的努力沿着两条路径展开，一是延续毛泽东时代的有效做法，继续发挥党的核心作用，我们不妨称为"党治"模式；二是引入现代法治理念，用法律法规、规章制度等措施规范社会秩序，即"法治"模式。两种模式扩展，它们之间的冲突、磨合与替代，构成了维护社会稳定领域的主调。

在20世纪80年代，"党治"模式因其历史惯性而依然强势，主要体现为严厉打击刑事犯罪活动（即"严打"）和社会治安综合治理（即"综治"）。改革开放之初政府管制的突然放松，在释放社会活力的同时引发了一波犯罪高峰，中共中央下发《关于严厉打击刑事犯罪活动的决定》，明确地把刑事犯罪认定为政治问题，"严厉打击刑事犯罪活动，是政治领域中一场严重的敌我斗争"。1983—1986年，全国司法机关连续开展了"从重从快"的"严打"活动，比较有效地遏制了严重暴力犯罪活动。与此同时，强调群防群治的社会治安综合治理网络迅速建立起来，将犯罪分子的惩处、教育、挽救、改造等任务统统纳入综治范畴。

另外，这段时期也是法治萌芽和发展的时期。邓小平首先认识

---

① 张静：《基层政权：乡村制度诸问题》，上海世纪出版集团2007年版。
② 吴敬琏："当前中国面临的最严重危险是权贵资本主义"，《领导文萃》2012年第7期。
③ 《邓小平文选》第三卷，人民出版社1993年版，第284页。

到法律制度的重要性，他甚至提出了用法律制度来约束政治权力，这对推动法治建设起到了关键性作用。① 中共以 1982 年制定的新宪法为基石，全面恢复了人民代表大会、政治协商、基层自治等民主制度，同时又恢复并健全了公安、检察、法院等司法机关，制定了一大批重要的法律法规，国家运转逐渐走向制度化和法治化。②

进入 90 年代后，新一波改革高潮到来，市场经济得到进一步发展。现代经济交易需要健全的法律法规、稳定的制度预期，需要保障公民的合法财产权，因此对法治的要求更加迫切。③ 1997 年，中共十五大报告明确地把依法治国作为治国理政的基本方略，决心建设社会主义法治国家。受到法治前景的鼓舞，一部分学者开始鼓吹实现绝对的法治，让法律运行摆脱政治影响，摆脱党与政府的干预，④ 另一部分学者致力于研究外来法治运行模式与本土民间秩序之间的冲突问题，⑤ 似乎法治模式完全占据上风。

然而，他们都忽视了"党治"模式的强大生命力。十五大报告指出"依法治国把坚持党的领导、发扬人民民主和严格依法办事统一起来，从制度和法律上保证党的基本路线和基本方针的贯彻实施，保证党始终发挥总揽全局、协调各方的领导核心作用"，换言之，依法治国并不意味着放弃党治模式。事实上，就在中共十五大强调依法治国的前一年即 1996 年，中央部署开展了自 80 年代以来规模最大的一次严打活动。进入 21 世纪之后，中央还组织了多次严打整治活动。另外，社会治安综合治理模式从来没有被放弃，各级党委下属的政法委及综治委一直对公、检、法等司法机关扮演领导角色。

---

① 《邓小平文选》第二卷，人民出版社 1994 年版，第 332—333 页。
② 蔡定剑：《历史与变革——新中国法制建设的历程》，中国政法大学出版社 1999 年版。
③ 吴敬琏：《呼唤法治的市场经济》，生活·读书·新知三联书店 2007 年版。
④ 贺卫方：《运送正义的方式》，上海三联书店 2002 年版。
⑤ 梁治平主编：《法律的文化解释》，生活·读书·新知三联书店 2003 年版；苏力：《法治及其本土资源》，中国政法大学出版社 1996 年版。

更值得注意的是,20世纪90年代以来中国社会发生了深刻的变化,那就是在前述原因的推动下,社会受损和弱势人群剧增,各种维权行动及群体性事件频频爆发,相对于"敌我矛盾","人民内部矛盾"呈现急剧上升态势。法治模式对于调整民事纠纷、惩处刑事犯罪当然有一定效果,但司法机关一方面受制于地方党委;另一方面又很少受到外部有效监督,致使其作用和效果大打折扣。传统的党治模式如"严打""综治"等对于惩处刑事犯罪、发现敌对分子是相当有效的,但是对于大量的"人民内部矛盾",沿用以往的专政手段显然就不合适了,因为无法把求助于政府的上访、集体维权以及大量的社会不满等定性为"敌我矛盾",否则政权将丧失合法性。

正是因为原有的"党治"和"法治"模式不敷使用,现行的维稳体制应运而生。它属于"党治"模式的范畴,却是一种带有创造性的制度安排,其特点包括:

> 中央领导权威的不断强化。压力型考核实际上进一步扩大了上级政府特别是中央政府的权力,中央政府借助于此项政策可以将影响力"一竿子插到底",对各级党政部门进行约束和监督。
>
> 用行政手段解决政治问题。压力型考核、精细化管理以及布点式防控等作为维稳体制的三大构件,无一不以行政效率为先导,服务于主要行政目的即"把事情压下去",现代官僚制冷冰冰的气息扑面而来。
>
> 不触及既有利益格局。维稳体制并不遵循实质性的公平正义原则,对以往发生的社会矛盾纠纷也并不试图按是非曲直来处理,原因在于维稳部门对许多问题无权处理,而且问题太多亦无力处理。

维稳体制所塑造的社会秩序是一种"硬壳秩序",它无力适应社会的发展和变化，却给社会穿上了"紧身衣"。短期内，维稳体制当然是奏效的，有效地遏制了信访、群体性事件等所谓不稳定因素的发生，但却从未根除不稳定因素背后的深层次原因。从长期来看，用"堵"而不是"疏"的方式来维稳，只能导致社会压力的不断积累，社会情绪日益走向极端化。从实际效果看，维稳体制捆绑了社会弱势群体反抗的手脚，实际上帮助维护了社会既得利益集团，导致社会力量更加不均衡。

目前，中央正力图改变维稳体制，改造政法系统，重回依法治国之路，这意味着从"党治"模式再一次向"法治"模式倾斜，其效果如何有待观察。然而，无论何种治理模式，都应当给予大众实质性的公平正义，树立纠纷解决机制真正的权威性，否则，社会稳定的目标将仍然难以达成。

第八章

乡村治理的现状与发展趋势[*]
——基于问卷调查的实证分析

在中国现代化发展的进程当中，农村基层治理的经济社会结构发生了巨大变化，原有的一元化治理模式和以家庭个人为单位的传统农业生产经营模式越来越不能适应农村社会发展的需要，并聚化为一种农村发展过程中的"衰败"困境。生产力落后、市场竞争力低下、农村人口结构严重失衡、基层自治组织活力丧失等，都是现有农村衰败困境的具体体现。那么，如何在消除现有农村社会落后的农业生产、经营模式和完成农村现代化的基础上，使农村重新获得社会的、文化的和政治的生命力，成为我们必须关注的核心议题。为此，本书将此变革过程的具体操作锁定在城镇化发展、土地制度改革和建立完善的农村社会保障体系三个方面，并对我国西部S省H市进行了系统化的实地调查。同时，基于第一阶段的田野调查分析和研究，自行编制了《农村地区社会经济发展情况调查问卷》，对H市一区两县下辖的九个行政村进行了第二阶段的问卷调查。在此次调查过程中，《农村地区社会经济发展情况调查问卷》共涉及乡（镇）村关系、基层自治、社会保障、土地改革和农村社会秩序等五个方面的内容。通过问卷调查，我们获得了针对现阶段乡村治理现状的第一手数据资料，从农村居民的视角对目前乡村治

---

[*] 本章由郑建君、李国强、韩旭、王少泉、程文侠、柳楚佩执笔。

理的问题及未来发展趋势进行了有益的分析与讨论，为课题组系统、客观分析当下乡村治理过程中的各类现象和因果关系提供了丰富的证据支持。

第二阶段的问卷调查采取随机入户访问的形式进行，所选取的调查对象主要是生活在当地的16岁以上的村民，共计发放问卷360份，收回有效问卷318份。对于收集到的数据资料，采用SPSS20.0统计软件进行管理与分析。其中，被试者年龄主要在17—76岁之间，平均年龄43.88岁（标准差12.98）；家庭人口平均数4.09人（标准差1.27），家庭耕地平均数1.96亩（标准差1.41），家庭林地平均数6.59亩（标准差26.50），家庭宅基地平均数0.29亩（标准差0.36）；在家庭年纯收入方面，5000元以下53户（占总数的16.67%），5000—1万元59户（占总数的18.55%），1万—1.5万元54户（占总数的16.98%），1.5万—2万元68户（占总数的21.38%），2万元以上80户（占总数的25.16%），信息缺失4人（占总数的1.26%）。在有效作答问卷的318人中，男性193人（占总数的60.69%），女性124人（占总数的39.00%），信息缺失1人（占总数的0.31%）。在所属民族类型上，仅有少数民族6人（占总数的1.89%），汉族311人（占总数的97.80%），信息缺失1人（占总数的0.31%）。在受教育水平方面，初中及以下学历144人（占总数的45.28%），高中（含高职、高专）学历122人（占总数的38.36%），大专及本科学历48人（占总数的15.10%），信息缺失4人（占总数的1.26%）。在政治面貌方面，中共党员99人（占总数的31.13%），共青团员47人（占总数的14.78%），群众及其他169人（占总数的53.15%），信息缺失3人（占总数的0.94%）。在月平均收入方面，500元以下的被试者87人（占总数的27.36%），501—1000元的被试者66人（占总数的20.75%），1001—1500元的被试者83人（占总数的26.10%），1500元以上的被试者78人（占总数的24.53%），信息缺失4人（占总数的1.26%）。在318名有效被试者中，有78人过去或现在担任村、镇干部（占总数的 24.53%），有 180 人家里有人在外打工（占总数的 56.60%）。

一 乡（镇）村关系

通过对 S 省 H 市乡村治理的考察，乡（镇）村之间一元化行政权威主导的关系是毋庸置疑的，乡（镇）政府仍占据进行资源配置的地位。在发展能够解决一切治理问题这一传统的社会管理思维下，基层政府运用了一系列权威治理方式，诸如目标责任书的签订、驻村干部与乡镇领导包村、村级事务"422"工作法、村财镇管等，对农村社会进行管控。但一元化行政权威主导的乡（镇）村关系对农村社会的现实影响，乡镇政府运用权威治理方式的实际效果，村民在这种治理机制中产生的反应以及乡（镇）村关系的发展趋势等问题还有待进一步地探索与研究。本章根据《农村地区社会经济发展情况调查问卷》，展示该问卷调查的数据并描述统计结果，运用实证分析方法阐释上述问题。

二 乡（镇）村关系的现状

由于目前 H 市经济社会的发展程度较低，需要乡（镇）政府有所作为；加之农村社会力量非常弱小，不具备改变自身现状的能力，乡镇政府的行政权力处于主导地位。而乡镇政府行政权力的主导地位对农村社会的影响以及乡镇政府运用的权威治理方式在农村社会的效果则需要进一步说明。

（一）行政权力的主导地位

尽管基层群众自治是基本政治制度之一，乡镇政府行政权力在农村社会占据主导地位并非毫无根由。首先，农村治理传统。农村社会经过新中国成立后"政权下乡"与"政党下乡"的洗礼，国家与社会之间无界限，政社合一制度的运行方式已深入人心。而今由于 S 省 H 市经济发展水平不高，经济增长是政府追求的主要目标；那么对于 H 市下属各乡（镇）政府而言，只有保证行政权力在农村社会居于主导地位，才能在维持农村社会的基本秩序的前提下汲取资源。

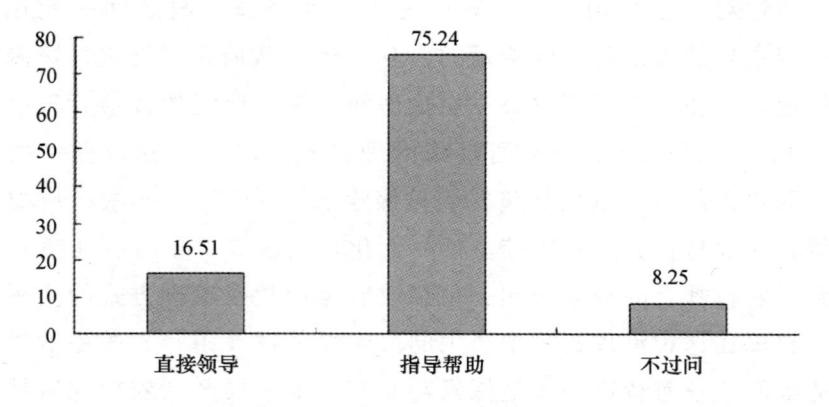

图 8-1　问题：乡镇政府对你村工作的作用是什么

（直接领导 16.51；指导帮助 75.24；不过问 8.25）

如图 8-1 所示，75.24% 的村民认为乡（镇）政府对于农村工作是指导帮助，进一步来说，乡镇政府之于农村社会为主导地位而不是领导地位原因有二：一是村干部皆经村民选举当选，并非乡镇政府指派；二是乡镇政府推动农村工作既需要依靠在农村社会具备公信力与号召力的村干部，又需要全体村民配合与支持；在满足这两个条件的前提下，行政权力的主导地位之所以能够建立的原因之一在于农村治理传统，其使得农村社会长期被笼罩在乡镇政府的行政权力之下。

其次，农村社会发展依赖乡镇政府。农村衰败在 H 市表现突出，各村不具备自我改善、自我发展的能力，那么农村社会经济的增长、环境的改善、公共服务和公共产品的提供皆需乡镇政府的支撑。

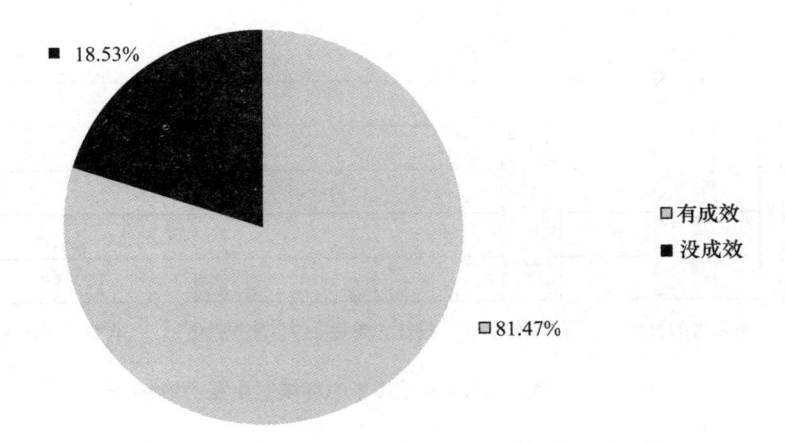

第八章　乡村治理的现状与发展趋势　273

图 8-2　问题：您认为乡镇政府在你村抓的实际效果如何

图 8-2 显示，乡镇政府在推动农村工作方面取得的实际成效是毫无争议的。当前，"项目制"成为乡镇政府进行农村治理的主要方式之一，获得"项目"或"专项"在一定程度上就意味着拥有了资金与物资支持，因此，乡镇政府在从上级部门争取到"项目"或"专项"后的自主分配权使其成为农村社会的依靠对象。

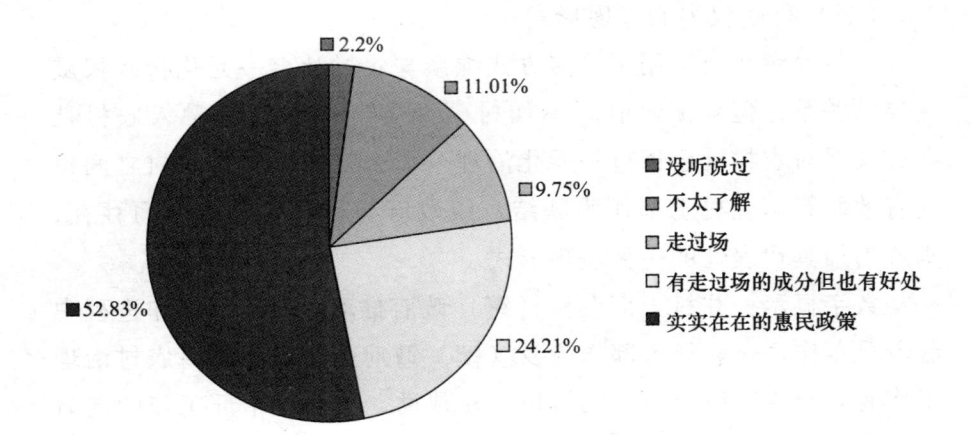

图 8-3　问题：您怎么看待村里的清洁工程

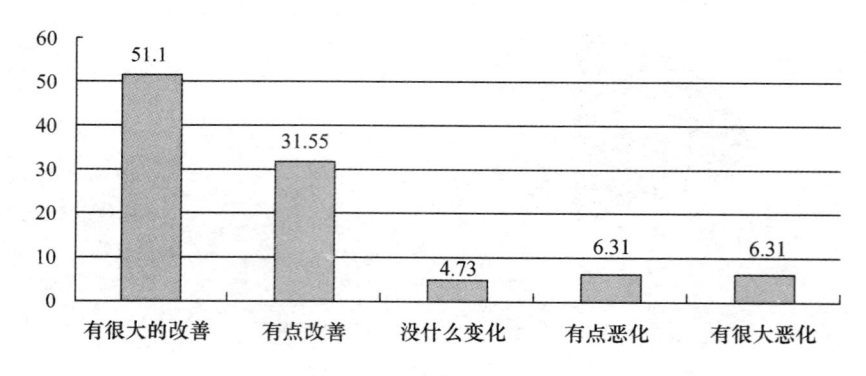

图 8-4 问题：您村里近几年的环境卫生是否改善

有很大的改善 51.1
有点改善 31.55
没什么变化 4.73
有点恶化 6.31
有很大恶化 6.31

由调查结果可知，"项目"或"专项"确实能够为农村社会带来好处。H市下属各村自身基本无力负担如"清洁工程"这样能够改善农村社会生活环境的规模较大的活动，面对这样的农村社会，何谈自治。所以，乡镇政府的行政权力处于主导地位不仅受传统治理的影响，就目前力量弱小的农村社会来说，在诸如发展经济、技术支持、资金帮助等方面需要依靠乡镇政府。

（二）行政权力的表现形式

虽然乡镇政府运用了诸多方式维系与农村社会一元化行政权威主导的关系，但乡镇政府既不如村"两委"一般能够融入农村社会，又要对农村社会进行一元化治理，那么就需要与行政村之间建立有效联系。驻村干部作为联结乡镇政府与行政村的媒介而存在，则成为最具代表性的一种表现形式。

数字显示，驻村干部在乡（镇）政府推动农村治理工作进程中起着显著作用。驻村干部作为乡（镇）政府公职人员，对农村治理工作有着与乡镇政府一致的认识，在帮助、指导村干部工作的同时也将乡镇政府对该村的治理理念融入其中。

乡（镇）政府的行政权力能够占据主导地位，只凭单向地向农村社会输入一元化治理方式是不够的。驻村干部也承担着了解并熟悉所驻行政村的具体情况，帮助村民反映问题、解决问题的责任。

调查结果显示，46.43%的村民曾向驻村干部反映过问题并得到解决，21.43%的村民曾向驻村干部反映过问题但未得到解决，可见驻村干部在处理村民事务方面确有作用。

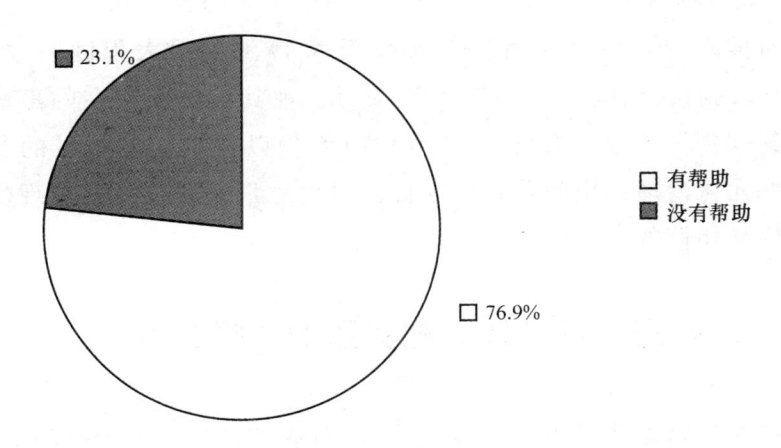

图8-5 问题：您认为驻村干部对你村的工作有无帮助

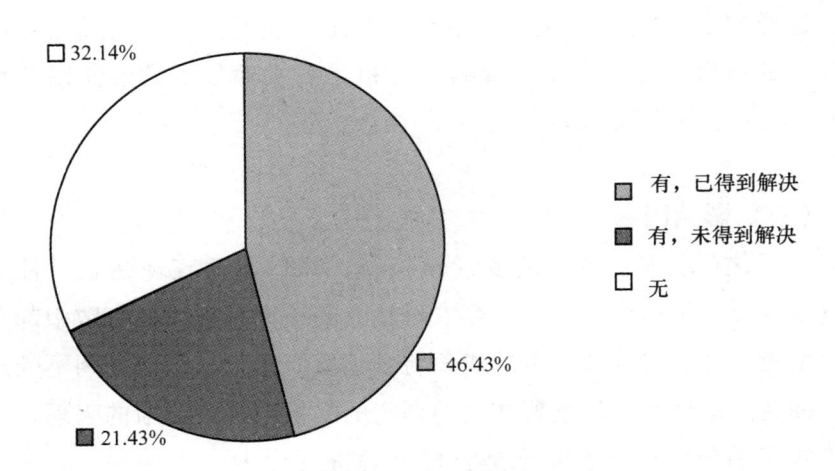

图8-6 问题：您有没有直接向乡镇政府或驻村干部
反映过村里的问题，是否得到有效解决

乡（镇）政府的行政权力在农村社会所处的主导地位，受助于农村治理传统、农村社会力量弱小以及乡（镇）政府采取的治理方式此三方面推力。实际上，农村社会得益于行政权威的主导，也受损于行政权威的主导；其"益"在于，传统的农村社会自主性弱化，当前的农村社会尚未具备自主能力，在自身发展方面仍需要乡（镇）政府的扶持，如图 8-4 显示，51.10% 的村民认为乡（镇）政府所推动的"清洁工程"使生活环境得到了很大程度的改善，52.83% 的村民认同"清洁工程"项目，视其为实实在在的惠民政策；其"损"在于，如今乡（镇）政府仍以行政任务下派的方式实行一元化治理，压制着农村社会的自生力量，可以说这与现代性的建构是相悖的。

三 乡（镇）村关系的发展趋势

改革开放三十多年来，农村社会的改变是巨大而深刻的，乡（镇）村之间却依然呈现一元化行政权威主导的关系，基层群众自治在这样的乡（镇）村关系之下只具有工具性的意义。通过问卷调查显示的结果，可以透视出影响乡（镇）村关系发展的因素以及乡（镇）村关系的发展趋势。

（一）影响因素

一元化行政权威主导的乡（镇）村关系已不适宜现在农村社会的发展需要。虽然衰败已是如今农村社会的一大特征，但衰败中却孕育着生机，即农村社会力量的成长与乡镇政府的行政权威之间不断地产生冲突。这种意识的觉醒在问卷调查的结果中有着清晰的表现。

农民的公民权利不完全是农村治理进程中的一大缺失。"在挑战社会内部和社会之间的不平等方面，公民身份无疑有着巨大的能量。"图 8-7 中，43.08% 的村民认为村干部治理村庄时主要依靠村民代表和村民全体，39.31% 的村民认为村干部治理村庄时主要依靠"两委"班子成员，认为依靠乡镇政府的村民只占 16.04%。43.04% 的村民认为农村发展主要依靠村干部，40.82% 的村民认为

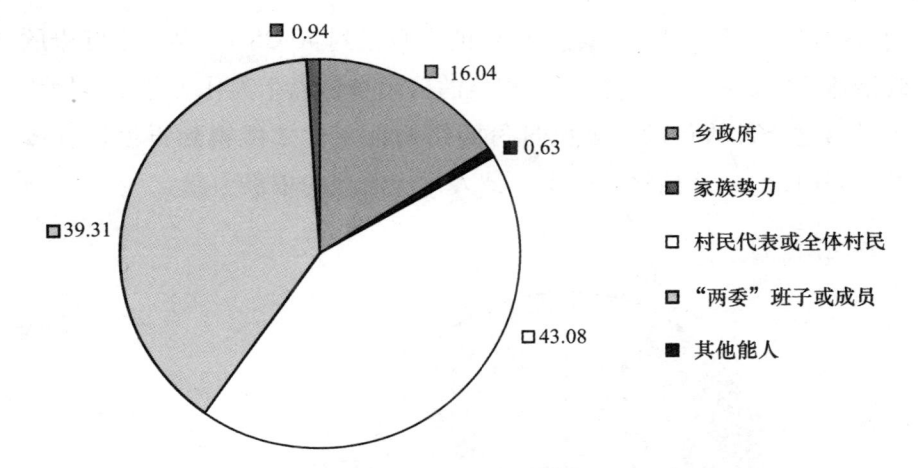

图 8-7 问题：您认为村干部治理村庄时的主要依靠

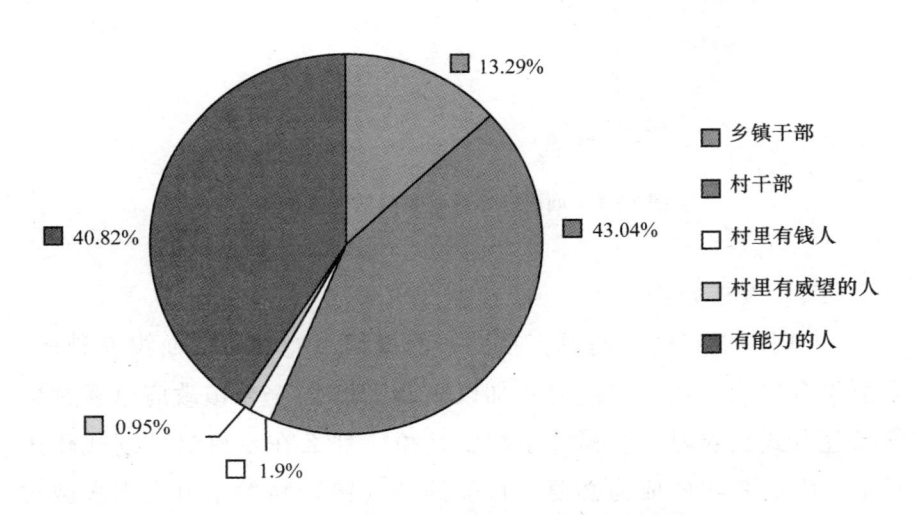

图 8-8 问题：您认为农村发展的主要依靠

农村发展主要依靠有能力的个人，认为主要依靠乡镇干部的村民只占 13.29%（见图 8-8）。由如此相似的数据可知，即便是在经济发展后进的 H 市，村民对于自己作为公民而存在的意识开始逐渐清晰，乡镇政府的行政权力已不再是村民在考虑农村治理和发展问题时的首要对象，自治组织内部的机构已成为村民在考虑农村治理和发展问题时的主要依靠，且由调查结果可知，村民对于村"两委"完全信任的人数已达到 52.68%，基本信任的人数达到 40.38%。"一个健康的政治体需要的是积极的公民。积极的公民身份以个人作为起点，因为正是通过个人的行动，公民身份的结构性条件才能得到再生产和改善。"村民们亦开始将自己个人纳入村庄治理的依靠力量。

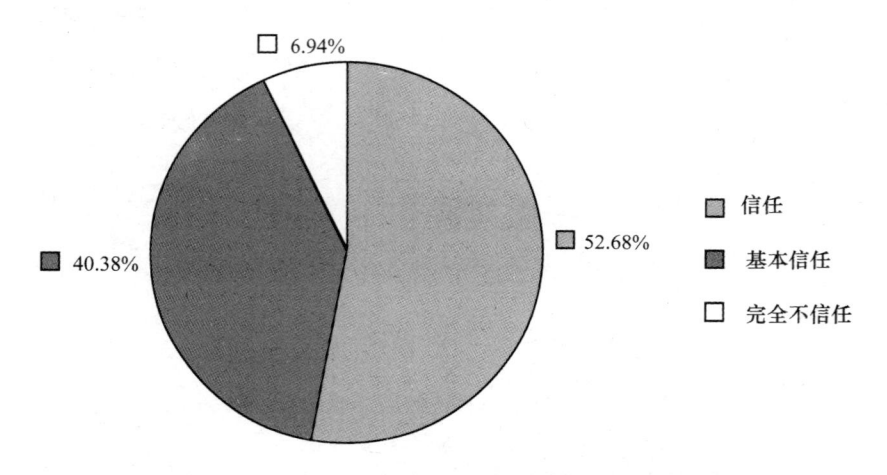

图 8-9 问题：您对村委的信任度如何

（二）发展趋势

"人们可以有秩序而没有自由，但他们不能有自由而没有秩序。必须先有权威，然后才能对它加以限制。"[①] 如今乡镇政府已通过各种治理方式在农村社会树立了权威地位，那么在乡村治理现代化进程中，限制其权威成为必要，目前的乡（镇）村关系也会因权威被限制而随之发展。

"人们似乎热爱自由，其实只是痛恨主子。"[②] 在农村社会力量日渐成长的今天，乡（镇）政府应正视其与农村社会之间需要改变的关系并调整一元化治理方式。调查结果显示图 8-10，48.11% 的村民认为做事公正的人应当选村干部，23.27% 的村民认为有知识

---

① 亨廷顿：《变动社会的政治秩序》，上海译文出版社 1989 年版，第 8 页。
② 托克维尔：《旧制度与大革命》，商务印书馆 1992 年版。

或有技术的人应当选村干部，可知村民对于自治组织内部机构成员的要求并间接表现出村民的诉求。乡（镇）政府在处理与农村社会之间关系时必须考虑农村社会的现状与农村的利益诉求，单依靠行政权威推动农村治理已不合时宜。

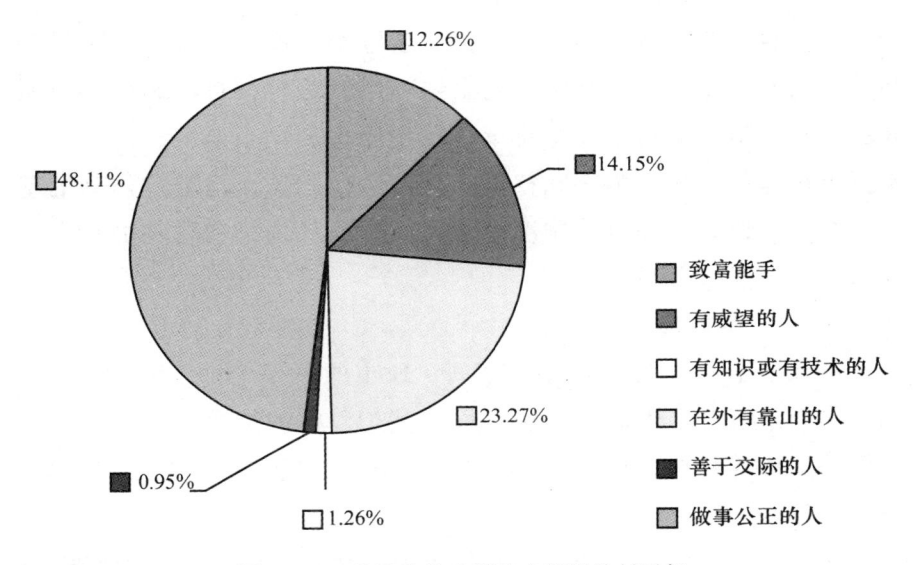

图 8-10　您认为什么样的人能当选村干部

总的来说，面对在行政管控方式不适宜亟待发展的农村社会，村民自治意识开始觉醒，农村治理工作愈发需要农村社会整体配合等现实条件，乡（镇）政府应激发农村社会的社会力量发挥其制约作用，将行政权威主导转为与农村社会携手合作，从而增强乡（镇）政府权力行使的合法性，并能从实践中加强村民的自治能力，提高村级自治组织的工作效率。

四　村民自治

本课题组在 H 市发放的调查问卷，其中有关村民自治的部分，主要旨在了解村民自治制度在 H 市实施的基本状况。其中的一些问题直接反映村民自治制度的有关内容，另有一些问题的设置则是能够反映乡村治理的一些基本情况，从而有助于从更广阔的角度来看待和理解村民自治的发展状况。

（一）村民自治的基本状况

村民自治制度从内容上说包括民主选举、民主决策、民主管理和民主监督四个方面。其中，民主选举当然是村民自治制度得以展开的首要环节。而所谓民主决策、民主管理和民主监督，所涉及的实际上就是每两次选举之间权力的具体运作问题，也就是治理的基本内涵。因此，村民自治制度也可以简要地从选举和村务的日常治理这两个方面来分析。

1. 关于民主选举的情况

本课题组此次在 H 市调研期间，H 市的新一轮村级组织换届选举工作尚未展开。因此，课题组只能基于以往的情况，特别是上一轮换届选举的状况，对 H 市村级组织的选举进行一些初步的了解和分析。

从问卷调查的情况看，上一轮村委会选举，也就是《村民委员会组织法》新修订之后的首次村委会换届选举，H 市的参选率还是比较高的，有 78.62% 的受访者表示参加了选举。对于任何一次选举来说，实现接近 80% 的参选率，应当认为是一个正常的甚至是比较高的水平。实际上，过高的参选率倒是值得关注的问题。例如，在某些地方，由于竞争非常激烈而出现超高的参选率。而 H 市的参选率不足 80%，可以合理地推知，这里没出现普遍的竞争激烈的村委会选举。

问卷调查还显示出，H 市村民对于选举的认识普遍地与"主流观点"相一致。在被问及村干部候选人所应当具备的主观条件时，有接近半数（48.11%）的受访者选择了"做事公正"，提及率最高。其次是"有知识或者技术"，提及率为 23.27%。另有 14.15% 和 12.27% 的受访者选择了"有威望"和"致富能手"。对于"有靠山"和"善于交际"这两个选项，只有极少量的受访者提及，分别是1.26%和0.94%。

这里值得关注的是，通常被认为"正派"的人（"做事公正""有威望"）是村民在选举村干部时的首选对象，而所谓的"能人"（"有知识或者技术""致富能手"）虽然也获得了不少村民的青睐，但只是次之的选项。这一点从另外一个角度也得到了印证。在被问及一个人的社会地位主要取决于什么因素时，"有钱"这个选项只有17.61%的提及率，而超过半数的受访者（52.83%）选择了"个人素质"。①

根据H市民政局提供的情况，H市的上一轮村级组织换届选举完成得比较顺利。② 这一点在问卷调查中也有所体现。在被问及目前引发农村社会矛盾或纠纷的主要原因时，总提及率最高的是"邻里纠纷"（22.55%），并且有49.49%的受访者将这一选项作为引发农村社会矛盾的首要原因。而"选举"却是总提及率最低的选项，只有3.08%的受访者提到这个选项。也就是说，从H市全市范围内来看，因选举引发的农村社会矛盾并不突出。从这个方面也可合理地推知，H市村级组织选举并没有出现竞争激烈的局面。

从另外看，问卷调查显示，村民普遍地对村级组织选举似乎也并不十分关注。在被问及最关心哪些村级事务的时候，总提及率最高的选项是"集体经济"（17.09%），并且有34.10%的受访者是选择将"集体经济"作为自己首要关心的问题。其次是"村公益事业"和"村财务收支情况"，分别有16.98%和13.54%的受访者提到。而"选举"的总提及率只有7.17%，也就是说，只有7.17%的受访者提到"选举"。在总共11个选项中"选举"的总提及率仅列第7位。而且只有5.90%的受访者将"选举"作为自

---

① H市政府及有关部门，在推进村民自治工作的过程中，强调要让更多的致富带头人、外出务工经商返乡者、退伍军人等充任村干部，特别是村委会主任。而这些人更具有所谓"能人"的意涵。在这个问题上，政府及有关部门是否需要调整工作思路，值得进一步斟酌和讨论。

② H市民政局：《全市村务公开民主管理工作情况》，2014年5月。

己首先关心的问题。

选举,从理论上说是村民自治制度的一个重要方面。但从问卷调查的情况看,在现实中似乎并未受到村民的普遍重视。如上所述,H市的村级组织选举看来尚未出现激烈的竞争。这可能是选举没有受到村民普遍关注的一个主要原因。选举未受到村民的普遍重视,也显现出选举尚未成为村民社会生活中的真正的"大事"。而选举在村民自治制度的实施过程中并不具有其在理论上的那般重要性,也正与前文所述的压力型体制下村民自治的现实的内在逻辑相契合。

2. 关于村级治理的情况

从实地调研的情况看,如前文所述,H市的村民自治实践并没有显现出非常突出的特色,也没有暴露出某种特别的问题。从问卷调查的情况看,H市村民自治实践的这种"一般性"也得到了印证。

首先,从问卷调查的情况看,村干部普遍获得了相当高的信任度。在被问及对村"两委"班子是否信任的时候,52.52%的受访者表示"信任",40.25%的受访者选择了"基本信任",只有6.92%的受访者表示"不信任"。[①] 这样的调查结果并不算出乎意料,但也的确与目前对村民自治实践的普遍看法不甚符合。其中的原因还有待进一步讨论。

同时,问卷调查也显示,村委会获得的满意度也很高。问卷将村委会的主要工作概况分为5项:(1)发展经济;(2)土地管理;(3)提供公共服务,改善生活环境;(4)落实党和政府的各项惠农政策;(5)实行村务公开和民主管理。对于这5项工作,获得"非常满意"和"比较满意"评价的比例都比较高。

关于"发展经济",分别有17.92%和47.80%的受访者选择了"非常满意"和"比较满意",只有8.81%和7.55%的受访者表示

[①] 样本中有一份对此问题未做回答。故而有0.31%的缺失。

"比较不满意"和"非常不满意"。[①]

关于"土地管理",分别有22.33%和42.45%的受访者选择了"非常满意"和"比较满意",有7.86%和10.69%的受访者表示"比较不满意"和"非常不满意"。

关于"公共服务",分别有35.22%和39.94%的受访者选择了"非常满意"和"比较满意",只有8.49%和3.46%的受访者表示"比较不满意"和"非常不满意"。

关于"落实惠农政策",分别有42.45%和37.74%的受访者选择了"非常满意"和"比较满意",只有5.66%和4.72%的受访者表示"比较不满意"和"非常不满意"。

关于"村务公开和民主管理",分别有38.05%和36.16%的受访者选择了"非常满意"和"比较满意",只有6.92%和5.35%的受访者表示"比较不满意"和"非常不满意"。

上述5项工作的满意度("非常满意"和"比较满意")均超过半数。其中,"落实惠农政策"的满意度最高,超过80%。相比较而言,"土地管理"的不满意度("比较不满意"和"非常不满意")最高,接近20%。其中隐约透露出当地在土地管理方面可能存在某种问题。

其次,在"村务公开和民主管理"方面,当地村委会普遍获得了比较高的满意度。在日常的村务管理过程中,是否实现了村务公开和民主管理,这是村民自治制度除选举之外的另一项重要内容。从问卷调查的情况看,H市的村务公开至少在形式上已经获得了比较普遍的实现。在被问及本村村务公开的基本情况时,有76.10%的受访者表示,本村设立了村务公开栏。只有6.29%的受访者反映本村没有实现村务公开。相应地,在被问及本村涉及村民利益的重大事项多长时间公布一次的时候,30.50%的受访者表示会"随时公布"。但同时也有27.67%的受访者回答是"每年公布一次",

---

① 其余的受访者选择了"不确定"。此外,还有极少量的样本存在答案缺失。下同。

24.84%的受访者表示是"每季度公布一次"。还有少量的受访者（6.29%）回答说"每个月公布一次"。此外，在这个问题上还有9.75%的受访者反映"从不公布"。① 这里显示出，受访村民对村务公开的及时程度的主观感受差异比较大。从这里似乎显现出，多数普通村民在日常生活中对于村务公开的情况并没有给予非常多的关注。

民主决策的实现程度无疑是乡村治理民主化的一项重要内容。在被问及村里的重大事项通常如此作出决定的时候，超过半数（56.92%）表示是由"村民代表会议"决定的，有17.61%的受访者回答是由"村民会议"决定的。此外，分别还有6.29%和5.35%的受访者回答是由"户代表会议"和"村民小组长会议"决定的。只有11.01%的受访者反映是"村干部自己决定的"。② 这里的情况显现出，H市在村务民主决策方面至少在形式上已经普遍实现了《村委会组织法》的基本要求，即涉及村民利益的事项，须经村民会议或者村民会议授权的村民代表会议讨论决定。

考察村务治理民主化实现程度还有一项重要指标，就是村民是否享有便捷的、畅通的渠道，向村级组织表达批评、意见和建议。在被问及可能以何种方式向村委会表达自己的意见时，总提及率最高的选项是"找村干部反映"，35.64%的受访者提及这个选项，并且，有43.73%的受访者将这个选项作为自己向村委会表达意见的首选方式。总提及率次高的选项是"村里开会时发言提意见"（29.70%），不过，多数受访者（51.86%）似乎是倾向于将这个选项作为第二位的表达自己意见的方式。有26.57%的受访者表示，如果对村委会有意见，会"向政府有关部门反映"，而且，有37.94%的受访者将这个选项作为表达对村委会意见的首选方式。此外，分别还有2.48%和1.65%的受访者选择"在互联网上发表

---

① 样本中有3份对此问题未做回答，故而有0.94%的答案缺失。
② 样本中有9份对此问题未做回答，故而有2.83%的答案缺失。

意见"和"向媒体反映"。只有3.96%的受访者提及"联合村民罢免他们"这种方式,尽管联名提出罢免要求是《村委会组织法》明确确认的村民的一项权利。

最后,课题组还试图通过问卷调查,为发现当地村民自治实践中面临的主要问题提供一些线索。在被问及"您认为推进村民自治,应该主要解决哪些问题"的时候,总提及率最高的是"村民大会和村民代表会议的作用"这个选项,有22.10%的受访者提及这个问题。"村务监督机构的作用"和"村支部与村委会之间的关系"这两个选项排在总提及率第二和第三位,分别到达17.30%和16.52%。但值得注意的是,有40.39%的受访者是将"村支部与村委会之间的关系"作为推进村民自治应该解决的首要问题来看待的。

此外,关于"村民对村民自治关心不够"的问题,关于"乡镇政府与村级组织的关系"问题,关于"村干部的工作作风和腐败"问题,关于"村务公开不真实"的问题,关于"黑恶势力干扰村民自治"的问题,分别有13.39%、12.61%、11.38%、4.35%、2.34%的受访者提及。

问卷调查显示,村支部与村委会之间的关系,即通常所谓的村"两委"关系问题,的确是当前村民自治实践中的一个主要问题。而推进村民自治发展的另一大问题,就是如何依照《村委会组织法》发挥好村民会议或其授权的村民代表会议的作用问题。这两个问题在一定程度上可以归结为同一个问题,即村党组织与村民自治组织的关系问题。之所以存在这样的问题,正如前文所述,是在压力型体制下实行村民自治的必然产物。

这里另一个值得关注的问题是,被许多研究者认为是当前干扰村民自治健康发展的重要问题之一的"黑恶势力",在此次H市的问卷调查中只有很少的受访者提及(2.34%),在列举的8个问题中总提及率排名最后一位。这个问题有待进一步分析。

（二）农村社会秩序与权力结构

村民自治不仅是我国基本政治制度的主要组成部分之一，而且已经得到了《宪法》及《村委会组织法》等有关法律的确认和规定。作为一项正式的政治法律制度，有关村民自治的各项政策和法律规定的落实和执行情况，这是村民自治研究的主要内容。另外，村民自治制度执行于其中的乡村社会的实际运转情况，同样需要给予足够的关注和研究。乡村社会的实际运转情况，不仅构成了反映和检验村民自治制度的实施效果的指标，而且也是村民自治制度发挥作用的社会基础。

1. 农村社会秩序的实际状况

问卷调查显示，H市农村社会秩序总体上说比较良好。在被问及对现在农村社会秩序的评价时，大部分受访者都给出了肯定性的回答。其中，有50.63%的受访者回答"还不错"，更有20.13%的受访者回答"非常好"。评价"一般"的受访者占24.53%。只有3.46%和1.26%的受访者回答"不太好"和"非常差"。

多数受访村民（87.11%）表示，最近几年村里没有发生过群体性事件。只有10.69%的受访者反映最近发生过群体性事件。[①]从这里也反映出，H市的农村社会秩序总体上还是比较稳定的。

不过，值得关注的是，受访村民对上访问题的评价，还是反映出乡村治理可能存在一些问题。在被问及"您觉得上访人的诉求是否有道理"时，虽然只有9.43%的受访村民回答"很有道理"，但有27.04%的受访者还是认为"有一定道理"。认为"没有太多道理"甚至是"无理取闹"的受访者分别占16.67%和14.78%。此外，有相当一部分受访者（31.13%）表示"说不准"。可见，对这个问题的意见显得相对分散一些，对上访持支持、中立、反对态度的村民大致各占30%，其中，持支持至少是同情态度（即认为

---

① 样本中有7份对此问题未作答，故而有2.20%的答案缺失。

上访"很有道理"和"有一定道理")的村民显得多一些。

课题组试图在问卷调查中为寻找乡村社会目前面临的主要问题，先后设置了两个问题。在被问及"您关心村里的主要问题"的时候，总提及率最高的是"农村基本设施建设和环境改造"（26.45%），接下来依次是"农民的基本社会保障"（24.92%）、"发展农业生产"（15.96%）、"集体土地承包、流转"（15.30%）。"农村科技、文化发展"和"宅基地转让和农民'上楼'"两个选项分别只有10.27%和7.10%的受访者提及。

值得关注的是，有36.51%的受访者是将"集体土地承包、流转"作为自己首要关心的问题；有39.94%的受访者选择的第二位要关心的问题是"农民的基本社会保障"；有45.21%的受访者选择"农村基本设施建设和环境改造"作为第三位关心的问题。

在被问及"您最关心哪些村务"的时候，总提及率最高的选项是"集体经济"（17.09%），其次是"公益事业"（16.98%），最后是"财务收支情况"（13.56%）。

从这里可以看出，土地问题以及集体经济的发展是村民最为关心的问题，也是目前农村社会治理面临问题最多的两个领域。

2. 农村社会的权力结构问题

村民自治制度在实践中的运行状况，必然受到农村社会实际的权力结构的影响。从问卷调查的情况看，村党支部书记看来具有更高的权威性。这是看待和分析村民自治制度的实际运行状况，特别是村"两委"关系问题的时候，需要考虑的一个因素。当然，村党支部书记因何具有更高的权威性，也是需要加以关注和分析的一个重要问题。

在被问及"您认为本村最有群众威信的人是谁"的时候，总提及率最高的是"村党支部书记"，有28.44%的受访者提及这个选项；其次是"村民委员会主任"，共有23.29%的受访者提及；再次是"老干部、老党员"，共有18.70%的受访者提及。而且，68.49%的受访者首选"村党支部书记"为本村最有威信的人。同时只有 9.65% 的受访村民将"村民委员会主任"作为本村最有威信的人。当然，有接近半数的受访者（49.32%）认为"村民委员会主任"是排在第二位的本村最有威信的人。从这里可以明显看出，村支书普遍地被认为具有比村委会主任更高的权威性。

在问及"如果您和别人发生了矛盾，你会找谁帮忙解决"的时候，总提及率排名前两位的同样也是"村党支部书记"和"村民委员会主任"，分别为 29.83% 和 28.83%，看起来相差不大。但是，66.88% 的受访者是将"村党支部书记"作为第一选项；只有 15.29% 的受访者将"村民委员会主任"作为第一选项。当然，有 59.53% 的受访者选择将"村民委员会主任"作为第二选项。这里从一个侧面也同样显示出，村支书在村民心目中普遍地具有高于村委会主任的权威性。

村支书因何普遍具有更高的权威性，这是一个需要进一步分析和探讨的问题。课题组也试图通过问卷调查寻求一些线索。在被问及"您认为村里有群众威信的人应该具备什么样的素质"的时候，"有能力"和"办事公道"两个选项获得了最高的总提及率，分别有 35.91% 和 34.62% 的受访者提及。其次是"文化素质高"，有 15.62% 的受访者提及。而被村民自治研究者广泛关注的"家族势力大"这个选项，只有 0.97% 的受访者提及，是总提及率最低的选项。

从这里当然还不能直接得出结论，认为村支书之所以具有更高的威信，是因为更有能力，办事更公道或者文化素质更高。但从在当地实地调研的情况看，H 市近些年在加强基层党组织，包括村级党组织建设方面采取了一些举措。例如，下派了村党组织第一书记 1143 人，2011—2013 年新发展党员中具有大专以上学历者达到 46.83%。[①] 当然，这个问题还有待进一步观察和分析。

不过，同时需要关注的一点是，在被问及"村里党员的觉悟是否比一般群众高"这个问题的时候，只有 8.49% 的受访者给出了

[①] H 市委组织部：《探路服务型基层党组织建设的"H 实践"》，2014 年 5 月。

非常肯定的回答，还有 33.96% 的受访者认为党员的觉悟比较高。另有 33.96% 的受访者认为党员的觉悟"一般"，16.04% 的受访者认为党员的觉悟不算高，有 6.92% 的受访者则根本否认党员具有比群众更高的觉悟。这里显现出，虽然村支书往往在本村具有很高的权威性，但村级党组织建设从整体上看还存在很大问题。

（三）乡镇政府与乡村治理

如前文所述，虽然依据《村委会组织法》，乡镇政府对村民委员会的工作只能是"给予指导、支持和帮助"，而不得干预依法属于村民自治范围内的事项。但与现行的压力型体制相适应，乡镇政府通过考核等方式实际上对村级组织施加了巨大的影响。在问卷调查中，这一点也有所体现。

在被问及乡镇政府与村委会的关系问题时，绝大部分村民还是做出了准确的回答。有 74.53% 的受访者回答乡镇政府与村之间是"指导帮助"关系。只有 16.35% 的受访者认为乡镇政府有权"直接领导"村的工作。另有 8.18% 的受访者认为乡镇政府"不过问"村里的工作。可见，大多数受访村民对这个问题的认识是与《村委会组织法》完全相符的。

与此同时，在被问及"您有没有直接向乡镇政府或驻村干部反映过村里的问题，是否得到有效解决"这个问题的时候，有接近半数（44.97%）的受访者表示有过直接向乡镇政府或驻村干部反映过村里的问题，并且得到解决的经历。有 20.75% 的受访者表示，找过乡镇政府，但问题没有得到解决。另有 31.13% 的受访者表示没有找过乡镇政府或驻村干部。这里从一个侧面显现出乡镇政府在乡村治理中的地位和作用。有相当多的村民有过寻求乡镇政府或者通过其驻村干部，为自己解决问题的经历，从这里可合理地推想，乡镇政府能够对村级组织施加很大的影响力。

在被问及"您认为乡镇驻村干部对你村的工作有无帮助"的时候，76.42% 的受访者给出了肯定性的回答，只有 22.96% 的受访者认为"没有帮助"。在被问及"您认为乡镇政府在你村抓的工作实际效果如何"的时候，80.19%的受访者表示"有成效"，只有18.24%的受访者认为"没成效"。可见，从问卷调查的情况看，大多数受访村民对于乡镇政府在乡村治理中发挥的作用给予正面的积极评价。这并不出乎意料。而从这里也可以体察到，乡镇政府在乡村治理中发挥着很大作用，而之所以如此，当然是与现行的压力型体制相契合的。

然而，同时也需要注意到，村民自治作为一项与改革开放进程相伴生的制度，已经被普遍地认同为乡村社会治理的基本方式。这一点在问卷调查中也有所体现。在被问及"您认为村干部治理村庄时主要依靠哪方面力量"的时候，有43.08%的受访者选择了"村民代表或全体村民"，有39.31%的受访者选择了"'两委'班子成员"。至于"乡镇政府"这个选项只有16.04的受访者选择。另外分别还有0.94%和0.63%的受访者选择了"其他能人"和"家族势力"。可见，大多数村民还是认为，村庄的治理应当通过村民自治组织，以村民自治的方式来实现。

五 农村社会保障的现状及其满意度影响因素分析

（一）农民群体对社会保障现状的认知评价

1. 对农村社会保障内容重要性的认知评价

当被问及农村社会保障内容对自己的重要性时（限选三项），被调查农民的第一选择主要集中在养老保障和医疗保障两个领域，分别占到了十个备选项目的68.77%和12.62%。综合被试者三项选择的总提及结果，排在前三项的内容分别是养老、医疗和就业，之后依次为住房、社会救助、社会福利、教育体育、文化科技、社会优抚和生育（见图8-11所示）。对该内容进行不同人口学变量水平的多重响应卡方检验，结果发现：不同受教育水平的被试者在有关社会保障内容对自己重要性的认知评价上存在显著差异，$\chi^2 = 29.75$，$df = 20$，

$p = 0.07 < 0.10$；具体而言，选择社会救助保障对自己更为重要的初中及以下学历的农民的人数比例，显著高于具有高中（含高职高专）学历的农民。不同月收入水平的被试者在有关社会保障内容对自己重要性的认知评价上存在显著差异，$\chi^2 = 42.64$，$df = 30$，$p = 0.06 < 0.10$；具体而言，选择医疗保障对自己更为重要的月收入 500 元以下的农民的人数比例，显著高于月收入为 501—1000 元的农民。

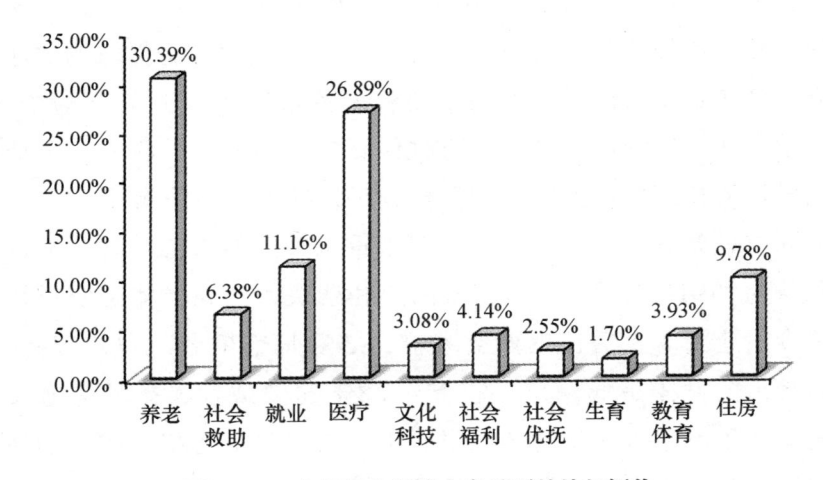

图 8-11 农村社会保障内容重要性认知评价

与农村社会保障内容重要性认知评价相对应，课题组还从农民个体对村里主要问题的关注视角进行考察（限选三项），综合统计总提及频率的结果发现：在我们所列举的备选项目中，农民的关注重点基本上可以划分为三个序列梯度，即第一梯度包括农村基本设施建设及环境改造（提及率 26.45%）和农民基本社会保障（提及率 24.92%），第二梯度包括发展农业生产（提及率 15.96%）和集体土地承包流转（提及率 15.30%），第三梯度包括农村科技文化发展（提及率 10.27%）和宅基地转让及农民"上楼"（提及率 7.10%）。由上述结果可以看出，农民对于涉及基本社会保障的村务问题具有较高的关注，接近四分之一的被调查对象都提到了此项内容。同时，以被调查者的年龄划分为基础（44 岁及以下为青年，

45—59岁之间为中年，60岁及以上为老年），考察了相关人口学变量不同水平下个体的选择差异，多重响应卡方检验的结果显示：青年农民群体中，不同性别的个体对村务问题的关注存在显著差异，$\chi^2 = 16.92$，$df = 6$，$p = 0.01 < 0.05$；具体而言，青年农民群体中，女性对社会基本保障问题的关注比例显著高于男性。此外，家庭收入对土地的不同依赖水平，也使农民对村务问题的关注存在显著差异，$\chi^2 = 41.93$，$df = 18$，$p = 0.001 < 0.01$；具体而言，家庭收入对土地种植的依赖比例超过50%的个体，其对基本社会保障的关注比例显著低于那些家庭收入对土地耕种的依赖比例低于50%的个体。这一结果在一定程度上说明，通过保障农民的稳定性收入，土地作为农村地区传统的保障工具和手段，仍发挥着重要的作用。

同时，就农村社会保障系统应当重点关照的人群而言，被调查对象认为（结果见表8-1）：特困户和残疾人两大群体是农村社会保障今后应当着重关注的两类人群，之后是空巢老人和留守儿童，排在最后的群体是低保户（仅有1.58%的被试者选择了该选项）。同时，多重响应卡方检验的结果显示：与那些学历相对较低的被试者相比，具有大专及本科学历的被试者对关注空巢老人的选择比例更高，$\chi^2 = 20.48$，$df = 8$，$p = 0.009 < 0.01$。

表8-1　　　对农村社会保障应重点关注人群的选择结果　　　单位:%

		频率	百分比	有效百分比	累计百分比
有效	特困户	113.00	35.53	35.76	35.76
	空巢老人	62.00	19.50	19.62	55.38
	残疾人	94.00	29.56	29.75	85.13
	低保户	5.00	1.57	1.58	86.71
	留守儿童	42.00	13.21	13.29	100.00
	合计	316.00	99.37	100.00	
缺失		2.00	0.63		
合计		318.00	100.00		

2. 对农村社会保障具体内容的认知评价

(1) 医疗

从 2003 年起，新型农村合作医疗制度（简称"新农合"）开始在全国部分县（市）试点，到 2010 年逐步实现基本覆盖全国农村居民。从我们实地入户调研的情况来看，新农合实施以来受到农村地区广大居民的欢迎与认可。但是，也有基层群众对新农合如何更好地保障自身的健康生活，提出了一些看法和建议。为此，我们设计了题目来了解农民群体希望新农合未来在哪些方面予以改进和提升（限选三项）。综合总提及频率的选择结果发现（见图 8 - 12）：农民反映最多的前两项内容是看病报销的比例（提及率 25.56%）和用药报销的范围（提及率 21.94%），之后依次是个人缴纳费用的标准（提及率 15.65%）、政府补贴参保的比例（提及率 15.23%）、异地看病报销的便捷性（提及率 13.10%）和当地看病报销的便捷性（提及率 8.52%）。结合被调查对象的年龄段划分，对上述内容的选择情况进行多重响应卡方检验，结果发现：不同年龄段的被试者在对新农合改进、提升内容上的意愿存在显著差异，$\chi^2 = 29.40$，$df = 12$，$p = 0.003 < 0.01$；具体而言，青年农民群体对改进、提升"异地看病报销的便捷性"的意愿显著高于中年农民群体，而中年和老年农民群体对于改善"政府补贴参保的比例"的意愿显著高于青年农民群体。

分级医疗是解决优质医疗资源配置失衡、缓解基层群众看病难问题的重要途径。但是，从县、乡、村三级卫生机构的实际情况来看，上述目的显然并未达到。特别是乡卫生院和村卫生室，由于缺少专业的医疗卫生人才和接诊能力不足，使得其原本应当承担的解决常见病、多发病的任务难以完成。为此，我们调查了基层群众对乡、村两级卫生医疗机构的认受度，结果显示：表示"有病肯定会去乡、村两级卫生医疗机构"的被试者比例仅有 16.40%，表示"小病会去"的被试者比例为 69.72%，表示"基本不去"的被试者比例为 13.88%。以年龄划分为考察变量，对乡、村两级卫生医疗机构的群众认受度进行多重响应卡方检验,结果发现:不同年龄段的被试者对乡、村两级卫生医疗机构的认受度差异显著, $\chi^2 = 16.54, df = 4, p = 0.002 < 0.01$;具体而言,老年农民群体中选择"有病肯定会去乡、村两级卫生医疗机构"的比例显著高于青年农民群体。

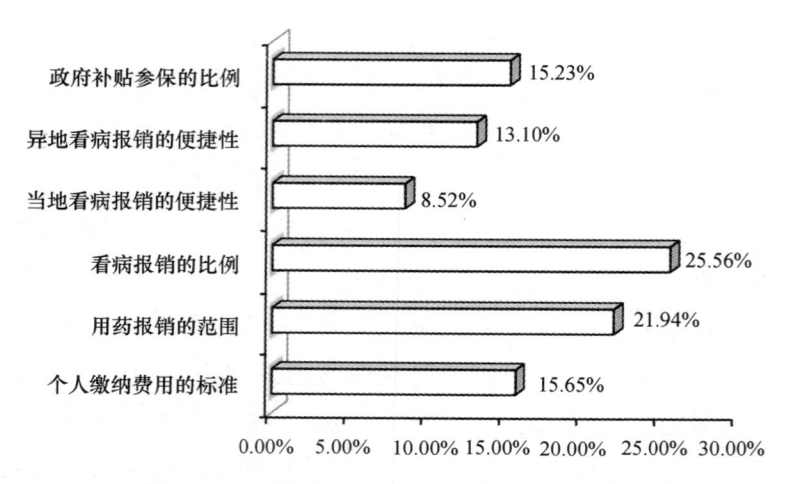

项目	比例
政府补贴参保的比例	15.23%
异地看病报销的便捷性	13.10%
当地看病报销的便捷性	8.52%
看病报销的比例	25.56%
用药报销的范围	21.94%
个人缴纳费用的标准	15.65%

图 8-12 对新农合改进、提升内容的选择结果

(2) 养老

目前农村地区的社会养老保障内容大致可以分为两个部分:第一部分是覆盖全体农村居民的农村社会养老保险制度,与其衔接和对应的是城镇基本养老保险制度;第二部分是作为补充性养老保险的"五保"户供养制度和商业保险。其中,第一部分主要指我国现行的新型农村社会养老保险(简称"新农保"),新农保基金由个人缴费、集体补助、政府补贴构成。从实际调研的入户访谈情况来看,农民对新农保的认受度非常高,特别是那些已经领取到养老金的老人及老人子女,对新农保政策表现出极高的满意度和认同度。同时,大部分受访对象也表达出极高的"对提高养老金领取标准"的意愿。有关这一点,在我们后期进行的问卷调查结果中,也有明确的体现。被试者在回答新农保今后在哪些方面应该有所改善和提升时(限选两项),综合总提及频率统计结果显示(见图 8-13):

选择比例最高的选项是"养老金的数额"（提及率34.93%），之后由高到低依次为"集体补助和政府补贴的标准"（提及率32.85%）、"简化参保的程序"（提及率16.19%）和"缴费的最低年限"（提及率16.03%）。以受教育水平为考察变量，对被试者在新农保今后改善和提升的选择情况进行多重响应卡方检验，结果发现：不同受教育水平的被试者在新农保今后改善和提升的选择上存在显著差异，$\chi^2 = 18.57$，$df = 8$，$p = 0.017 < 0.05$；具体而言，大专及本科学历的被试者在"养老金的数额"的选择比例上要显著低于其他两个学历类型的被试者。也就是说，那些学历层次相对较低的被试者，更希望新农保在今后能够提高养老金的发放金额。

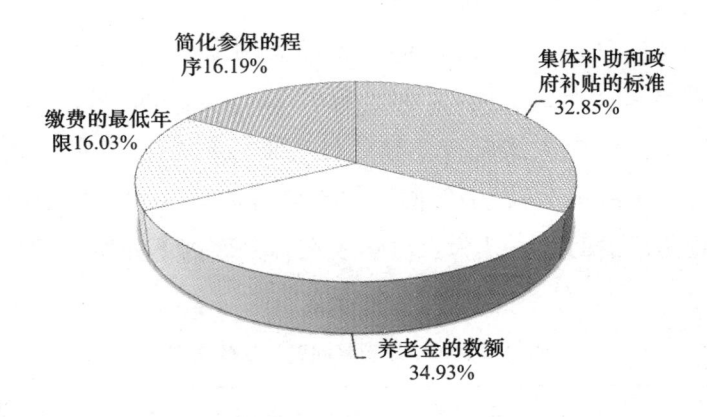

图8-13 对新农保改进、提升内容的选择结果

（3）教育

城乡结构深刻调整、农村乡镇大幅合并，农村地区教育布局随之发生变化。在基层群众对优质教育服务需求不断提升的情况下，在农村社会保障体系的建构中必须对教育服务有所考虑。针对课题组前期入户访谈的情况，我们就农村地区相对突出的教育问题设计了相对应的题目，要求被试者就相关问题进行选择（限选两项）。其中，在第一选择中主要凸显的问题有两个方面：一是学校离家距离太远；二是农村地区学校师资水平不高（见表8-2）。综合总提及频率进行统计分析,结果显示:首先,目前农村社会保障中的教育服务最大的问题还是城乡教育发展及资源配置的不平衡,反映该问题的被调查对象人数占到了总被试者人数的 30.08%;其次,由于学校师资水平不高、师资队伍建设缺乏等问题,使得农村群众对优质教育的需求难以满足,成为农村反映比较突出的问题之一,占到了总被试者人数的 26.12%;最后,由于大量农村学校合并或纳入城镇学校,使得一些农村地区的学生到校的距离增加,学生家长对孩子上学过程中的安全等问题有所关注,占到了总被试者人数的 25.79%。进一步的多重响应卡方检验结果发现:家庭年收入水平较高的被试者(2万元以上)比家庭年收入水平相对较低的被试者,更关注农村学校的师资水平问题,$\chi^2 = 45.24$,$df = 24$,$p = 0.005 < 0.01$。而不同年龄段的被试者,对农村学校教育问题的关注也存在显著差异,$\chi^2 = 24.04$,$df = 12$,$p = 0.02 < 0.05$,即青年群体比老年群体更关注农村学校的硬件建设问题(教室、桌椅和教学设备等设施跟不上);中年群体比青年群体更关注农村学校发展及资源配置落后的问题,认为农村学校在各方面都不如城里的学校。

表 8-2　　　　　农民对农村学校教育问题的反映情况　　　　　单位:%

	第一选择 频次	第一选择 有效百分比	第二选择 频次	第二选择 有效百分比	总提及情况 频次	总提及情况 有效百分比
学校离家太远	144	47.21	12	4.00	156	25.79
教室、桌椅和教学设备等设施跟不上	21	6.89	31	10.33	52	8.60
老师水平差	93	30.49	65	21.67	158	26.12
各方面都不如城里的学校	35	11.48	147	49.00	182	30.08
学校食堂伙食差	12	3.93	29	9.67	41	6.78
住宿条件差	0	0	16	5.33	16	2.63
合计	305	100	300	100	605	100

(二) 农村社会保障满意度的影响因素分析

1. 农村社会保障满意度的描述统计

对农村社会保障满意度采用里克特 5 点计分题目进行测量，同时加入相关人口学统计变量进行描述统计分析，结果见表 8-3。318 份有效数据的统计结果显示：被试者对当前农村社会保障体系的满意度呈现出中等偏上的水平，其平均值为 3.22，标准差为 0.84。从相关分析的结果来看，年龄、教育水平、人均宅基地亩数和家庭年纯收入等变量，均与满意度之间具有显著的相关，在随后的统计分析中将会对上述变量加以控制。

表 8-3　农村社会保障满意度及相关变量的描述统计结果

	1	2	3	4	5	6	7	8	9	10
1	1									
2	-0.111*	1								
3	-0.156**	0.011	1							
4	0.043	-0.071	-0.492**	1						
5	0.165**	0.043	0.031	-0.382**	1					
6	-0.09	0.051	0.162**	-0.142*	-0.051	1				
7	-0.036	-0.038	-0.146**	0.084	-0.051	0.221**	1			
8	-0.296**	-0.039	-0.292**	0.271**	-0.165**	0.082	0.117*	1		
9	-0.139*	-0.02	-0.061	0.059	-0.162**	0.104	0.037	0.476**	1	
10	-0.076	-0.065	0.192**	-0.139*	-0.075	0.037	-0.151**	0.096	0.241**	1
M	NA	NA	43.88	NA	NA	0.50	0.08	NA	NA	3.22
SD	NA	NA	12.98	NA	NA	0.43	0.10	NA	NA	0.84

注：1 表示"性别"，2 表示"民族"，3 表示"年龄"，4 表示"教育水平"，5 表示"政治面貌"，6 表示"人均耕地"，7 表示"人均宅基地亩数"，8 表示"个人月均收入"，9 表示"家庭年纯收入"，10 表示"对农村社会保障的满意度"；* 表示 $p<0.05$，** 表示 $p<0.01$，*** 表示 $p<0.001$（下同）；NA 表示"不适用"。

当进一步追问对目前农村社会保障中的哪些具体内容最为满意时，排在前两位的分别是养老（提及率28.17%）与医疗（提及率24.21%），之后由高到低依次为社会救助（提及率13.01%）、住房保障（提及率7.01%）、生育保障（提及率6.11%）、教育体育（提及率5.43%）、劳动就业（提及率4.64%）、社会福利（提及率4.07%）、社会优抚（提及率3.73%）和文化科技（提及率3.62%）。进一步的多重响应卡方检验结果显示：不同年龄段的被试者在最满意的社会保障内容的选择上存在显著差异，$\chi^2 = 36.64$，$df = 20, p = 0.013 < 0.05$；具体而言，与青年群体相比，中年群体中选择最满意"养老保障"的人数比例更高。而不同教育水平的被试者在最满意的社会保障内容的选择上也存在显著差异，$\chi^2 = 61.66$，$df = 20, p < 0.001$；具体而言，与具有大专及本科学历的被试者相比，学历层次相对较低的两类人群中选择最满意"养老保障"的人数比例更高。

2. 相关影响因素的回归分析

课题组根据前期的入户访谈调查，在问卷调查中设计了三个方面的问题，以考察经济、土地和社会政治三要素如何对农民社会保障满意度评价水平发生影响。下文将分别就上述三个方面进行回归分析。同时，在进行回归分析之前，我们对控制变量和自变量中存在的类别数据进行了对应的虚拟变量转化。

（1）经济因素

此处，我们所选定的经济因素的变量指标主要是有关农民收入方面的，即收入来源（主要依靠农业生产或非农业生产）、个人月均收入（四档：500元以下、501—1000元、1001—1500元和1500元以上）和家庭年纯收入（五档：5000元以下、5000—1万元、1万—1.5万元、1.5万—2万元和2万元以上）。在控制了性别、民族、年龄、教育水平、政治面貌等人口学变量之后，将收入来源、个人月均收入和家庭年纯收入三个指标纳入回归方程，统计分析的结果显示（见表8-4）：收入来源和个人月均收入两个指标对农民社会保障满意度评价水平的影响预测作用不显著,而家庭年纯收入对农民社会保障满意度评价水平具有显著的正向影响预测作用。

表8-4　　　经济因素对社会保障满意度影响的回归分析结果

			模型1			模型2		
			β	Std. Error	Beta	β	Std. Error	Beta
控制变量		性别	0.08	0.10	0.05	-0.01	0.11	0.00
		民族	0.49	0.35	0.08	0.43	0.34	0.07
		年龄	0.01	0.01	0.14*	0.01	0.01	0.17*
		教育水平:初中及以下	0.33	0.17	0.20*	0.33	0.17	0.20*
		教育水平:高中(含高职、高专)	0.22	0.15	0.13	0.24	0.15	0.14
		政治面貌:党员	0.23	0.14	0.16	0.16	0.13	0.09
		政治面貌:共青团员	0.22	0.15	0.10	0.16	0.15	0.07
		家庭人口数	0.02	0.04	0.03	-0.01	0.04	-0.02
		是否担任干部	-0.07	0.13	-0.04	-0.04	0.13	-0.02
		在外务工情况	0.01	0.10	0.00	-0.02	0.10	-0.01
自变量		收入来源:农业生产				-0.04	0.12	-0.02
		月均收入				0.04	0.05	0.05
		年纯收入				0.14	0.04	0.24***
模型指数		R^2		0.06			0.13	
		AdjustR^2		0.03			0.09	
		ΔR^2		0.06*			0.07***	
		F		1.93*			3.24***	

(2)土地因素

有关土地因素对农村社会保障满意度水平评价的影响,我们选定了六个方面的变量指标,即家庭拥有的耕地数量、宅基地数量、家庭中人均拥有的耕地数量、家庭中人均拥有的宅基地数量、对土地的依赖性(家庭收入多大比例依赖于土地耕种)和家庭中的土地是否发生转让。在控制了性别、民族、年龄、教育水平、政治面貌等人口学变量之后,将上述六个指标纳入回归方程,统计分析的结果显示(见表8-5):家庭拥有的耕地数量、宅基地数量、家庭中人均拥有的耕地数量、家庭中人均拥有的宅基地数量、对土地的依赖性五个指标对农民社会保障满意度评价水平的影响预测作用不显著,而"家庭中的土地是否发生转让"这一变量则对农民社会保障满意度评价水平具有显著的正向影响预测作用。

表8-5　土地因素对社会保障满意度影响的回归分析结果

		模型1 β	模型1 Std. Error	模型1 Beta	模型2 β	模型2 Std. Error	模型2 Beta
控制变量	性别	0.06	0.11	0.03	0.11	0.11	0.06
	民族	0.45	0.35	0.08	0.56	0.34	0.10
	年龄	0.01	0.01	0.14*	0.01	0.01	0.09
	教育水平:初中及以下	0.41	0.18	0.24*	0.38	0.18	0.22*
	教育水平:高中(含高职、高专)	0.30	0.16	0.17*	0.20	0.16	0.12
	政治面貌:党员	0.29	0.14	0.16*	0.25	0.14	0.14*
	政治面貌:共青团员	0.26	0.16	0.11	0.26	0.16	0.11
	家庭人口数	0.02	0.04	0.03	0.07	0.08	0.10
	是否担任干部	-0.08	0.14	-0.04	-0.04	0.13	-0.02
	在外务工情况	-0.02	0.11	-0.01	-0.13	0.11	-0.07
自变量	人均耕地				0.47	0.52	0.18
	人均宅基地亩数				-0.49	2.37	-0.06
	耕地亩数				-0.06	0.14	-0.10
	宅基地亩数				-0.23	0.62	-0.10
	土地的依赖性				-0.07	0.07	-0.07
	土地转让=有转让				0.35	0.10	0.21**
模型指数	R^2	0.07			0.15		
	AdjustR^2	0.04			0.10		
	ΔR^2	0.07*			0.08**		
	F	2.09*			2.82***		

（3）社会政治因素

对于社会政治因素对农民社会保障满意度评价水平影响的分析，我们设计了七个方面的变量指标。其中，社会因素包括社会秩序和社会公平两个指标；而政治因素则包括自治活力、驻村干部的作用、对村委会的信任度、乡镇政府绩效和村委会工作满意度五个指标。在控制了性别、民族、年龄、教育水平、政治面貌等人口学变量之后，将上述两个方面的七个指标纳入回归方程，统计分析的结果显示（见表8-6）：社会因素中的社会秩序和社会公平两个指标对农民社会保障满意度评价水平均表现出显著的正向预测影响作用；而政治因素中的自治活力、驻村干部的作用、乡镇政府绩效和村委会工作满意度四个指标对农民社会保障满意度评价水平影响作用不显著，仅有"对村委会的信任度"这一指标表现出对农民社会保障满意度评价水平显著的正向预测影响作用。

表8-6　社会政治因素对社会保障满意度影响的回归分析结果

		模型1 β	模型1 Std. Error	模型1 Beta	模型2 β	模型2 Std. Error	模型2 Beta
控制变量	性别	0.07	0.10	0.04	0.05	0.09	0.03
	民族	0.05	0.41	0.01	0.09	0.36	0.01
	年龄	0.01	0.01	0.18*	0.01	0.00	0.12*
	教育水平：初中及以下	0.32	0.17	0.20*	0.04	0.15	0.02
	教育水平：高中（含高职、高专）	0.27	0.15	0.16*	0.09	0.13	0.05
	政治面貌：党员	0.26	0.14	0.15*	0.09	0.12	0.05
	政治面貌：共青团员	0.23	0.15	0.10	0.14	0.13	0.06
	家庭人口数	0.02	0.04	0.04	0.06	0.04	0.09
	是否担任干部	-0.12	0.13	-0.07	-0.18	0.12	-0.10
	在外务工情况	0.01	0.10	0.01	-0.08	0.09	-0.05

续表

<table>
<tr><th colspan="2"></th><th colspan="3">模型 1</th><th colspan="3">模型 2</th></tr>
<tr><th colspan="2"></th><th>β</th><th>Std. Error</th><th>Beta</th><th>β</th><th>Std. Error</th><th>Beta</th></tr>
<tr><td rowspan="7">自变量</td><td>社会秩序</td><td></td><td></td><td></td><td>0.14</td><td>0.06</td><td>0.13*</td></tr>
<tr><td>社会公平</td><td></td><td></td><td></td><td>0.33</td><td>0.10</td><td>0.19**</td></tr>
<tr><td>自治活力</td><td></td><td></td><td></td><td>-0.04</td><td>0.10</td><td>-0.02</td></tr>
<tr><td>驻村干部作用</td><td></td><td></td><td></td><td>0.17</td><td>0.12</td><td>0.09</td></tr>
<tr><td>对村委会的信任度</td><td></td><td></td><td></td><td>0.25</td><td>0.09</td><td>0.18**</td></tr>
<tr><td>乡镇政府绩效</td><td></td><td></td><td></td><td>0.16</td><td>0.15</td><td>0.08</td></tr>
<tr><td>村委会工作满意度</td><td></td><td></td><td></td><td>0.08</td><td>0.05</td><td>0.11</td></tr>
<tr><td rowspan="4">模型指数</td><td>R^2</td><td colspan="3">0.07</td><td colspan="3">0.31</td></tr>
<tr><td>$AdjustR^2$</td><td colspan="3">0.04</td><td colspan="3">0.27</td></tr>
<tr><td>ΔR^2</td><td colspan="3">0.07*</td><td colspan="3">0.24***</td></tr>
<tr><td>F</td><td colspan="3">2.23*</td><td colspan="3">7.39***</td></tr>
</table>

（三）基于数据调查结果的分析和讨论

第一，经过三十多年的发展，农村社会保障制度建设取得了长足的发展，同时在内容、结构和层次三个方面也表现出一些不足和问题。[①] 在我们的调研中发现，这些不足和问题存在一个集中的表现，即社会经济发展、农民对保障的基本需求与现有农村社会保障水平之间的不协调。这使得现有的农村社会保障体系，无法对社会发展和经济运行起到有效维护的作用，也无法保证农民基本的生存、发展需要。对于农村社会保障制度而言，其主要任务在于能够基本保障农村居民"生有所靠、病有所医、老有所养"，[②] 农民最为看重的社会保障的具体内容仍然集中于此，这也与本次调查的结果保持了一致。农民对农村事务的关注，主要集中在与其自身利益

---

① 杨斌、徐敬凯：《1978年以来中国农村社会保障制度的发展及评价——基于"三体系"的分析框架》，《山东社会科学》2014年第4期。

② 陈信勇、蓝邓骏：《失地农民社会保障的制度建构》，《中国软科学》2004年第3期。

密切关联的社会保障领域,并具体体现在养老、医疗和就业三个方面;特别是低收入和低学历的农民群体,他们对于农村社会保障的依赖性更高。在农村人口结构失衡、农民失地、青壮年剩余劳动力外流等背景下,解决好农民的养老、医疗与就业问题,实际上就是解决了农民基本的生存和发展问题。同时,也为留在农村和进入城市的两类农民群体提供了个体发展的屏障,这对于整个社会的稳定也是具有积极意义的。[1]

第二,"均衡化"与"均等化"仍是农村社会保障体系不断健全、完善的重要方向。政府作为基本社会保障的规划者、提供者和管理者,有责任以公平的方式向社会提供人们生存和发展所必需的且无法通过其他方式有效供给和保障的产品和服务。[2] 相对于城镇居民而言,农民群体在个人社会地位、经济实力等方面处于弱势,他们更期望能够通过社会保障服务获得相应的帮助与支持。从我们问卷调查的结果来看,在被称为"新三座大山"的医疗、养老和教育领域,农民群体主要的期望还在于能够获得更为有效的保障服务。其中,医疗和养老主要表现为对保障力度的提升方面,而在教育方面则主要集中于教育资源配置的均衡化方面。医疗、养老和教育三种保障类型,代表了政府和社会必须保障和承担的责任与"底线",[3] 应当在农村社会保障体系的建设过程中给予额外的重视。此外,"均等化"不仅涉及应当缩小城乡社会保障之间的差距,[4] 同时还包含不同群体之间所享有的社会保障服务类型与水平的一致性。从本章的调查来看,农民群体认为应当对"特困户"和"残疾人"给予更多的关注,这与现有农村保障体系中的"五保制度"

---

[1] 梁鸿:《试论中国农村社会保障及其特殊性》,《复旦学报》(社会科学版) 1999 年第 5 期。
[2] 项继权:《基本公共服务均等化:政策目标与制度保障》,《华中师范大学学报》(人文社会科学版) 2008 年第 1 期。
[3] 景天魁:《底线公平与社会保障的柔性调节》,《社会学研究》2004 年第 4 期。
[4] 陶勇:《二元经济结构下的中国农民社会保障制度透视》,《财经研究》2002 年第 11 期。

是相对应的。即便如此，据我们的实地调研来看，现实情况下农村对特困户的保障服务也并非有效和持久，而对残疾人的保障服务则相对更弱。究其原因，一方面在于缺乏相应的保障制度作为支撑，在具体的政策制定过程中对特定群体的考虑较少，[1] 因而所能提供的保障服务往往带有"道义性"或"应景性"的成分；另一方面，特定群体的保障，需要比一般群体投入更多的经费保障和专业人力资源，这在大多数农村地区也是难以做到的。因此，在关注城乡均等化问题的时候，也应对不同群体的保障均等化有所重视，以避免特殊群体成为农村保障体系建设的短板或盲点。

第三，农民群体对农村现行的社会保障服务的满意度处在中等偏上水平，在具体内容的选择上仍旧表现出对养老和医疗两种类型的偏好。从我们的实地调研情况来看，"新农合"与"新农保"在农村地区的参保率是比较高的，通常能够达到99%以上，特别是那些已经从上述两项保障制度中得到"好处"的农民个体，对这两项保障制度更是表现出极高的满意度和认同度。当然，从问卷调查的数据结果来分析影响农民社会保障满意度的相关因素及其机制，我们发现：家庭收入、土地流转、社会秩序与公平以及对村委会的信任度均在其中发挥作用。首先，低收入群体在整个社会结构中，其社会保障的水平也是相对偏低的。[2] 而农民的收入主要又是基于土地耕种获得的，相对于城镇居民而言，其收入的提升空间非常有限。[3] 因此，收入水平较低的家庭，其对社会保障的依赖性和期望值也都相对较高。其次，中国农村发展、农民生活与土地的关系不言而喻。作为农民赖以生存的基础，土地不仅是一种自然属性的资源，也是实现农村地区社会保障的重

---

[1] 周林刚：《残疾人社会保障体系与公共服务体系建设研究》，《中国人口科学》2011年第2期。

[2] 陈宇：《完善社保对我国经济发展转型的效用研究》，《江汉学术》2014年第2期。

[3] 李迎生：《论政府在农村社会保障制度建设中的角色》，《社会科学研究》2005年第4期。

要途径，同时还具有重要的社会经济意义。[1] 虽然我们的调查显示，农村地区土地对农民的保障功能依旧发挥作用，但是从适应市场竞争、提升个人收入的角度来看，农民对如何激发土地的活力似乎更为关注。那些将土地以不同方式流转的农民，能够扩大土地的效用，使其个人获得更好的保障效果。再次，农村社会保障对改善民生具有积极的促进作用，[2] 同时良好的社会民生环境也对社会保障具有提升效应。稳定的社会秩序所带来的安全感，本身就是一种社会保障服务的体现。而制度在程序、结果等方面的公平性设定，不仅有利于农村社会保障的推行，同时也可以避免由于社会不公所引发的矛盾冲突。[3] 我们在入户访谈中就有农民表示，大家对低保名单的确认主要还是关注公不公平，只要公平就不会有问题。最后，村民是否信任村委会，是影响其对农村社会保障满意度水平的重要因素。这里的信任，我们认为可能涉及两个方面的内容：一是在社会保障政策落实过程中形成的；二是由对村级自治组织能力的判断而形成的。前一个与公平性有关，而后一个则与自治组织的活力有关。如果村级自治组织在保证公平公正的前提下，能够避免成为乡镇政府行政权力下延的附属，从而使其能够真正为村民的利益代言来争取和开展社会保障服务，则势必会赢得村民更多的信任与支持。

六 土地制度改革

（一）H市农户收入状况分析

开展土地流转的关键目的是增加农户收入并在这一基础上实现

---

[1] 李亚华：《解决失地农民保障问题的几点思考》，《武汉大学学报》（哲学社会科学版）2004年第3期。

[2] 穆也：《农村社会保障对改善民生的作用研究——基于沈阳市沈北新区尹家乡问卷调查》，《社会保障研究》2013年第5期。

[3] 白小平：《从政策到程序：农村社会保障程序制度的解构与取向》，《理论月刊》2014年第1期。

农村的复兴,可见,土地流转与农户的收入密切相关。因此,在阐释 H 市农户参与土地流转现状并加以分析之前,有必要对 H 市农户的收入情况展开分析。下文将根据调研数据对 H 市农户收入情况的三个方面展开分析。

表 8-7　　　　　　H 市农户月均收入情况　　　　　　单位:%

	月均收入	频率	百分比	有效百分比	累计百分比
有效	500 元以下	87.00	27.36	27.71	27.71
	501—1000 元	66.00	20.75	21.02	48.73
	1001—1500 元	83.00	26.10	26.43	75.16
	1500 元以上	78.00	24.53	24.84	100.00
	合计	314.00	98.74	100.00	
缺失	系统	4.00	1.26		
合计		318.00	100.00		

从 H 市农户的月均收入来看:H 市农户的月均收入分为四个等级,百分比分别为:第一等级,500 元以下(年收入 6000 元以下),27.71%;第二等级,501—1000 元(年收入 6012—12000 元),21.02%;第三等级,1001—1500 元(年收入 12012—18000 元),26.43%;第四等级,1500 元以上(年收入 18012 元以上),24.84%。均大概占据总数的 25%,分布较为均衡,说明 H 市农户的贫富分化并不严重(如果第一等级和第四等级所占的比例较大,则表明贫富分化严重)。但是,与全国居民的月均收入相比,H 市农户的月均收入显得稍低:月均收入 1000 元以下的农户占据了受调查农户的 48.73%。这从一个侧面可以看出 H 市农村地区欠发达。

部分学者针对 H 市农村地区的情况及我国其他地区类似的情况

指出：应该通过农村地区的劳务输出来提高农户的月均收入。从第五章所述 H 市劳务输出情况来看，外出务工的农户的月均收入水平较高（如 L 村全村 70% 的村民外出打工，收入较高的每年能够赚 20 万元/户），而且能够在较短时间内提升农户的月均收入水平，但这一举措会对农村地区的长远发展带来某些负面影响，如劳务输出会导致农村地区的劳动力资源减少，难以为农村的复兴提供足备的劳动力资源支持；劳务输出不是长久之计——当外界对劳务的需求量逐渐减少之后，外出务工的农户会有很大一部分回到农村，其月均收入水平必然会下降；劳务输出并不要求农户具有较高的受教育水平，从长远来看，这一点对农村的发展会有很明显的负面影响——农户的受教育水平长期无法有效提升，农户的整体素质也就难以得到根本提升，无法为农村的复兴提供坚实的智力支持。仅仅从这三方面就能看出：农村地区的劳务输出并不是提高农户月均收入水平的最佳选择。从农村的长远发展来看，提高农户月均收入水平（及总收入水平）的最佳选择是借助土地流转推进农村复兴进程：土地流转的实现农村复兴的重要举措，这一举措的践行能够在较短时期内有效地提升农户的月均收入水平，而且能够全面地恢复农村地区的活力，使农户水平提升之后能够一直维持在一个较高水平。

表 8-8　　　　　　　H 市农户主要收入来源情况　　　　　　　单位：%

		频率	百分比	有效百分比	累计百分比
有效	种田	80.00	25.16	25.40	25.40
	外出打工	143.00	44.97	45.30	70.79
	出租田地	4.00	1.26	1.27	72.06
	做生意	88.00	27.67	27.94	100.00
	合计	315.00	99.06	100.00	
缺失	系统	3.00	0.94		
合计		318.00	100.00		

从 H 市农户主要收入来源情况来看，H 市农户中：25.40% 的主要收入来源是种田；45.30% 的主要收入来源是外出打工；1.27% 的主要收入来源是出租田地；27.94% 的主要收入来源是做生意。"外出打工"所占的比例接近一半；"种田"和"做生意"各大概占据四分之一；"出租土地"所占的比例最小，几乎可以忽略不计（1.27%）。"外出打工"和"做生意"这两类合计占据了近四分之三（73.34%）。

表 8-8 中的某些情况可以印证分析表 8-7 时获知的某些情况，如：首先，目前受访的 H 市农户中，近一半农户的主要收入来源是外出打工，表明劳务输出是 H 市提升农户收入水平的重要举措，也表明 H 市因大量农户外出务工给土地流转创造了有利条件——外出务工农户的土地可以流转给私营部门、村组或其他农户。其次，"出租田地"是主要收入来源的农户极少，表明 H 市的土地流转尚未充分发展，尚有极大潜力可挖，在提升农户收入水平方面，可以将土地流转作为替代劳务输出的方式。最后，25.40% 的农户的主要收入来源是种田，这是 H 市农户的月均收入低于全国平均水平的原因之一——在没有开展大规模种植业的情况下，难以依靠种田实现高收入。提升 H 市农户的收入水平的必然举措之一是推进土地流转进程，将这部分农户纳入土地流转进程之中，依靠这一举措提高这些农户的收入水平。

此外，主要收入来源是做生意的农户（27.94%）也可以在进一步提升自身收入水平的同时致力于全体农户收入水平的提升——将做生意获得的、闲置的资金（通过入股等方式）投入土地流转进程之中，能够为土地流转进程的推进提供资金支持，在自己获得收益的同时，也增加了其他农户的收益，可谓一举多得。

表 8-9　　　　　　　种田所得占 H 市农户收入的比例　　　　　　单位:%

		频率	百分比	有效百分比	累计百分比
有效	30% 以内	206.00	64.78	68.80	68.90
	30%—50%	51.00	16.04	17.06	85.95
	50%—70%	35.00	11.01	11.71	97.66
	70%—100%	7.00	2.20	2.34	100.00
	合计	299.00	94.03	100.00	
缺失	系统	19.00	5.97		
合计		318.00	100.00		

注:第一列的百分比数据为农户的种田收入占其总收入的比例。

从表 8-9 中可以看出:受访的 H 市农户中,绝大部分农户 (85.95%)的种田收入所占总收入比例小于 50%,其中,68.80% 的农户的种田收入占其总收入 30% 以下,17.06% 的农户的种田收入占其总收入的 30%—50%。11.71% 的农户的种田收入占其总收入的 50%—70%,仅有 2.34% 的农户的种田收入占其总收入的 70%—100%。整体来看,这些数据表明:受访的 H 市农户中,大部分农户的主要收入并非通过种田获得,换言之,受访的 H 市农户的非农收入水平很高,第五章所述的五种模式的情况可以证明这一点,如 L 村 70% 的村民外出打工人均纯收入 11315 元/年,这些收入中的绝大部分是通过外出打工获得。这一情况部分地印证了前两个表格中展现的情况:外出打工及做生意等方式是 H 市农户获得收入的重要方式。

按照学界的观点,一般情况下,非农收入水平较高的地方,农户参与土地流转的积极性也会较高,二者呈正相关关系。表 8-9 展现的数据表明 H 市农户的非农收入水平较高,依照学界的观点,H 市农户参与土地流转的积极性也会较高,但是,这一推断并未在对 H 市开展的调研中得到验证——表 8-10 所展现的数据足以表明:H 市的受访农户中,57.74% 从来没有参与土地流转,30.97% 的农户偶尔参与土地流转,11.29% 的农户长期转让耕地。56.13%

的农户愿意参与土地流转，其余43.87%的农户则不愿意参与土地流转。可见：与学界的常规判定不同——H市农户的非农收入水平与参与土地流转的意愿未呈正相关关系。

表8-10　　　　H市农户将田地转让给其他人耕种的情况　　　　单位:%

		频率	百分比	有效百分比	累计百分比
有效	从来没有	179.00	56.28	57.74	57.74
	偶尔	96.00	30.19	30.97	88.71
	长期转让	35.00	11.01	11.29	100.00
	合计	310.00	97.48	100.00	
缺失	系统	8.00	2.52		
合计		318.00	100.00		

（二）H市农户参与土地流转现状

第五章中已经对H市农户参与土地流转现状进行了一些阐述，但尚未根据调研数据展开具体分析。下文将根据调研数据对H市农户参与土地流转现状加以阐释。

从表8-10中可以看出：H市的受访农户中，57.74%从来没有将田地转让给其他人耕种，偶尔将田地转让给其他人耕种的农户占总受访者的30.97%，长期将田地转让给其他人耕种的农户占总受访者的11.29%。整体来看，H市受访农户中，将田地转让给他人耕种的农户占总受访者的42.26%，与东部省份农户参与土地流转的比例相比，这一比例稍低。这方面的情况也可以从表8-11（H市农户参与土地流转的总体意愿）中看出。

前文表8-8展现的数据表明：受访的H市农户中，主要收入来源情况为"外出打工"和"做生意"的，合计占据了总受访者的近四分之三（73.34%）。这一数据从侧面表明：H市农村地区有大量的劳务输出（包括外出务工和外出做生意），农户外出之后，必然有大量耕地闲置出来。换言之，表8-8展现的数据表明H市农村地区有大量可以用于流转的耕地。

但是,表8-10的数据表明受访的H市农户中,长期参与土地流转(即长期将田地转让给其他人耕种)的农户并不多(11.29%)。表8-8和8-10对比分析之后可以得出这一结论:尽管H市农村地区因农户外出务工而有大量可以用于流转的耕地,但是,因为农户参与土地流转的积极性很低,导致大量耕地被闲置。这一点可以在第五章所述几个行政村的情况中得到验证(多数行政村有耕地被闲置)。这些情况表明:H市目前的土地流转状况不佳,但从另外看,这些闲置耕地的存在为H市土地流转进程的推进创造了基本条件——在流转收益较为合理的情况下,农户会较快地将闲置的耕地进行流转,H市农村地区的土地流转进程就能够在短期内得到大幅度推进,也就能够较快地推进农村复兴的进程。

表8-11　　　　　H市农户参与土地流转的总体意愿　　　　　单位:%

		频率	百分比	有效百分比	累计百分比
有效	愿意参与	174.00	54.71	56.13	56.13
	不愿意参与	136.00	42.77	43.87	100.00
	合计	310.00	97.48	100.00	
缺失	系统	8.00	2.52		
合计		318.00	100.00		

从表8-11中可以看出:H市受访农户中有56.13%愿意参与土地流转,另外43.87%的受访农户不愿意参与土地流转。整体上来看,受访农户中,愿意参与土地流转的农户稍多于不愿意参与土地流转的农户。这一数据与表8-10所展现的数据非常相似——表8-10显示出:受访农户中,57.74%的农户从来没有将田地转让给其他人耕种,其余42.26%的农户曾经或者正在将田地转让给其他人耕种。

上述数据有几方面需要加以说明：第一，43.87%的受访农户不愿意参与土地流转，57.74%的受访农户从来没有将田地转让给其他人耕种。这两个数据的差值为13.87%，这13.87%的农户没有将田地转让给其他人耕种但租种了其他农户的耕地。理由如下：不愿意参与土地流转意味着：不愿意将田地转让给其他人耕种，也不愿意租种其他农户的耕地，换言之，没有将田地转让给其他人耕种只是不愿意参与土地流转的表现之一。第二，56.13%的受访农户愿意参与土地流转，42.26%的农户曾经或者正在将田地转让给其他人耕种。这两个数据的差值为13.87%，这13.87%的农户就是租种其他农户的耕地的那部分农户。值得注意的是曾经或者正在将田地转让给其他人耕种的那些农户由两部分组成：（1）30.97%的农户只是偶尔将田地转让给其他人耕种；（2）11.29%的农户长期将田地转让给其他人耕种。这些数据表明：愿意参与土地流转的农户中，只有少部分是长期参与土地流转。从这一点可以看出H市农村地区的土地流转整体状况不是非常好。

表8-12　　H市农户对目前宅基地政策和分配情况的看法　　　　单位:%

		频率	百分比	有效百分比	累计百分比
有效	非常不合理	11.00	3.47	3.50	3.49
	不太合理	42.00	13.21	13.33	16.83
	一般	142.00	44.65	45.08	61.90
	比较合理	106.00	33.33	33.65	95.56
	非常合理	14.00	4.40	4.44	100.00
	合计	315.00	99.06	100.00	
缺失	系统	3.00	0.94		
合计		318.00	100.00		

宅基地也涉及农村土地流转（部分闲置的宅基地被农户用于流转）。从表8-12中可以看出，受访的H市农户对目前宅基地政策

和分配情况的看法为：3.50%的农户认为非常不合理；13.33%的农户认为不太合理；45.08%的农户认为一般；33.65%的农户认为比较合理；4.44%的农户认为非常合理。整体来看，对目前宅基地政策和分配情况持负面看法的受访农户为 16.83%，所占比重并不大；持中间看法的农户所占比重接近一半（45.08%）；其他农户（38.09%）则持正面看法。这些数据与第五章中五种土地流转模式述及的情况相符，表明 H 市目前的宅基地政策和分配情况较令农户满意，但还需要进一步改进。

表 8-13　　　　　　　H 市农户参与土地流转的原因　　　　　　单位：%

		频率	百分比	有效百分比	累计百分比
有效	增加经济收益	179.00	56.28	59.08	59.08
	外出务工后土地闲置	109.00	34.28	35.97	95.05
	跟从其他农户参与	15.00	4.72	4.95	100.00
	合计	303.00	95.28	100.00	
缺失	系统	15.00	4.72		
合计		318.00	100.00		

从表 8-13 可以看出：受访的愿意参与土地流转的 H 市农户中，59.08%的农户是为了增加经济收益，35.97%的农户是因为不愿在外出务工后将土地闲置，4.95%的农户则是看到其他农户参与土地流转之后才加入其中。从这些数据可以获知：首先，土地流转收益的高低对农户参与土地流转积极性的高低有重要影响，二者呈正相关关系。这一点可以在第五章的相关部分得到验证。其次，劳务输出对土地流转的开展有重要影响：农户外出务工给土地流转的开展创造了条件——其原先耕种的土地可以用于流转。但是，必须指出的是：尽管劳务输出能够为土地流转的开展创造条件，但是从长远来看这一举措有一定的负面影响（前文已经对此加以阐释，在此不再赘述）。最后，一小部分农户原本参与土地流转的积极性并

不高，但其从众心理会促使其跟从其他农户参与土地流转，可见，土地流转顺利展开之后，原本不愿参与土地流转（或者参与土地流转的积极性较低）的农户会受这一趋势的影响而参与土地流转，推动了土地流转的进一步开展，从而在土地流转参与人数方面呈现一种类似"路径依赖"的状态。

表 8-14　　　　H 市农户在土地流转过程中所采用的方式　　　　单位:%

		频率	百分比	有效百分比	累计百分比
有效	出租	101.00	31.76	33.12	33.11
	入股	112.00	35.22	36.72	69.84
	互换	12.00	3.77	3.93	73.77
	转让	13.00	4.09	4.26	78.03
	转租	67.00	21.07	21.97	100.00
	合计	305.00	95.91	100.00	
缺失	系统	13.00	4.09		
合计		318.00	100.00		

从表 8-14 中可以看出：出租、入股、互换、转让、转租等方式均出现于受访的 H 市农户参与土地流转的过程之中，但所占比例有较大区别，按照比例大小可以划分为三类：第一，高比例的方式：入股（36.72%），出租（33.12%）。第二，中级比例的方式：转租（21.97%）。第三，低比例的方式：转让（4.26%），互换（3.93%）。其中，前三种方式（入股、出租和转租）所占比例为 91.82%，其他两种方式（转让和互换）所占比例仅为 8.20%。

从以上数据可以获知：入股、出租和转租是受访的 H 市农户在土地流转过程中最常采用的三种方式。由此可知，土地流转方式是否适当对农户参与土地流转的积极性有影响，当土地流转开展过程中采用三种广泛地被农户采用的方式之时，农户参与土地流转的积极性会较高，当采用转让和互换这两种农户不常采用的方式之时，农户参与土地流转的积极性不会很高,这是 H 市推进土地流转的过程中必须注意的。

(三) H 市农户参与土地流转的影响因素

第五章中曾述及 H 市农户参与土地流转的影响因素,但没有相关调研数据加以支撑,下文的分析将弥补这一不足。

表 8-15　　H 市农户对影响其参与土地流转的因素的认知情况　　单位:%

		频率	百分比	有效百分比	累计百分比
有效	风俗和传统观念	42.00	13.21	13.82	13.82
	家庭年纯收入	37.00	11.64	12.17	25.99
	流转收益	123.00	38.66	40.46	66.45
	田地的位置	33.00	10.38	10.86	77.30
	非农收入水平	17.00	5.35	5.59	82.89
	户主受教育水平	8.00	2.52	2.63	85.53
	国家政策	44.00	13.84	14.47	100.00
	合计	304.00	95.60	100.00	
缺失	系统	14.00	4.40		
	合计	318.00	100.00		

从表 8-15 中可以看出,按照比例进行划分,受访农户参与土地流转的影响因素可以分为三类:一是低于 10% 的两种 (非农收入水平和户主受教育水平);二是 10%—15% 的四种 (国家政策、风俗和传统观念、家庭年纯收入、田地的位置);三是高于 15% 的一种 (流转收益,高达 40.46%)。可见,受访的 H 市农户认为,影响其参与土地流转积极性的因素中,土地流转收益的影响力最大,非农收入水平和户主教育水平的影响力极小,其他四种因素的影响力则居中。

从以上数据可以获知:首先,农户参与土地流转的积极性受多种因素影响,影响力最大的因素是流转收益 (表明农户首先是理性经济人），H市政府在推进土地流转的进程中首先应该致力于提升农户收益，此举能够极大地提升农户参与土地流转的积极性。其次，国家政策、风俗和传统观念、家庭年纯收入、田地的位置这四种因素对农户参与土地流转积极性的影响较为相近，这四种因素中，政府迅速改变（至少是影响）的是政策（风俗和传统观念、家庭年纯收入这两者较难在短期内得到改变，田地的位置则无法改变），土地流转进程可以借助政策的改变及践行得到快速推进。最后，非农收入水平和户主教育水平这两种因素对农户参与土地流转的积极性的影响较小（非农收入水平与农户参与土地流转积极性的关系，前文的分析已经得出结论：H市农户的非农收入水平与参与土地流转的意愿未呈正相关关系），在政府推进土地流转的进程中，首先应该关注其他因素，对这两种因素的重视度可以稍低一些。

七　乡村秩序的现状与发展趋势

乡村秩序稳定与否，取决于大多数普普通通的老百姓。他们是怎样思考的，又是怎样行动的，如何解决生活中的问题，如何应对乡村中形形色色的矛盾纠纷，搞清楚这些问题，我们也就能够对乡村社会目前的秩序状况及其发展趋势做出恰当的评估。

（一）乡村秩序基本稳定

为了衡量普通百姓对乡村秩序的看法，我们在问卷中设计了三个问题，分别从三个不同的维度询问受访者。首先是询问他们对当前乡村秩序的总体评价；其次是探究社会纠纷的主要根源；最后询问群体性事件发生情况，以此作为判断乡村秩序是否恶化的关键性指标。

为了总体满意度，问卷直接询问受访者"您觉得现在农村的社会秩序——"，调查数据结果显示，20.13%的受访者认为"非常好"，50.62%的受访者认为"还不错"，两者合计占全体受访者的70.76%。认为社会秩序"一般"的受访者占24.53%，认为社会秩序"不太好""非常差"的受访者合计仅占 4.72%（$N=318$）。这些数据表明，目前的乡村秩序还是令人满意的，绝大多数受访者都给予积极评价，不满意的只是极少数。

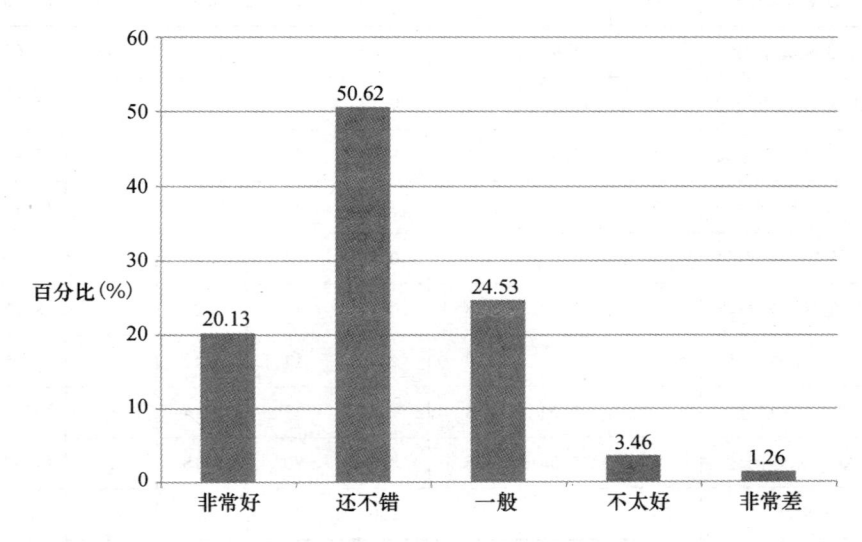

图 8-14 受访者对乡村秩序的评价

在测量过受访者的满意度之后，问卷又着重询问了受访者对乡村矛盾纠纷的认知，"您认为引发农村社会矛盾或纠纷的主要原因是（可选择 3 项）……"调查显示，第一选择以"邻里纠纷"为最多，近一半的受访者（49.49%）认为"邻里纠纷"是扰乱乡村秩序问题的第一大诱因。第二选择以"家庭矛盾"为最多，20.66%的受访者选择了这一项。第三选择以"宅基地问题"为最多，25.18%的受访者选择了这一项。总提及率最高的选项依次是"邻里纠纷"（22.55%）、"老人赡养问题"（15.38%）和"拆迁或征地"（15.15%）。总体而言，容易引发大规模社会冲突的"干部不正之风""拆迁或征地""选举村干部""医疗事故"等问题，在 H 市并不突出。

表 8-16　　　　　　　　受访者对乡村矛盾纠纷根源的认知　　　　　　　　单位：%

	第一选择 频数	第一选择 百分比	第二选择 频数	第二选择 百分比	第三选择 频数	第三选择 百分比	总提及 频数	总提及 百分比
① 邻里纠纷	146	49.49	34	11.15	18	6.47	198	22.55
② 家庭矛盾	19	6.44	63	20.66	15	5.4	97	11.05
③ 老人赡养问题	33	11.19	62	20.33	40	14.39	135	15.38
④ 干部不正之风	16	5.42	26	8.52	10	3.6	52	5.92
⑤ 拆迁或征地	55	18.64	42	13.77	36	12.95	133	15.15
⑥ 家族或宗族矛盾	0	0	3	0.98	4	1.44	7	0.80
⑦ 低保名额分配	7	2.37	33	10.82	37	13.31	77	8.77
⑧ 选举村干部	1	0.34	9	2.95	17	6.12	27	3.08
⑨ 医疗事故	3	1.03	8	2.62	31	11.14	42	4.77
⑩ 宅基地问题	15	5.08	25	8.2	70	25.18	110	12.53
合计	295	100	305	100	278	100	878	100

频频发生的群体性事件日益引起社会各界的关注，其发生频率及规模是衡量特定区域内社会稳定状况的关键性指标。问卷对这个问题的衡量相对简单，仅仅询问受访者"近几年村里是否发生过群体性事件"，报告村里曾发生过群体性事件的受访者有34人，占总数的10.93%（$N=311$）。这个比例与2010年中国综合社会调查的数据接近，在该调查中大约12%的受访者报告说过去三年中身边曾发生过群体性事件或活动。

课题组的问卷调查结果显示，受访者对H市乡村社会秩序总体上比较满意，乡村社会的矛盾纠纷主要集中在家庭、邻里等领域，事关基层公共事务、能诱发大规模群体性事件的矛盾纠纷不太严重，事实上，群体性事件的发生情况和全国其他地方大致相仿。基于此，我们可以说H市乡村秩序基本稳定。

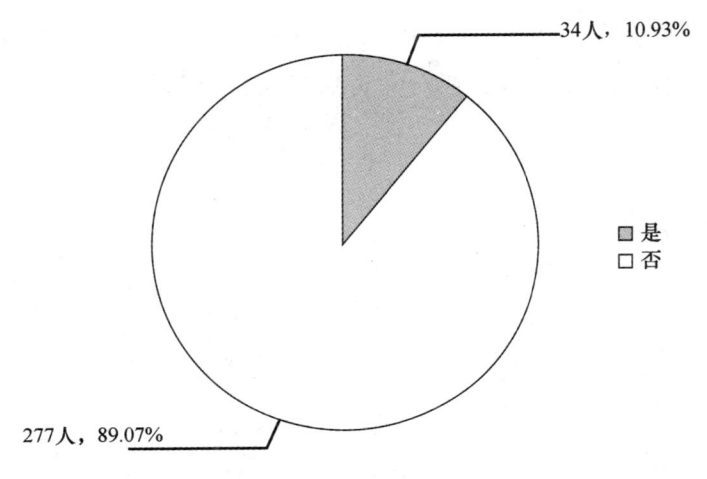

图 8-15　近几年村里是否发生过群体性事件

（二）相对剥夺感的影响

在中国当前特定语境下，上访通常被地方政府视为影响社会稳定的最重要事件之一，也经常被老百姓当作对抗地方政府的有效武器。鉴于此，我们用受访者看待上访的态度作为关键性指标，来测量普通老百姓的行为倾向，分析其是否具有扰动既存秩序的潜在可能性。问卷询问受访者"现在有不少人去上访，您觉得他们的诉求是否有道理"，其中回答"很有道理"的受访者占 9.58%，回答"有一定道理"的占 27.16%，回答"说不准"的占 31.63%，回答"没有太多道理"的占 16.61%，回答"无理取闹"的占 15.02%（$N=313$）。

首先，受访者的性别对上访态度的影响（图 8-16）。Pearson χ^2 检验表明不同性别受访者在上访态度方面存在显著差异（$N=312$，$p<0.05$）。在女性受访者中，有 7.38% 认为上访"很有道理"，37.70% 认为上访"有一定道理"，两者合计占比为 45.08%；在男性受访者中，有 11.05% 认为上访"很有道理"，20.53% 认为上访"有一定道理"，两者合计占比为 27.91%，明显少于女性受

访者。另外，有20.50%的女性受访者认为上访"没有太多道理"或"无理取闹"，而高达38.42%的男性受访者做出这样的回答。这些都表明，女性受访者相对而言更加同情上访行为。

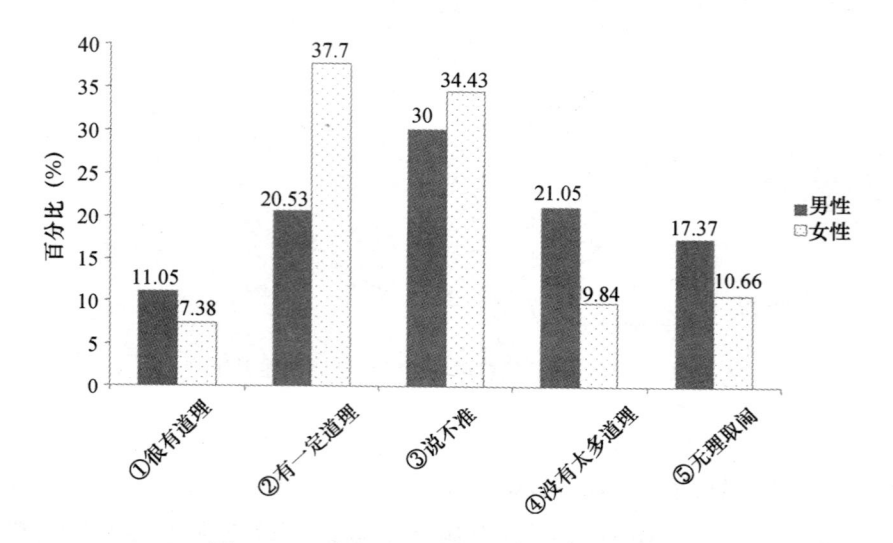

图8-16 受访者性别与上访态度之间的关系

其次，分析不同年龄段受访者在上访态度上的差异（表8-17）。Pearson χ^2 检验表明不同年龄段受访者在上访态度方面存在显著差异（$N=312$，$p<0.001$）。在30岁以下年龄段，认为上访"很有道理"的受访者占15.38%，认为上访"有一定道理"的占36.54%，两者合计51.92%；在30—39岁年龄段，认为上访"很有道理"的受访者占6.06%，认为上访"有一定道理"的占36.36%，两者合计42.42%；在40—49岁年龄段，认为上访"很有道理"的受访者占9.09%，认为上访"有一定道理"的受访者占30.68%，两者合计39.77%；在50—59岁年龄段，认为上访"很有道理"的受访者占7.94%，认为上访"有一定道理"的占17.46%，两者合计25.30%；在60岁以上年龄段，认为上访"很有道理"的受访者占11.36%，认为上访"有一定道理"的占9.3%，两者合计20.93%。另外，在30岁以下年龄段，认为上访

"没有太多道理"或"无理取闹"的受访者比例为 11.54%；在 30—39 岁年龄段，认为上访"没有太多道理"或"无理取闹"的受访者比例为 21.22%；在 40—49 岁年龄段，认为上访"没有太多道理"或"无理取闹"的受访者比例为 31.81%；在 50—59 岁年龄段，认为上访"没有太多道理"或"无理取闹"的受访者比例为 46.04%；在 60 岁以上年龄段，认为上访"没有太多道理"或"无理取闹"的受访者比例为 51.17%。也就是说，受访者越年轻越倾向于同情上访行为，年龄越大越可能对上访持批评态度。

表 8-17　　　　　　　　不同年龄段受访者的上访态度　　　　　单位：人、%

	年龄段					合计
	30 岁以下	30—39 岁	40—49 岁	50—59 岁	60 岁以上	
① 很有道理	8	4	8	5	5	30
	15.38	6.06	9.09	7.94	11.63	9.62
② 有一定道理	19	24	27	11	4	85
	36.54	36.36	30.68	17.46	9.3	27.24
③ 说不准	19	24	25	18	12	98
	36.54	36.36	28.41	28.57	27.91	31.41
④ 没有太多道理	4	9	18	9	12	52
	7.69	13.64	20.45	14.29	27.91	16.67
⑤ 无理取闹	2	5	10	20	10	47
	3.85	7.58	11.36	31.75	23.26	15.06
合计	52	66	88	63	43	312
	100	100	100	100	100	100

接下来分析不同受教育程度对上访态度的影响（表 8-18）。Pearson χ^2 检验表明不同教育程度的受访者在上访态度方面存在显

著差异（$N=309$，$p<0.05$）。在受教育程度为初中及以下的受访者当中，认为上访"很有道理"的受访者占 12.77%，认为上访"有一定道理"的受访者占 17.02%，两者合计 29.79%；在受教育程度为高中或中专的受访者当中，认为上访"很有道理"的受访者占 6.61%，认为上访"有一定道理"的受访者占 32.23%，两者合计 38.84%；在受教育程度为大专及以上的受访者当中，认为上访"很有道理"的受访者占 8.51%，认为上访"有一定道理"的受访者占 46.81%，两者合计 55.32%。另外，在受教育程度为初中及以下的受访者当中，认为上访"没有太多道理"或"无理取闹"的受访者比例为 36.17%；在受教育程度为高中或中专的受访者当中，认为上访"没有太多道理"或"无理取闹"的受访者比例为 34.71%；在受教育程度为大专及以上的受访者当中，认为上访"没有太多道理"或"无理取闹"的受访者比例仅为 8.51%。也就是说，受访者受教育程度越高，就越可能对上访行为持同情态度。

表 8-18　　　　不同受教育程度受访者的上访态度　　　　单位：人、%

	受教育程度			合计
	初中及以下	高中或中专	大专及以上	
① 很有道理	18	8	4	30
	12.77	6.61	8.51	9.71
② 有一定道理	24	39	22	85
	17.02	32.23	46.81	27.51
③ 说不准	48	32	17	97
	34.04	26.45	36.17	31.39
④ 没有太多道理	25	23	3	51
	17.73	19.01	6.38	16.5

续表

	受教育程度			合计
	初中及以下	高中或中专	大专及以上	
⑤ 无理取闹	26	19	1	46
	18.44	15.7	2.13	14.89
总计	141	121	47	309
	100	100	100	100

最后，我们来分析受访者家庭年纯收入与上访态度之间的关系。Pearson χ^2 检验表明家庭年纯收入不同的受访者在上访态度方面存在显著差异（$N=312$，$p<0.05$）。在家庭年纯收入为 5000 元以下的受访者当中，认为上访"很有道理"的受访者占 13.73%，认为上访"有一定道理"的受访者占 25.49%，两者合计 39.22%；在家庭年纯收入为 5000—1 万元的受访者当中，认为上访"很有道理"的受访者占 8.77%，认为上访"有一定道理"的受访者占 47.37%，两者合计 56.14%；在家庭年纯收入为 1 万—1.5 万元的受访者当中，认为上访"很有道理"的受访者占 9.26%，认为上访"有一定道理"的受访者占 24.07%，两者合计 33.33%；在家庭年纯收入为 1.5 万—2 万元的受访者当中，认为上访"很有道理"的受访者占 10.45%，认为上访"有一定道理"的受访者占 17.91%，两者合计 28.36%；在家庭年纯收入为 2 万元以上的受访者当中，认为上访"很有道理"的受访者占 7.5%，认为上访"有一定道理"的受访者占 23.75%，两者合计 31.25%。另一方面，在家庭年纯收入为 5000 元以下的受访者当中，认为上访"没有太多道理"或"无理取闹"的受访者占 19.60%；在家庭年纯收入为 5000—1 万元的受访者当中，认为上访"没有太多道理"或"无理取闹"的受访者占 15.79%；在家庭年纯收入为 1 万—1.5 万元的受访者当中，认为上访"没有太多道理"或"无理取闹"的受访

者占 29.63%；在家庭年纯收入为 1.5 万—2 万元的受访者当中，认为上访"没有太多道理"或"无理取闹"的受访者占 29.86%；在家庭年纯收入为 2 万元以上的受访者当中，认为上访"没有太多道理"或"无理取闹"的受访者占 51.25%。也就是说，受访者家庭年纯收入越低，越倾向于同情上访行为；家庭年纯收入越高，越可能对上访持批评态度。

表 8-19 受访者家庭年纯收入与上访态度之间的交叉分析　　单位：人、%

	家庭年纯收入					合计
	5000 元以下	5000—1 万元	1 万—1.5 万元	1.5 万—2 万元	2 万元以上	
① 很有道理	7	5	5	7	6	30
	13.73	8.77	9.26	10.45	7.5	9.71
② 有一定道理	13	27	13	12	19	84
	25.49	47.37	24.07	17.91	23.75	27.18
③ 说不准	21	16	20	28	14	99
	41.18	28.07	37.04	41.79	17.5	32.04
④ 没有太多道理	6	5	7	10	23	51
	11.76	8.77	12.96	14.93	28.75	16.5
⑤ 无理取闹	4	4	9	10	18	45
	7.84	7.02	16.67	14.93	22.5	14.56
合计	51	57	54	67	80	309
	100	100	100	100	100	100

在"乡村秩序"一章中的分析表明，较之中共党员或党政干部，政治身份为普通群众的受访者更加同情上访行为。概言之，女性、年轻人、受教育程度高、经济地位和政治地位低的受访者，对上访持更加同情的态度。受访者为女性、经济地位和政治地位低，

大致可归类为社会弱势群体；受访者年轻、受教育程度高，意味着效能感强、认识水平高。在社会学中，生存状况比较差但认知和行动能力较强的人群，往往被认为其相对剥夺感比较强。就此而言，H市那些相对剥夺感比较强的人更有可能同情上访行为，也更有可能支持一些扰乱当前乡村秩序的行动。

总体而言，当前H市的乡村秩序基本稳定，矛盾纠纷多集中在家长里短的层面，大规模群体性事件发生的比较少。但是，在现有秩序之下还是存在一些隐忧，那些相对剥夺感比较强的人群更有可能支持扰乱乡村秩序的行为，要防止这些心理不满转变为社会运动。

第 九 章

公民权与乡村治理的现代转型[*]

马克思在《路易·波拿巴的雾月十八日》中写道："他们（指农民——引者注）不能代表自己，一定要别人来代表他们。他们的代表一定要同时是他们的主宰，是高高站在他们上面的权威，是不受限制的政府权力。这种权力保护他们不受其他阶级侵犯，并要求上面赐予他们雨水和阳光。所以，归根结底，小农的政治影响表现为行政权支配社会。"[①]

考察乡村治理的汉中实践，发现其从新中国成立以来建构的治理权威结构和治理理念没有发生任何实质性的变化：一元化的行政权威治理，行之多年的基层自治组织不仅不能发挥应有的功能和作用，反而处于不断萎缩中，社会力量不能实质性地参与到乡村治理当中，农民的权益不能完全得到制度性的保障，农村的衰败和基层政府治理的无能随处可见。这一切让人思考乡村治理建基于怎样的原则和社会基础之上，经济社会的发展到底给乡村社会治理带来什么变化。

乡村治理的核心是现代公民权利的建构。不管是在哪个层面的治理制度设计，最终的根据一定是落在公民权利的制度保障上。不能想象，治理现代化的本质取向只是权威积累和秩序强化；更不能想象，治理能力提升的是强制力主导下的国家与公民之间的控制与

---

[*] 本章由周庆智执笔。
[①]《马克思恩格斯选集》第 1 卷，人民出版社 1972 年版，第 693 页；人民出版社 1995 年版，第 678 页。

庇护关系。因此，在考察汉中乡村治理实践的基础上，从公民权利出发来阐释乡村治理，就是要指出乡村治理所面对的问题不仅仅是一个当下权威制度建设问题，更为本质的是公民权利的制度化保障问题。只有从公民权利的制度建构上来推进乡村治理，才能实现乡村治理的民主化与法治化。

一 公民权与乡村治理变迁

公民权利建构在中国不过百余年，而农民公民权利的现代性意义一直没有完整地构建起来。现代公民权利包括基本权利、政治权利、经济权利、社会权利等，而现代国家建构的目标是要达成国家与社会关系基于上述各种权利的规范和法律固定上，而且新的国家治理原则是宪法原则，治理方式是宪政方式，政府治理和社会治理建基于公民权利的保障和实现上。因此，不管城市或乡村，其社区治理无不建构在法治化、民主化基础之上。但从中国现代国家建构的目标和结果上看，只是在国家权力一统天下——民族国家的形成——的意义上达到了目标，也就是说，基于公民权利和法治原则之上的民主国家的建构远没有完成。概言之，中国政治是农民政治，不管中国现代国家建构的蓝图有多么宏大，历史使命感有多么不容置疑，但乡村治理的逻辑和走向却是传统的政权与农民关系——强力与服从形式的不断翻版和改造而已。

帝制时代的乡村治理是一种所谓的"乡绅自治"，而乡绅自治建构在乡村"小共同体"——小农家族共同体的依附性上。帝制时代，皇权的建制在县一级，在县之下，乡绅治下的乡村治理建立在自给自足的小农经济社会基础上。在这个历史时期，乡村治理的核心是联通上下——皇权与乡村社会——的绅权。作为绅权的主体，乡绅阶层是皇权和乡村社会的中介人，对上，维护皇权统治，保证乡村社会秩序；对下，提供皇权所不能提供的公共服务，充当小农阶层的代言人。建构在绅权之上的乡村治理的基本功能，则是由地方士绅或宗族大户维持秩序,对乡村社会征收赋税、摊派徭役、征集兵丁、维持治安、推行教化。皇权通过直接对县官负责的代理人——乡绅这一中介实行对乡村社会的治理和控制,由绅权将国家治权与乡村社会连在一起。显然,乡绅自治是确立在小农对家族共同体的依附上,而不是确立在民众个体权利的制度保障上,也就是说,乡绅自治不是乡村社会自治,乡绅只代表自己的利益,而不代表乡村社会的其他群体利益。简言之,建构在绅权之上的乡村治理不是现代意义上的地方社会自治:"首先,参与者仅限于作为少数人群体的士绅。其次,士绅既非地方百姓选举的代表,也不是政府任命的代表。他们只不过凭藉自己的特权地位而被(习惯上)接纳为地方社群的代言人而已。"[1] 实质上,乡绅参与乡村公共事务的角色性质并非基于法律的明文规定或政治义务,也就是说,乡绅自治不具备公共性组织的角色性质,只不过是服务于皇权专制政治治理结构——县之下的一级而已。

近代以来的现代国家建构过程,对中国的乡村治理来说,就是乡村社会不断融入国家权力的一体化过程。现代国家建构(state-building)——现代性在国家制度体系上的集中体现,在中国直接表现为国家权力向乡村社会大规模渗透,它倾尽全力要完成两个目标:一是国家财税汲取;二是社会控制与动员能力。但是,随着传统乡村社会结构的逐步解体,现代秩序不仅没能成功地建构起来,同时,更具有本质意义的是,国家在基于公民同意的现代税制、公民权利的规范和法律固定上,却难有作为。也就是说,现代治理原则——国家与社会的权利关系、公民权利的法律规定等——既没有历史的基础,也没有现实的条件。所谓的政治现代化乃是国家至上主义主导的威权秩序的建构过程。换言之,中国现代国家建构并没有完成现代性内涵——人民主权意义上——的政治竞争与政治参与的扩展和现代国家与社会权利关系的结构性改变。

---

[1] 瞿同祖:《清代地方政府》,法律出版社2003年版,第337页。

具体讲，近代以来乡村治理是以国家权力为中心的基层社会权力结构的重组过程。这个过程的目标是要把国家权力扩张至基层社会，把发挥"经纪人"功能的乡绅阶层扫地出门或者官僚化。但历史上，这一过程并没有能够把国家权力贯彻到底，也就是说，清末的新政以及国民政府的现代化努力——如税制的改革、乡镇政权的官僚化、社会和教育服务等职能的履行等，因出现杜赞奇所谓的"政权内卷化"（即政权的经纪化）而造成国家能力不断地萎缩下去。新中国成立后，国家权力通过一系列的变革——土地制度改革、公有制的建立、农业集体化及其他所谓社会主义改造运动，真正完成了现代国家建构意义上的国家权力一统天下的实质意义，直接的效果就是新政权极大地加强了社会监控、动员能力和国家财税汲取能力。然而，这只是现代国家建构的一个面相，而现代国家建构的另一个面相，即国家与公民之间（基于各种权利配置规则）的现代关系构建，却没能得到实质性推进，而是以"政社合一"的人民公社体制，将农民直接置于国家的政治与行政控制之下，国家通过支配每个农民的日常生活把农民从之前依附于家族共同体里整合到国家这个大共同体的自上而下的集权体系之中。换言之，新中国成立之后，现代国家建构并没有把目标确定在现代国家与公民之间的权利关系构建上，也就是说，发生在中国的现代国家建构并没有朝着构建现代宪政秩序的方向去努力。

新中国成立后，乡村社会成员从家族小共同体里被纳入国家这个大共同体当中，而乡村治理就确立在乡村社会成员对国家共同体的依附性上。这个乡村治理的依附性是通过一系列的制度安排建构的——包括国家所有制的资源控制形式、政社一体化、城乡二元分治与户籍制度等。具体讲，第一，通过资源分配的公有制体制，国家权力实现了对社会经济生活的统辖，实现了对乡村社会政治及其他一切领域的控制，从而把乡村社会成员从传统小共同体纳入国家这个大共同体当中，这极大地强化了国家的社会整合和社会动员能力。第二，政社合一即国家与社会高度一体化。这个一体化是通过

"政权下乡"和"政党下乡",经由村社组织——民兵、党支部、大队、小队、农会、妇联、共青团等各种正式的和非正式的组织联系起来。这些组织都是国家嵌入乡村社会的外生秩序,反过来讲,通过这样的制度性嵌入,乡村社会失去了主体性,乡村社会成员被纳入国家共同体当中。第三,城乡二元分治与户籍制度。与国家工业化的资本积累和计划经济体制、等级社会相适应,城乡二元结构和户籍制度有利于社会的稳定和管理,也就是说,城里人与乡下人的户口簿("非农业人口"和"农业户口")不仅成为一种身份的体现,更是一种资源享有权的确认。进一步讲,户籍制度造成公民在事实上不平等的根本原因是户籍制度承载了太多的附加功能,而且它的功能定位趋向于管理型,而不是社会自主的发展。从国家层面讲,城乡二元分治及户籍制度对农民权利的大面积侵害包括:一是农民的政治权利无法得到平等保障。政治生活基本上是对城里人开放,对农民基本上不开放,也就是说,农民基本上没有诸如选举权和被选举权以及担任国家公职的权利。二是违背了现代民主社会的基本权利原则,诸如"人人生来平等"的原则、迁徙自由的原则等,广大农民的权利受到制度性的剥夺和歧视。三是对农民经济权利的剥夺,这包括私有财产权、平等竞争权利、就业权利等,而这种不平等源自城乡二元结构所造成的公民身份差别。概言之,政治现代化必须指向的民主权利的构建和确认与上述一系列制度安排是不和谐的甚至是对立的,比如利益表达的诉求、政治权利的要求、经济权益的保障,社会权利的伸张,都与威权主义的国家政权建设目标不能调和。

总之,新中国成立后,乡村治理是建基于乡村社会成员对国家共同体的依附性之上的庇护主义模式。也就是说,新中国成立后,乡村社会成员从传统的小共同体进入国家大共同体,形成一种所谓"庇护主义"(clientelist)的政治经济社会发展秩序。这个庇护主义的实质内容是"日常权威的行使,是通过分配被精英所垄断的而且是大众赖以生存的种种机会、产品和资源来体现的"。① 也就是说，传统上相对独立的、维系在家族小共同体上的、带有一定程度自治的社会消失，国家与社会的界限不复存在，国家与社会高度一体化。这个庇护主义模式造成这样一种国家—社会治理局面：一是政府成为唯一的权威治理主体，它肩负的治理重任将其置于不可为而为之的重负和人民无尽期待的压力之中；二是政治权力变成"像父权一样的权力"，养成甚至鼓励人民依赖国家的习惯，在国家大共同体下，社会主体性丧失，社会自治组织和社会自治能力不能得到发展和成长。三是政治处于人民的掌控之外，政治成为少数人的事情，而个体则不断屈从于支配着他们的政治权力。

二 权威治理下的农民权利

不管是家族小共同体还是国家大共同体，农民一直受制于宰制他们的共同体支配。"人摆脱对共同体的依附成为独立的个人这样一个过程就是民主革命的实质，对农民来说，就是使农民得到完全的充分的公民权利，包括公共事务中的民主参与权利与私人领域中的自由权利。"② 也就是说，国家权力宰制下的乡村治理并没有置于平等的公民权利的法律建构和制度保障上。

改革开放三十多年来，乡村治理的制度基础和社会基础发生了巨大变化——政社合一的人民公社体制解体，实现基层群众自治制度，同时，经济体制的改革促进利益多元化，社会结构的转轨使社会自主发展空间扩大，促进了社会多样化。首先，无论经济制度转轨或社会结构转型，这个变化主要是"基层政府主导型"的变化。换句话说，基层社会变化主要不是社会自发的变化，而是基层政府

---

① Jean C. Oi, *State and Peasant in Contemporary China - The Political Economy of Village Government*. Berkeley, Los Angeles, Oxford: University of California Press, 1989, p. 9.
② 秦晖：《关于农民问题的历史考察》，《农民中国：历史反思与现实选择》，河南人民出版社 2003 年版，第 6 页。

控制下的变化——"规划变迁",这种变化不可能也不容许在现行政治经济社会体制框架内走出多远。事实上,基层公共权力与社会力量还不成比例,社会组织不能发展起来,或者说,前者保持强大的介入能力,后者还是处于弱小和"乌合之众"的成长状态。其次,这个由经济变革驱动的变化,并没有改变农民依附于国家共同体的基本事实——基层自治组织并没有获得实质性的自治,农民的选举权与被选举权流于形式化,村居委会成为乡镇政府一元化治理的工具,也就是说,基层自治组织因基层党政权力的实质介入而失去自治的意义。但同时,农民权利原本处于的不平等地位因经济社会的变动却更加凸显出来,并且表现出群体抗争的社会运动特征,社会整合越来越困难。再者,基层治理体制并没有适应基层经济社会变革的大势,依然主导一元化治理的权威结构和控制理念。这一点,在中西部不发达地区比如汉中,表现得尤为凸显。实地调研发现,三十多年来中西部的乡村治理没有发生任何有意义的制度性变革。但是,"不论一个社会的情况有多么复杂,各集团之间的力量对比总是处于变化之中,但如果社会要成为一个共同体的话,那么每个集团的力量应通过政治体制而发挥,而政治体制则对这种力量进行调节,缓和并重加引导,以便使一种社会力量的支配地位与其他许多社会力量协同一致"。① 相对于传统社会,新生的社会力量带来了不断成长的解构能力,比如,对不平等身份歧视的反抗、经济权利的主张、迁徙自由的要求——这些都是"不完全公民权利"必然导致的结果,它的极端表现形式就是上访和群体性事件等抗争行为。这一切表明基层民众主体意识的觉醒和组织起来的社会力量,而且,利益多元化和社会的多样化逐渐扩展,迫使基层治理体系必须做出适应性调整,并以现代公民权利建构为核心,将基层公共权力和基层民众参与的功能、范围和边界确认和规范下来。

21世纪以来,建立在民众对国家共同体依附性之上的乡村治理

---

① 亨廷顿:《变动社会的政治秩序》,上海译文出版社1989年版,第11页。

出现危机。从基层政府方面看，其传统的财富积累方式和管控社会的做法，因基层社会利益多元化和社会群体的多样性，已经不能持续下去。但是，它的应对方式——比如当下各种所谓的"治理创新"依然是对传统治理理念和治理方式的一种巩固和强化行为。赵树凯认为，陷入僵局的乡村治理表现为乡镇政府财政危机、政策失灵、权威下降和制度异化。各种制度不适应社会需求逐渐空置，无法有效运转。究其原因，除了传统体制的强大惯性这一历史原因，一个新的因素不容忽视，这就是基层政府的自利性追求膨胀，"极端的表现是，有的基层政府既不是中央的基层政府，也不是民众的基层政府，只是地方官员的政府"。[1] 自利性的追求不断冲破规则的约束，对治理产生长远的负面影响：在行政体系内部，基层的自利性会破坏公务部门的连贯性。经过自利的过滤，上级的政策被选择性地下达，下级的信息被选择性地上报，变通、隐瞒和规避等风气自然形成行政阻塞，使得政策无所作为；在行政体系外部，基层的自利性会破坏干部和农民的关系，将公务人员的服务、承诺角色变成争利、指挥角色，形成双方的隔阂、疏远甚至埋怨，干群合作自然难以进行。但是，上述看法显然是放大了乡镇政权的自主性方面，而且这种放大有可能是混淆了政府治理的主体性与社会领域的自在形态关系，以至于把基层政府的自主倾向或"自利性的追求"——任何一个政权都具备的倾向——推到了一个不恰当的位置和失真的程度。道理很简单：一是乡镇政权不能算是完整的权力，它在很大程度上扮演的是乡镇治理的执行者角色；二是没有充分考虑基层治理的地方性差异，这种差异性在发达地区（东南沿海）与不发达地区（中西部）表现在治理思维和治理结构上尤为明显，虽然这种差异性主要表现在行政权力主导力量的强弱，或者说，社会力量发展的强弱。并且，这种观点主要是从基层政府的立场上来看乡村治理问题的。不过，亦如其所观察的，迄今为止，基层政府的

---

[1] 赵树凯：《乡镇治理与政府制度化》，商务印书馆 2010 年版，第 291 页。

制度环境没有改变,基层政府的行为逻辑也没有改变,也就是说,基层政府的传统治理理念和治理运行机制并未发生根本变革。

从根本上讲,当下乡村治理出现的问题是一个有关公民权利的不完全和保障缺失,换句话说,当今的乡村治理基础依然是确立在农民的不完全公民权利之上。改革开放三十多年来,农村社会发生了巨大深刻的变化。但由于城乡二元结构、户籍制度、社会保障体制、土地制度等方面的原因,处在小农自然经济社会当中的农民,现在要面对一个工商社会,因此,其内在的困境和矛盾就表现为,原本就非常不完全的农民权利如何在传统农业社会与工商社会之间争取自身的权益并适应下来。诚然,制度的改变并非朝夕可得,而旧制度掩盖的社会不平等与不公正亦非指日可除,但更深层的冲突却是源自这一系列不公正制度所依赖的原则,那就是,不完全公民权利造成农民从农业社会进入工商社会必然处于极其不利的生存状态和生存竞争当中。村民自治并没有给农村社会治理带来多大的生机和活力,事实上,村民自治依然在大共同体的权力掌控之下。尽管市场的开放让农民多了一条生路,但农民是背负着先天不足——不完全的公民权利来参与到市场经济生活当中的,这意味着,市场经济发展所带来的资源和机会,对于具有不完全公民权利的农民而言,并没有也不可能得到平等和公平的分享,这才是乡村治理出现危机的根源所在。

改变的第一步也是本质性的一步:把强制转变为权利,并把顺从转变为义务,建构国家与社会关系(基于公民各种权利规范上的)的现代意义。托马斯·雅诺斯基指出,在公民权利的发展和渐进顺序中,国家是从黄蜂到火车头的过程。所谓"黄蜂",是从前国家收取贡赋,像黄蜂那样"蜇人",但不把人血吸干;而随着时间的推移,国家渐变成火车头,在老百姓支撑的轨道上奔跑。[①] 对乡村治理而言,那就是让基层政府成为一个公共性质的组织,建构

---

① 托马斯·雅诺斯基:《公民与文明社会:自由主义政体、传统政体和社会民主政体下的权利与义务框架》,辽宁教育出版社 2000 年版,第 214 页。

完全的公民权利，让基层社会释放自治的力量，加入乡村治理当中来。然而，这种历史进步并非轻易获得，事实上，公民的种种权利，包括法律权利、政治权利、经济权利、社会权利等，都是通过政治现代化的不断推进而体现在国家与社会之间的权利博弈以及各种权利关系的规定当中。

一个基本的事实是，三十多年的经济社会发展，农民不完全公民权利并没有取得多大的进步。数以亿计的农民仍然行走在城市与乡村之间，而这个制度性的歧视则让农民处于极其不利的生存状态之中——农民工权益没有保障，乡村老人维持着旧的生产方式和生活方式。也就是说，在当今的乡村社会，支持基层治理的权威是自上而下的行政权威；乡村社会成员依然生活在不平等的旧体制框架之内，而这个旧体制框架由城乡二元结构、户籍制度、身份制度等所构成，成为农民不完全的各种权利的制度性根源。一是以选举为基础的政治权利没有实质意义。比如选举权，因基层党政权力和利益政治等因素的进入而形式化。这一点在不发达地区表现得尤为突出。也就是说，基层自治组织的先天不足——有自治形式而无自治权，致使农民还不能成为乡村社会政治生活的主体力量。二是社会权利得不到保障。财产权是社会权利的核心，生命的权利和自由的权利都需以财产权为基础或是财产权的表现形式，政府的性质、目的、范围等都是为了实现公民的财产权。一直以来，一些基层政府无视和践踏农民个人的财产权利，尤其无视农民对其住宅、耕地和私人企业财产的所有权、使用权和经营权，对农民个人合法经营的土地和住宅进行强制征收和强制拆迁。三是经济权利的不平等。因体制性、制度性歧视的存在，农民在利益博弈中被边缘化与弱势化。新中国成立后，国家推行的农业集体化和构建的城乡二元社会结构，使农民在职业上丧失了土地私有产权，在身份上被降为二等公民的地位。改革开放三十多年来，对农民和农村而言，土地是以财产的形式体现的，但是，至今因政治的和法律的不能区分化的土地制度，使农民的土地权益保障处在不确定之中。总之，虽然改革开放三十多年来，一系列政策诸如免征农业税、粮食直补、新农村建设、最低生活保障、新型合作医疗、免费义务教育、改善民生、基本公共服务均等化、服务型政府等新的改革举措，为建构完全的公民权利提供了发展条件，但是，三十多年来农民公民权利的不完全在经济增长及社会转型过程当中日益凸显出来，直接反映在乡村治理的危机当中。

三 基层社会改革：制度建设与公民权利保障

赋予乡村社会成员以完全公民权利，是推进乡村治理现代化的关键。换句话说，不完全公民权利不能实现多元主体参与的乡村治理现代化。乡村社会成员不完全公民权利的源头是公民身份的不平等，而公民身份的不平等源自城乡二元分治及其户籍制度。马歇尔指出："公民身份是一种地位，一种共同体的所有成员都享有的地位，所有拥有这种地位的人，在这一地位所赋予的权利和义务上都是平等的。"[①] 公民身份的本质就是国家要保证人人都能作为完整的和平等的社会成员而受到对待，而要确保社会成员的公民身份感和国家认同，就要把日益增长的公民权赋予每个人，包括农民。概括地讲，没有公民权利就不可能有公民身份感，也就不可能有国家认同。也就是说，公民身份的不平等，公民权利就不可能是完全的，反之亦然。

农民各种权利的实现是乡村治理建构的核心。农民权利主要是指农民作为权利主体的利益，包括物质的、精神的和人身的各种利益，以及这些利益在法律上的反映、体现和保护。农民的政治权利主要是参与国家社会事务管理活动的权利，包括选举权、被选举权以及监督权等；农民作为小生产者，最基本的权利应该是其个体私有的财产所有权和对土地的承包经营权；而人身权则主要是农民作为社会主体根据宪法所享有的基本人身权利，如人格权、人身自由

[①] 托马斯·H. 马歇尔：《公民身份与社会阶级》，刘训练、李丽红、宁睿英译；马德普、威尔·金里卡：《中西政治文化论丛：第5辑》，天津人民出版社2006年版，第529页。

权、受教育权等。

农民获得完全的公民权利与乡村社会治理体制结构和制度安排密切相关。也就是说，推进乡村治理现代化，首先要从制度上保障农民的政治权利、经济权利和社会权利，只有建立对上述权利的制度保障，并使乡村治理权威确立在社会来源基础上，农民的治理主体性才能够建构起来。张静认为，当代中国乡村社会存在的"治理矛盾"集中体现在授权来源和国家政权建设中：一方面，为协调基层冲突和政治稳定，国家不得不采用各种方法限制基层政权的恣意行为，比如限定税金——规定税金占收入比率的底线；另一方面，国家又不得不依赖基层政权从事发放贷款、实施免税、捐赠、福利和其他管治，这又等于支持了基层权威的合法性，助长了他们的权力。[①] 张静指出，上述"治理矛盾"涉及了当代中国农村政治的一个核心问题：中国的基层政治具有二元结构属性，传统社会是"官民共治"，现在则演变为"党政二元"，乡村社会日益成为国家权力和民间权威的交汇场所。乡村社会治理的二元结构产生有其内在逻辑：一方面，现代国家建设要从乡村社会中汲取大量的政治经济资源，就必然将国家权力的触角深入乡村；另一方面，乡村社会的治理必须依靠国家权力来维持基本的社会秩序，提供基本公共物品。这样一来，村庄治理组织实际上具备了双重功能：既帮国家办事，也要维护村民的共同利益。因而，执行这一治理职能的村政人物，自然就具有了双重角色：既是国家政权在农村的代理人，又要扮演村庄社区代言人的角色。因此，必须通过制度创新，在基层政权和社会之间建立共同的利益关联结构。在没有完成宪政构架的情况下，村民自治无法让基层政权真正成为公共服务部门，公民权利也无法最终建立起来。因此，以制度化的方法确立权威的社会性来源，强化权威的社会基础，是基层长治久安的根本。[②] 根本上讲，

[①] 张静：《基层政权：乡村制度诸问题》，浙江人民出版社2000年版，第45页。
[②] 同上书，第46页。

乡村治理的核心问题是农民权利问题。首先让基层自治从对基层政权的依附中摆脱出来，同时，把农民的主体性确立在公民权利的制度化建构和保障基础之上。

从基层政府方面看，它要完成一种面向公共组织的性质转变，而这样一个角色及其与公民制度化关系代表的公共性（公民）权利原则，是基层政府治理建构所包含的现代性含义。就乡村治理现代化而言，就是顺应经济社会的结构性变化，向着确立在公民权利原则基础上的多元治理格局的转型和朝着确立在制度化法治化基础上的民主治理方向努力。

为此，要从制度安排上增进农民的公民权利，进行乡村治理建构：第一，建构自治权。自治权是指公民自我管理社区公共事务的权利，自治权的实行意味着国家权力退出其不应当干预的社会领域。在当代中国，农民的自治权主要体现在村民自治上。但在乡村治理的基层实践中，村委会所具备的自治权力被行政化和工具化，没有独自决策的权限，成为乡镇政府所代表的国家行政权力的简单延伸。从汉中调查看，乡村治理的基本特征就是，乡村社区事务与政府的行政事务不分，交叠混合在一起。或者说，从乡镇说，所有的事务都是行政事务；从农村社区来说，为实现乡村的事务，前提是要完成乡镇政府的行政事务。进一步讲，农村基层的"乡（镇）——村"一元化治理体制，在相当程度上延续了人民公社体制一贯的权力运行逻辑，将国家的力量延伸到社会基层，对基层社会实施单向的管理与控制。这种自上而下建构的治理体系形成了科层式权力结构，不但压缩了基层社会空间，而且湮灭了基层社会活力。因此，在这样一个治理体制下，所谓的村（居）民自治，没有多少实质意义。

第二，保障经济权利。（1）土地权。20世纪90年代以来，工业化、城市化快速推进，现行土地制度起了重要作用，但在城乡二元结构下，农地承包经营权、宅基地、农村集体建设用地及征地制度等在政治上和法理上并没有得到区分化，混乱的所有权关系成为困扰农村进一步发展的障碍。在这种土地制度下，土地难以形成规模化经营，也影响了城乡生产要素和各种资源的自由流动和优化配置。(2) 平等权。城乡分割、分治的二元结构体制使广大农民没有享受到工业化发展带来的利益。由于公共福利、公共服务、社会保障的严重缺失,导致农民无法抛弃零散的土地,如此一来,农民难以真正享受社会经济发展的成果,城镇也难以得到应有的发展。事实上,"村民往往特指那些承包经营农村集体土地的农民,与城市社区居民存在户籍、土地产权和身份等系列差别。也就是说,农村集体土地的产权边界既是村民的身份和权利边界,也是村级组织的管理边界,尽管在改革开放以后允许农民进城务工,但进城务工的农民始终难以轻松脱离原有的乡村和集体,农民工无法享受与城市居民同等的福利和公民权利,无法真正融入城市社会;而村级公共服务和管理对象也限于本村村民,难以对外来人员提供平等的基本公共服务,也无法实施有效的管理,造成巨大的管理真空"。[①] 这种长期存在的城乡分割、各自封闭运行的基层治理体制,造成中国农民的生存只有同时靠进城务工和在乡务农,才能维持较正常的生活水平。

第三,保障社会权利。社会权利包括从享受少量的经济和安全的福利到充分分享社会遗产,并按照社会通行标准享受文明生活的权利等一系列权利,而与之最密切相关的领域是教育系统和社会服务体系。作为公民的社会权利,每个人都有平等接受教育或从事劳动的权利,但是,对于"农村人"和"城里人"来说,在接受什么样的教育和从事什么样的职业方面却存在巨大的体制性制度性差异。改革开放以来,由计划经济向市场经济转型,农村实行家庭联产承包责任制,人民公社迅速解体,农民获得了土地经营权,集体的保障功能逐渐削弱,农村社会保障面临严重困境和挑战。比如,(1) 当下农村空巢老人面临与子女空间距离远、贫困程度高、医疗保障低、文化活动少等问题;(2) 而构建一种将水平适当的医疗、

[①] 吴理财、杨桓:《城镇化时代城乡基层治理体系重建——温州模式及其意义》,《华中师范大学学报》(人文社会科学版) 2012 年第 6 期。

养老社会保障和以土地、非农业职业收入为内容的家庭保障结合起来的农民保障制度，还远未形成；（3）作为基本公共服务重要内容的新农保对推进城乡基本公共服务均等化的意义有限。因此，在当下，为进一步发挥新农保促进城乡基本公共服务均等化的功能，就要全面提高新农保经办管理水平，建立新农保监督、评估机制以确保公平兼顾效率，等等。

四 多元权利主体共治的制度化、民主化与法治化

自党的十八大提出国家治理体系和治理能力现代化以来，连篇累牍的文章都在谈国家治理体系与治理能力现代化"应该怎样"，不同的角度与不同的理论高度，把古今中外关于治理的理念和治理方式都谈到了。事实上，首先，地方性是治理的本质，治理面对的只是地方性的事实，而乡村社区则是国家治理的基本政治单元。在当下，重要的是要搞清楚基层治理的现状"是怎样"，历史地看，中国基层治理的逻辑是什么，其运行的权威形态和责任机制是什么。其次，改革开放三十多年来，基层治理的经济社会基础发生了什么变化，国家与社会之间的关系是怎样的，经济社会发展水平的不同对乡村治理产生了怎样的功能性影响，是否有一个普适性的治理模式。而这一切，不可能是规划设计出来的，恰是生活的实践赋予治理的真正含意。

从根本上讲，乡村治理建构的根据是在公民权利的实现上。从汉中的实践看，其治理的社会基础依然确立在农民不完全的公民权利之上。事实上，它还是在用传统的经验（无论是来自帝制时代的还是来自革命时代的）治理乡村社会，这个传统经验相信权力而不相信民主治理能够带来繁荣、稳定和秩序。实质上，对基层政府治理现代化而言，最紧要的也是最核心的方面包括扩大政治参与、治理法治化、建构现代国家与社会关系。

第一，政治参与。政治参与是乡村治理建构的重要议程之一。

其一，政治共同体意识。对基层来说，关键要促进民众的地方政治共同体意识，有了政治共同体意识，就会积极关心地方政治生活，增强民众对基层政府的权利、义务和责任关系，民众就有意愿选出自己认同的政治候选人。其二，参与制度化。健全政治参与制度，有效地吸收和疏导公众日益扩大的政治参与要求。其中最紧迫的问题是：一个最广大的潜在参与群体——农民却处于政治之外，不是"政治人"，是局外人或自然人，只有一个抽象的国民身份，但不知道在政治上对他们意味着什么。让这个庞大的群体进入基层政治生活当中，是基层政府治理现代化制度建设的基本问题之一。比如，（1）通过公民教育培养具有独立的理性判断能力的权利和义务主体；（2）增强民众对地方政治共同体的信任感和归属感；（3）推进在社会经济生活领域、思想文化领域以及家庭、学校、工作单位、生产单位和消费单位等一切公共生活领域中的社会民主化，这是政治参与在制度上从单一性向多样性变化的条件；等等。

第二，治理法治化。有如下含义：（1）公共权力的运行必须制度化和规范化。它要求政府治理、市场治理、社会治理有完善的制度安排和规范的公共秩序。（2）民主化。所有公共治理以及制度安排，最终要保障主权在民。所有的公共政策要从根本上体现人民的意志、体现人民的主体性。（3）法治。有两层含义：第一层是宪法和法律是最高权力；第二层是严格按照法律办事。第一层含义更重要，那就是宪法和法律才是最高权力，不允许任何组织和个人凌驾于宪法和法律之上。而在现代国家治理体系里，任何政党、任何组织都不能凌驾于法律之上，宪法是最高权力。（4）高效。现代国家治理体系应当有效地维护社会稳定和社会秩序，有较高的行政效率和经济效率。（5）协调。现代国家治理体系有三个特别重要的子系统：一是政府治理；二是社会治理；三是市场治理。从中央到地方各个层级，从政府治理到社会治理，各种制度安排是一个统一的整体。[①] 对基层政府治

---

① 蒋保信、俞可平：《"城管式困境"与治理现代化》，《同舟共进》2014年第1期。

理而言，核心的问题是加强和强化基层政治共同体意识，这是建设民主和法治政府的前提条件。对于政府治理者来说，它的权力来源于基层民众，促使其与本地人民的利益和意志一体化，并规范化、程序化。对于基层民众来说，能够提高其政治认同，并真正地参与到基层治理当中来。在法治化的政治生活中，民众的自治能力和自治精神将会得到提升和培养，政府官员和民众将会自觉地把自己的抱负和未来都投入到基层治理上，在力所能及的有限范围内，试着去管理社会，使自己习惯于民主赖以实现的组织形式。

第三，国家与社会关系的现代构建。乡村治理现代化的结构性条件，即构建现代国家与社会之间的权利关系。21世纪以来，多元的利益结构，多样性的社会形态，社会组织的成长，这一切，要求必须在国家与社会之间找到可以依循和确认的规则和规范。但是，从乡村治理的实践上看，存在两种向着相反的方向用力的力量：一种是基层公共权力不能放弃一元化权威主导地位；另一种是社会力量面对基层公共权力不断地提出自己的利益和权力诉求。那么，建立怎样的现代国家与社会关系，从制度设计上看，有权威主义的主张、民主主义的诉求、公民社会的权利规范等，这一切使得乡村治理变得如此的混乱和如此的不知所向。基层政府想沿着传统的治理逻辑和治理方式一直走下去，靠强制力和多资源的垄断地位，企图通过一些模式设计和实践形式，将基层社会维持在一个可控的秩序范围之内。但是，在今天，公民权利意识在日益壮大，任何社区建设或社会管理创新，如果没有建立在公民个人权利的基础之上，那么任何冠以现代性的和谐社区建设都是虚伪的威权主义把戏。

从制度建构上讲，乡村社会成员政治参与权利的实现是乡村治理民主化、法治化的关键，而政治参与权利实现的关键是自主的社会自治组织（工会、农会、商会以及其他民间利益团体）发展的制度化。作为乡村治理的一元，社会自治组织通过对公共事务的关切和参与来表达、维护自身的权利和利益，使乡村公共利益的实现确立在多元主体协商共治的基础之上。从汉中调研看，尽管乡村社会组织发展缓慢，但是，为数不多的社会组织已经表现出它们的力量，比如，那些与乡镇政府和村委会没有隶属和利益关联的专业经济合作组织的运作方式和利益诉求，其主体性很强，逐步具备与乡镇政府或村委会对等和协商的分量。事实上，在利益群体日益多元化的今天，社会自治组织发挥着与政府沟通与表达利益的功能，而那些曾经直接隶属于国家或受基层政府严密监管与控制的工会、农会、商会以及其他民间利益团体，随着社会自我组织化要求的提高，将从国家控制的社团组织逐渐向社会自治组织转化，并越来越多地代表这些利益团体与基层政府进行对话，在基层政府与乡村民众之间扮演着协商与对话的积极角色。而且，村民获得实质性自治必然会对基层权力发挥约束和制衡的作用。也就是说，村民通过独立的社会中间组织平台对基层政府进行监督，有助于基层社会对基层权力的有效制衡。概言之，在上述制度条件具备的情况下，就有望形成一种政府规范社会组织与社会组织规范社会成员的乡村多元民主治理的格局，不仅如此，乡村社会治理就能够最终确立在基于公民权利的各种规范之上。

总之，乡村治理建构的关键在于农民在多大程度上享有宪法规定和保障的公民权利，尤其核心的是政治权利，这不仅对于乡村治理，而且对于中国政治发展来说，都尤为重要。亨廷顿说："政治现代性的来源是城市，政治安定的来源是农村"，"倘若政府要享有一点点安宁，这就需要农村的实质性支持。如果一个政府没有得到农村的支持，就没有安定的可能性"。[①] 乡村治理成败事关中国民主政治建设，事关国家与农民的关系能否建构在基于公民权利的规范和法治框架上。

---

① 亨廷顿：《变革社会中的政治秩序》，华夏出版社1998年版，第256—257页。

参考文献

阿尔蒙德：《比较政治学：体系、过程和政策》，上海译文出版社1987年版。

奥尔森：《集体行动的逻辑》，上海人民出版社1995年版。

白钢：《走出解决"两委"关系失衡问题的理论误区》，http://www.chinaelections.com/article/188/15904.html，访问时间：2014年7月7日。

白小平：《从政策到程序：农村社会保障程序制度的解构与取向》，《理论月刊》2014年第1期。

白小平：《输入型农村社会保障制度困境与公共品供给的现代转型》，《中州学刊》2013年第9期。

包宗顺、徐志明、高珊、周春芳：《农村土地流转的区域差异与影响因素——以江苏省为例》，《中国农村经济》2009年第4期。

边燕杰、李路路、李煜、郝大海：《结构壁垒、体制转型与地位资源含量》，《中国社会科学》2006年第5期。

布迪厄：《实践感》，译林出版社2009年版。

蔡定剑：《历史与变革——新中国法制建设的历程》，中国政法大学出版社1999年版。

陈柏峰：《乡村江湖：两湖平原"混混"研究》，中国政法大学出版社2011年版。

陈家建：《项目制与基层政府动员：对社会管理项目化运作的社会

学考察》,《中国社会科学》2013年第2期。

楚国良:《当前农村"两委"关系问题的辩正思考》,http://www.chinaelections.com/article/188/163975.html,访问时间:2014年7月6日。

道格拉斯·诺思:《制度、制度变迁与经济绩效》,格致出版社2012年版。

《邓小平文选》第三卷,人民出版社1993年版。

《邓小平文选》第二卷,人民出版社1994年版。

丁洁:《农户土地流转形式选择影响因素研究——以成都市温江区为例》,四川农业大学出版社2013年版。

杜赞奇:《文化、权力与国家——1900—1942年的华北农村》,江苏人民出版社1994年版。

杜赞奇:《文化、权力与国家——1900—1942年的华北农村》,王福明译,江苏人民出版社2003年版。

房宁:《民主的中国经验》,中国社会科学出版社2013年版。

房宁主编:《浙江经验与中国发展(政府管理卷)》,社会科学文献出版社2007年版。

费孝通:《江村经济》,江苏人民出版社1986年版。

费孝通:《乡土中国 生育制度 乡土重建》,商务印书馆2011年版。

费孝通:《乡土中国》,江苏文艺出版社2007年版。

费孝通:《乡土重建》,收于《费孝通文集第四卷 1946—1947》,群言出版社1999年版。

费正清、麦克法夸尔:《剑桥中华人民共和国史——革命的中国的兴起(1949—1965)》,上海人民出版社1990年版。

丰雷、蒋妍、叶剑平、朱可亮:《中国农村土地调整制度变迁中的农户态度——基于1999—2010年17省份调查的实证分析》,《管理世界》2013年第7期。

冯伟林、杜茂华:《农村社会保障的产品属性分析与政府责任》,《经济特区》2010年第5期。

高翔：《城市化进程中的农村社会保障问题研究》，《社科纵横》2013 年第 12 期。

沟口雄三：《中国的公与私·公私》，郑静译，孙歌校，生活·读书·新知三联书店 2011 年版。

古德诺：《政治与行政——政府之研究》，北京大学出版社 2012 年版。

哈耶克：《自由秩序原理》，生活·读书·新知三联书店 1997 年版。

韩旭：《基层自治：多种形式保证人民当家做主》，房宁主编：《草根经济与民主政治》，社会科学文献出版社 2008 年版。

韩旭：《重庆市农村基层民主建设典型案例调查》，陈红太主编：《中国民主政治建设创新案例调研》，中国社会科学出版社 2010 年版。

贺卫方：《运送正义的方式》，上海三联书店 2002 年版。

贺雪峰、刘岳：《基层治理中的"不出事逻辑"》，《学术研究》2010 年第 6 期。

贺雪峰：《未来农村社会形态："半熟人社会"》，载《中国社会科学报》2013 年 4 月 19 日。

贺雪峰：《乡村的去政治化及其后果——关于取消农业税后国家与农民关系的一个初步讨论》，《哈尔滨工业大学学报》（社会科学版）2012 年第 1 期。

贺雪峰：《乡村治理研究的进展》，《贵州社会科学》2007 年第 6 期。

贺雪峰：《新乡土中国》，北京大学出版社 2013 年版。

亨利·勒菲弗：《空间与政治》，李春译，上海人民出版社 2008 年版。

亨利·萨姆奈·梅因：《古代法》，沈景一译，商务印书馆 1959 年版。

亨廷顿：《变动社会的政治秩序》，上海译文出版社 1989 年版。

黄海：《灰地：红镇"混混"研究（1981—2007）》，生活·读书·新知三联书店 2010 年版。

黄宗智：《长江三角洲小农家庭与乡村发展》，中华书局 1992 年版。

霍布斯：《利维坦》，商务印书馆 2012 年版。

基思·福克斯：《公民身份》，吉林出版集团有限责任公司 2009 年版。

加布里埃尔·A. 阿尔蒙德、小 G. 宾厄姆·鲍威尔：《比较政治学——体系、过程和政策》，东方出版社 2007 年版。

蒋保信、俞可平：《"城管式困境"与治理现代化》，《同舟共进》2014 年第 1 期。

景天魁：《底线公平与社会保障的柔性调节》，《社会学研究》2004 年第 4 期。

柯文：《〈在中国发现历史〉新序》，《历史研究》1996 年第 6 期。

科恩：《论民主》，聂崇信、朱秀贤译，商务印书馆 1988 年版。

孔飞力：《中国现代国家的起源》，生活·读书·新知三联书店 2013 年版。

匡萍：《从公共产品供给角度谈我国农村社会保障制度的完善》，《广西财政高等专科学校学报》2004 年第 2 期。

郎友兴、何包钢：《村民会议和村民代表会议——村级民主完善之尝试》，载《政治学研究》2000 年第 3 期。

李国强：《地方政府维稳绩效的前期考核——以 T 县"矛盾纠纷排查调处"机制为例》，《经济社会体制比较》2012 年第 1 期。

李路路、李汉林：《中国的单位组织：权力、资源与交换》，浙江人民出版社 2000 年版。

李学举：《我国基层群众自治制度地位的重大提升》，《求是》2008 年第 3 期。

李亚华：《解决失地农民保障问题的几点思考》，《武汉大学学报》（哲学社会科学版）2004 年第 3 期。

李郁芳：《试析土地保障在农村社会保障制度建设中的作用》，《暨南学报》（哲学社会科学）2001 年第 6 期。

梁鸿：《试论中国农村社会保障及其特殊性》，《复旦学报》（社会科学版）1999 年第 5 期。

梁治平：《法律的文化解释》，生活·读书·新知三联书店，2002 年版。

刘岚、陈功、宋新明、郑晓瑛：《农村社会保障研究应关注哪些问题？——我国农村社会保障研究回顾与展望》，《农村经济》2008 年第 2 期。

刘璐琳：《当前民族地区土地流转面临的问题及对策研究——基于现代农业发展的视角》，《中南民族大学学报》（人文社会科学版）2010 年第 4 期。

刘明兴、侯麟科、陶然：《中国县乡政府绩效考核的实证研究》，《世界经济文汇》2013 年第 1 期。

刘群：《从新型合作医疗试点成效初显看我国农村社会保障困境的突破》，《山东省青年管理干部学院学报：青年工作论坛》2005 年第 1 期。

刘伟：《难以产出的村落政治——对村民群体性活动的中观透视》，中国社会科学出版社 2009 年版。

刘燕舞：《作为乡村治理手段的低保》，《华中科技大学学报》（社会科学版）2008 年第 1 期。

卢梭：《社会契约论》，何兆武译，商务印书馆 2010 年版。

罗伯特·达尔：《多元主义民主的困境》，周军华译，吉林人民出版社 2006 年版。

罗素：《权力论》，商务印书馆 2012 年版。

《马克思恩格斯选集》第 1 卷，人民出版社 1972、1995 年版。

马克斯·韦伯：《经济与社会》（上下卷），商务印书馆 1997 年版。

孟德拉斯：《农民的终结》，李培林译，社会科学文献出版社 2010 年版。

穆也：《农村社会保障对改善民生的作用研究——基于沈阳市沈北新区尹家乡问卷调查》，《社会保障研究》2013年第5期。

彭大鹏：《让基层民主运转起来》，http://www.chinaelections.com/article/187/215216.html，访问时间：2014年7月7日。

秦晖：《农民中国：历史反思与现实选择》，河南人民出版社2003年版。

秦晖：《传统十论》，东方出版社2014年版。

渠敬东：《项目制：一种新的国家治理体制》，《中国社会科学》2012年第5期。

瞿同祖：《清代地方政府》，法律出版社2003年版。

饶静、叶敬忠：《税费改革背景下乡镇政权的"政权依附者"角色和行为分析》，载《中国农村观察》2007年第4期。

荣敬本：《从压力型体制向民主合作体制的转变：县乡两级政治体制改革》，中央编译出版社1998年版。

荣敬本等：《从压力型体制向民主合作体制的转变》，中央编译出版社1998年版。

杨雪冬：《压力型体制：一个概念的简明史》，《社会科学》2012年第11期。

萨托利：《政党与政党政治》，商务印书馆2006年版。

申欣旺、舒琳：《村民自治前传》，《中国新闻周刊》2010年第44期。

石传美：《试论现行农村土地制度的弊端及变革路径——以贵州省平塘为例》，《中共贵州省委党校学报》2009年第3期。

史晋川等：《民营经济与制度创新：台州现象研究》，浙江大学出版社2004年版。

史卫民、郑建君、李国强、涂锋：《中国公民政策参与研究——基于2011年全国问卷调查数据》，中国社会科学出版社2013年版。

史卫民：《政策主导型的渐进改革》，中国社会科学出版社2011年版。

苏力:《法治及其本土资源》,中国政法大学出版社 1996 年版。

孙立平:《"不稳定幻像"与维稳怪圈》,《人民论坛》2010 年第 19 期。

孙立平:《转型与断裂——改革开放以来中国社会结构的变迁》,清华大学出版社 2004 年版。

孙自强:《社会排斥视角下的农村社会保障新思考》,《内蒙古农业大学学报》(社会科学版)2012 年第 5 期。

唐斯:《民主的经济理论》,上海世纪出版集 2005 年版。

陶勇:《二元经济结构下的中国农民社会保障制度透视》,《财经研究》2002 年第 11 期。

托克维尔:《论美国的民主》(上、下卷),商务印书馆 1989 年版。

托马斯·雅诺斯基:《公民与文明社会:自由主义政体、传统政体和社会民主政体下的权利与义务框架》,辽宁教育出版社 2000 年版。

托马斯·H. 马歇尔:《公民身份与社会阶级》,刘训练、李丽红、宁睿英译;马德普、威尔·金里卡《中西政治文化论丛》(第 5 辑),天津人民出版社 2006 年版。

万武义、车玉明、董峻:《陈锡文解读一号文件三大亮点 惠农政策惊天动地》,《法制日报》2010 年 2 月 1 日。

汪璐蒙:《我国农村残疾人社会保障问题研究》,《商丘师范学院学报》2014 年第 2 期。

汪小飞:《农村社区建设亟待解决和纠正的几个问题》,http://hanzhong.mca.gov.cn/article/jcxx/201211/20121100381656.shtml,访问时间:2014 年 7 月 10 日。

汪洋、范文鹏:《民生型政府视阈下农村养老社会保障体系的构建》,《江苏大学学报》(社会科学版)2014 年第 2 期。

王敬尧:《基层治理中的政府公共服务能力分析——以中部 Y 区为例》,《社会主义研究》2009 年第 4 期。

王珂瑾:《从缺位到归位:农村社会保障中的政府责任》,《兰州学刊》2013 年第 10 期。

王玲：《民主抑或治理：村民自治的价值刍议》，《中国特色社会主义研究》2010 年第 6 期。

王牧、张凌、赵国玲：《中国有组织犯罪实证研究》，中国检察出版社 2011 年版。

温铁军：《"三农"问题与制度变迁》，中国经济出版社 2009 年版。

温铁军：《为何我国不能实行农村土地私有化》，《红旗文稿》2010 年 9 月 8 日。

吴敬琏：《呼唤法治的市场经济》，生活·读书·新知三联书店 2007 年版。

吴敬琏：《当前中国面临的最严重危险是权贵资本主义》，《领导文萃》2012 年第 7 期。

吴理财等：《城镇化时代城乡基层治理体系重建——温州模式及其意义》，《华中师范大学学报》2012 年第 6 期。

项继权：《乡村关系行政化的根源于调解对策》，《北京行政学院学报》2002 年第 4 期。

萧功秦：《后全能体制与 21 世纪中国的政治发展》，《战略与管理》2000 年第 6 期。

谢妮霞、唐绍红、郭大林：《乡村治理视阈下农村社会保障的多元供给》，《云南农业大学学报》2011 年第 2 期。

徐大同：《西方政治思想史：70 年代以来》，天津人民出版社 2001 年版。

贺雪峰：《乡村治理的社会基础》，中国社会科学出版社 2003 年版。

徐勇：《现代国家的建构与村民自治的成长——对中国村民自治发生与发展的一种阐释》，《学习与探索》2006 年第 6 期。

徐勇：《乡村治理结构改革的走向——强村、精乡、简县》，《战略与管理》2003 年第 4 期。

徐勇：《找回自治：探索村民自治的 3.0 版》，《社会科学报》2014 年 6 月 17 日。

徐勇：《中国农村村民自治》，华中师范大学出版社 1997 年版。

许远旺、陆继锋：《现代国家建构与中国乡村治理结构变迁》，《中国农村观察》2006 年第 5 期。

亚当·斯密：《国富论》，唐日松译，华夏出版社 2005 年版。

亚里士多德：《政治学》，吴寿彭译，商务印书馆 1965 年版。

严励：《中国东南沿海地区有组织犯罪实证研究》，中国法制出版社 2012 年版。

阎云翔：《私人生活的变革：一个中国村庄里的爱情、家庭与亲密关系（1949—1999）》，上海书店出版社 2006 年版。

阎云翔：《中国社会的个体化》，上海译文出版社 2012 年版。

杨翠迎、黄祖辉：《建立和完善我国农村社会保障体系——基于城乡统筹考虑的一个思路》，《西北农林科技大学学报》2007 年第 1 期。

杨光斌：《政治学导论》，中国人民大学出版社 2007 年版。

杨华：《农村基督教的南北差异》，载共识网，2014 年 7 月 6 日（http：//www.21ccom.net/articles/zgyj/dfzl/article_20140706108933.html）。

杨雪冬：《压力型体制：一个概念的简明史》，《社会科学》2012 年第 11 期。

杨轶华、王璐航：《不同年龄段精神残疾人社会保障需求研究——基于东北农村残疾人的调查与思考》，《黑龙江社会科学》2014 年第 1 期。

姚锐敏：《走出"两委"关系困境的关键：村级党组织领导法治化探析》，《社会科学研究》2007 年第 4 期。

应星：《"气"与抗争政治——当代中国乡村社会稳定问题研究》，社会科学文献出版社 2011 年版。

于建嵘：《当前我国群体性事件的主要类型及其基本特征》，《中国政法大学学报》2009 年第 6 期。

于建嵘：《社会冲突与刚性稳定》，《战略与管理》2009 年第 3/4 期。

于建嵘：《中国信访制度的困境和出路》，《战略与管理》2009 年第 1/2 期。

于建嵘：《压力维稳的政治学分析——中国社会刚性稳定的运行机制》，《战略与管理》2010 年第 7/8 期。

于建嵘：《当前压力维稳的困境与出路——再论中国社会的刚性稳定》，《探索与争鸣》2012 年第 9 期。

于建嵘：《村民自治的价值和困境——兼论〈中华人民共和国村民委员会组织法〉的修改》，《学习与探索》2010 年第 4 期。

于建嵘：《岳村政治：转型期中国乡村政治结构的变迁》，商务印书馆 2001 年版。

袁达毅：《村民自治的现在》，http：//www.chinaelections.com/article/625/92565.html，访问时间：2014 年 7 月 11 日。

袁绍志：《村党支部与村委会关系的背后》，http：//www.chinaelections.com/article/188/91971.html，访问时间：2014 年 8 月 1 日。

张成福、党秀云：《公共管理学》，中国人民大学出版社 2007 年版。

张静：《基层政权：乡村制度诸问题》，上海世纪出版集团 2007 年版。

张静：《基层政权：乡村制度诸问题》，浙江人民出版社 2000 年版。

张新光：《中国农村基层民主治理的拓展性创新与实践检讨》，http：//www.chinaelections.com/article/187/196400.html，访问时间：2014 年 7 月 8 日。

章奇、刘明兴：《民营经济发展地区差距的政治经济学分析：来自浙江省的证据》，《世界经济》2012 年第 7 期。

赵树凯：《乡镇治理与政府制度化》，商务印书馆 2010 年版。

赵树凯:《村庄治理新课题》,《中国改革》2012年第10期。

赵树凯:《乡镇治理与政府制度化》,商务印书馆2010年版。

折晓叶、陈婴婴:《项目制的分级运作机制和治理逻辑——对"项目进村"案例的社会学分析》,《中国社会科学》2011年第4期。

中共中央国务院印发《关于全面深化农村改革加快推进农业现代化的若干意见》,《人民日报》2014年1月20日。

中国社会科学院"社会形势分析与预测"课题组,陆学艺、李培林、陈光金:《迈向全面建成小康社会的新阶段——2012—2013年中国社会形势分析与预测》,《社会蓝皮书:2013年中国社会形势分析与预测》,社会科学文献出版社2013年版。

钟涨宝、狄金华:《农村土地流转与农村社会保障体系的完善》,《江苏社会科学》2008年第1期。

周飞舟:《乡镇政府"空壳化"与政权"悬浮"》,《中国改革》2007年第4期。

周林刚:《残疾人社会保障体系与公共服务体系建设研究》,《中国人口科学》2011年第2期。

朱冬亮:《土地调整:农村社会保障与农村社会控制》,《中国农村观察》2002年第3期。

邹谠:《二十世纪中国政治——从宏观历史与微观层面看》,香港:牛津大学出版社1994年版。

Acemoglu, Daron, and James Robinson. *Why Nations Fail: The Origins of Power, Prosperity, and Poverty*, Crown Publishing Group, 2012.

Blanchard, Olivier, and Andrei Shleifer. "Federalism with and without political centralization: China versus Russia." *National bureau of economic research*, 2000.

Jean C. Oi, *State and Peasant in Contemporary China—The Political Economy of Village Government*. Berkeley. Los Angeles. Oxford: University of California Press, 1989.

Landry, Pierre F. *Decentralized Authoritarianism in China: The Communist Party's Control of Local Elites in the Post - Mao Era*. Cambridge University Press, 2008.

Lee, Ching Kwan, and Yonghong Zhang. "The Power of Instability: Unraveling the Microfoundations of Bargained Authoritarianism in China." *American Journal of Sociology*, 2013.

Lianjiang Li, Mingxing Liu, and Kevin J. O'Brien. "Petitioning Beijing: The High Tide of 2003—2006." *The China Quarterly*, 2012.

Lianjiang Li. "Political Trust and Petitioning in the Chinese Countryside." *Comparative Politics*, 2008.

Michael Mann, *The Sources of Social Power*, Vol. II: The Rise of Classes and Nation - States, New York: Cambridge UP, 1986.

North, Douglass C., and Robert P. Thomas. *The Rise of the Western World: A New Economic History*, Cambridge University Press, 1973.

O'Brien, K. J., and L. Li. *Rightful Resistance in Rural China*, Cambridge University Press, 2006.

Olson, Mancur. *Power and Prosperity: Outgrowing Communist and Capitalist Dictatorships*, Basic Books, 2000.

Polanyi, Karl. *The Great Transformation: The Political and Economic Origins of Our Time*, Beacon Press, 2001.

Pun, Ngai. *Made in China: Women Factory Workers in a Global Workplace*. Durham: Duke University Press, 2005.

Shue, Vivienne. 1988. *The Reach of the State: Sketches of the Chinese Body Politic*. Stanford, CA: Stanford University Press.

Tsai, Lily L. "Solidary groups, informal accountability, and local public goods provision in rural China." *American Political Science Review*, 2007.

Walder, Andrew G. *Communist Neo - Traditionalism: Work and Authority in Chinese Industry*. Berkeley, CA: University of California Press,

1986.

Whiting, Susan H. *Power and Wealth in Rural China*: The *Political Economy of Institutional Change. Cambridge*: Cambridge Universtiy Press, 2000.

附　录

农村地区社会经济发展情况调查问卷

先生/女士：您好！

为了解我国农村地区社会经济发展的基本现状，中国社会科学研究院"地方政府治理与社会治理现代化研究"创新项目组邀请您参与我们的调查。请您以自填的方式回答下列问题，并将您认同的答案序号填入预留的括号中。本次调研结果仅用于科学研究，绝不会以个案形式对外公布，对于您的回答我们将严格保密。感谢您的大力支持！

第一部分

◆性别[　　]①男　　　　　②女

◆民族[　　]①汉族　　　　②少数民族

◆年龄[　　]（周岁）

◆教育水平[　　]
①初中及以下　　　　②高中（含高职、高专）
③大专及本科　　　　④研究生

◆政治面貌[　　]
①中共党员　　　　　②共青团员

③群众或其他

◆您家里目前一共有[　　　]口人

◆您家里一共分到了　　　亩耕地、　　　亩林地、　　　亩宅基地

◆您个人的月均收入[　　　]

①500 元以下　　　　　　　　②501—1000 元

③1001—1500 元　　　　　　④1500 元以上

◆您家里的年纯收入能达到[　　　]

①5000 元以下　　　　　　　②5000－1 万元

③1 万—1.5 万元　　　　　　④1.5 万—2 万元

⑤2 万元以上

◆您在村里或乡镇是否担任过或正在担任干部[　　　]

①是　　　　　　　　　　　　②否

◆您家里是否有人在外打工[　　　]

①有　　　　　　　　　　　　②没有

第二部分

1. 您家的消费开支项目中，哪些内容占据了较大的比例（可选择3项）第一[　　　]第二[　　　]第三[　　　]

①吃饭　　　　　　　　　　　②医疗保健

③交通、通信　　　　　　　　④穿衣

⑤住房　　　　　　　　　　　⑥家用设施购买

⑦教育文体娱乐等内容　　　　⑧杂项商品支出

2. 您家主要收入来源是[　　　]

①种田　　　　　　　　　　　②外出打工

③出租田地　　　　　　　　　④做生意

3. 您家的收入中有多少是靠种田所得[　　　]

①30%以内　　　　　　　　　②30%—50%

③50%—70%　　　　　　　　④70%—100%

4. 您家的田地是否曾经转让给其他人耕种 [　　]

①从来没有　　　　　　　②偶尔

③长期转让

5. 您是否愿意流转耕地 [　　]

①是　　　　　　　　　　②否

6. 如果您愿意流转耕地，您主要是出于以下哪方面的考虑 [　　]

①增加经济收益

②家中劳动力外出务工，土地闲置

③别人都转让，所以我也这样做

7. 您觉得以下何种土地流转方式比较好 [　　]

①出租　　　　　　　　　②入股

③互换　　　　　　　　　④转让

⑤转包

8. 您认为以下哪些因素影响农户参与流转耕地的积极性 [　　]

①风俗和传统观念　　　　②家庭年纯收入

③流转收益　　　　　　　④田地的位置

⑤非农收入水平　　　　　⑥户主受教育水平

⑦国家政策

9. 您认为目前宅基地的政策和分配情况是 [　　]

①非常不合理　　　　　　②不太合理

③一般　　　　　　　　　④比较合理

⑤非常合理

10. 目前在农村社会保障的各项内容中，您认为对自己最重要的是（可选择3项并根据其重要性排序）第一 [　　] 第二 [　　] 第三 [　　]

①养老保障　　　　　　　②社会救助

③就业保障　　　　　　　④医疗保障

⑤文化科技服务　　　⑥社会福利保障
⑦社会优抚　　　　　⑧生育保障
⑨教育体育服务　　　⑩住房保障

11. 对于新农合所提供的各项保障服务中，您认为还应该在哪些方面有所改善与提高（可选择3项并根据其重要性排序）第一[　　]第二[　　]第三[　　]

①个人缴纳费用的标准　　②用药报销的范围
③看病报销的比例　　　　④当地看病报销的便捷性
⑤异地看病报销的便捷性　⑥政府补贴参保的比例

12. 对于新农保所提供的各项保障服务中，您认为还应该在哪些方面有所改善与提高（可选择2项并根据其重要性排序）第一[　　]第二[　　]

①集体补助和政府补贴的标准
②养老金的数额
③缴费的最低年限
④简化参保的程序

13. 目前，在小孩子受教育方面，您认为哪些问题比较突出（可选择2项并根据其重要性排序）第一[　　]第二[　　]

①学校离家太远
②教室、桌椅和教学设备等设施跟不上
③老师水平不行
④各方面都不如城里的学校
⑤学校食堂伙食差
⑥住宿条件差

14. 您生活的地方在救济金发放人员和低保户人员确定等方面，您认为其程序和结果[　　]

①非常不公平　　　　②不太公平
③比较公平

15. 对您而言，希望政府能够在哪些方面提供更多更好的公共

服务（可选择 3 项并根据自己的需求程度排序）第一 [　　] 第二 [　　] 第三 [　　]

①医疗卫生　　　　　　②农业科技

③就业培训　　　　　　④优生优育

⑤文体娱乐　　　　　　⑥义务教育

⑦老年帮扶　　　　　　⑧扶贫助残

16. 目前在基层所开展的各项社会保障内容中，您最满意的是（可选择 3 项并根据其重要性排序）第一 [　　] 第二 [　　] 第三 [　　]

①养老保障　　　　　　②社会救助

③就业保障　　　　　　④医疗保障

⑤文化科技服务　　　　⑥社会福利保障

⑦社会优抚　　　　　　⑧生育保障

⑨教育体育服务　　　　⑩住房保障

17. 就下列人群而言，您认为应该给哪些人提供更多的社会保障服务 [　　]

①特困户　　　　　　　②空巢老人

③残疾人　　　　　　　④低保户

⑤留守儿童

18. 您看病会去村卫生室、乡镇卫生院吗？[　　]

①基本不去　　　　　　②小病会去

③肯定会去

19. 就目前农村社会保障的总体情况而言，您感觉 [　　]

①非常不满意　　　　　②不太满意

③一般　　　　　　　　④挺满意

⑤非常满意

20. 乡镇政府对你村的工作是 [　　]

①直接领导　　　　　　②指导帮助

③不过问

21. 您有没有直接向乡镇政府或驻村干部反映过村里的问题，是否得到有效解决[　]

①有，已得到解决　　　　②有，未得到解决

③无

22. 您认为农村发展应主要依靠[　]

①乡镇干部　　　　　　　②村干部

③村里有钱人　　　　　　④村里有威望的人

⑤有能力的人

23. 您认为乡镇驻村干部对你村的工作有无帮助[　]

①有　　　　　　　　　　②没有

24. 您对村"两委"的信任度如何[　]

①信任　　　　　　　　　②基本信任

③完全不信任

25. 您认为什么样的人能当选村干部[　]

①致富能手　　　　　　　②有威望的人

③有知识或有技术的人　　④在外有靠山的人

⑤善于交际的人　　　　　⑥做事公正的人

26. 您认为村干部治理村庄时主要依靠[　]

①乡镇政府　　　　　　　②家族势力

③村民代表或全体村民　　④"两委"班子成员

⑤其他能人

27. 您认为乡镇政府在你村抓的工作实际效果如何[　]

①有成效　　　　　　　　②没成效

28. 您关心村里的主要问题是（可选择3项）第一[　]第二[　]第三[　]

①集体土地承包、流转

②宅基地转让和农民"上楼"

③发展农业生产

④农民的基本社会保障

⑤农村基本设施建设和环境改造

⑥农村科技、文化发展

29. 您是否参加了上一届的村民委员会选举 [　　]

①参加了　　　　　　　②没参加

30. 你所在的村民委员会对于涉及村民利益的重大事项 [　　]

①每年公布一次　　　　②每季度公开一次

③每月公布　　　　　　④随时公布

⑤从不公开

31. 您所在村的村民委员会对村务的公开情况 [　　]

①没有公布　　　　　　②召开村民会议公布

③用村务公开栏公布　　④用大喇叭广播公布

⑤用其他方式公布

32. 请您为您所在村村民委员会工作的满意度打分（在相应的数字上打"√"）

	非常不满意	比较不满意	不确定	比较满意	非常满意
①发展经济	1	2	3	4	5
②土地管理	1	2	3	4	5
③提供公共服务，改善生活环境	1	2	3	4	5
④落实党和政府的各种惠农政策	1	2	3	4	5
⑤村务公开和民主管理	1	2	3	4	5

33. 村里的重大事项一般是怎样决定的 [　　]

①村民会议决定　　　　②户代表会议决定

③村民代表会决定　　　④小组长会议决定

⑤村干部自己决定

34. 如果您对村民委员会有意见，您可能采用什么方式表达自己的意见（可选择 2 项）第一 [　　] 第二 [　　]

①联合村民罢免他们　　　　②在互联网上发表意见
③向政府有关部门反映　　　④向媒体反映
⑤找村干部反映　　　　　　⑥村里开会时发言提意见

35. 您的宗教信仰是[　　　]
①佛教　　　　　　　　　　②道教
③伊斯兰教　　　　　　　　④基督教
⑤天主教　　　　　　　　　⑥其他宗教
⑦不信教

36. 您认为推进村民自治，应该主要解决哪些问题（可选择3项并根据其重要性排序）第一[　　]第二[　　]第三[　　]
①村支部与村委会之间的关系
②乡镇政府与村级组织的关系
③村民大会和村民代表会议的作用
④村干部的工作作风和腐败问题
⑤村务公开不真实
⑥村务监督机构的作用
⑦黑恶势力干扰村民自治
⑧村民对村民自治关心不够

37. 您是否有亲戚（在相应的数字上打"√"）

参过军	①是	②否
上过大学	①是	②否
在乡镇或县里当干部	①是	②否
在乡镇或县里当中小学教师	①是	②否
在外地打工	①是	②否
当过村干部	①是	②否

38. 关于您的家族或宗族（在相应的数字上打"√"）

有族谱	①是	②否
按族谱给孩子取名	①是	②否
逢年过节和同族的人一起祭拜祖先	①是	②否

有家族或宗族祠堂　　　　　　①是　　　　　　　　②否

39. 您觉得一个人社会地位的高低主要是什么因素决定的[　　]

①家族人口多　　　　　　　②是否有钱

③是干部还是群众　　　　　④教育程度的高低

⑤个人素质

40. 您觉得现在农村的社会秩序[　　]

①非常好　　　　　　　　　②还不错

③一般　　　　　　　　　　④不太好

⑤非常差

41. 现在青壮年劳力外出打工容易造成哪些问题[　　]

①农活没人干　　　　　　　②老人没人照看

③孩子容易出问题　　　　　④村里流氓横行霸道

⑤村里公共事务没人管　　　⑥红白喜事缺人手

42. 您认为引发农村社会矛盾或纠纷的主要原因是（可选择3项）第一[　　]第二[　　]第三[　　]

①邻里纠纷　　　　　　　　②家庭矛盾

③老人赡养问题　　　　　　④干部不正之风

⑤拆迁或征地　　　　　　　⑥家族或宗族矛盾

⑦低保名额分配　　　　　　⑧选举村干部

⑨医疗事故　　　　　　　　⑩宅基地问题

43. 现在有不少人去上访，您觉得他们的诉求是否有道理[　　]

①很有道理　　　　　　　　②有一定道理

③说不准　　　　　　　　　④没有太多道理

⑤无理取闹

44. 最近几年村里是否发生过群体性事件[　　]

①是　　　　　　　　　　　②否

**45. 您认为本村最有群众威信的人是（可选择3项并根据其重

要性排序）第一[　　　]第二[　　　]第三[　　　]
　　①村党支部书记　　　　②村民委员会主任
　　③家族里的长者　　　　④老干部、老党员
　　⑤有钱人　　　　　　　⑥医生
　　⑦教师　　　　　　　　⑧大学生村官
　　⑨宗教人士

46.村里党员的觉悟比一般群众高吗？[　　　]
　　①非常不同意　　　　　②不太同意
　　③一般　　　　　　　　④比较同意
　　⑤非常同意

47.您认为村里有群众威信的人应该具备什么样的素质（可选择2项并根据其重要性排序）第一[　　　]第二[　　　]
　　①有能力　　　　　　　②家族势力大
　　③人缘好　　　　　　　④文化素质高
　　⑤办事公道　　　　　　⑥社会关系广

48.您最关心哪些村务（可选择3项并根据其重要性排序）第一[　　　]第二[　　　]第三[　　　]
　　①误工补贴　　　　　　②集体经济
　　③公益事业　　　　　　④土地承包
　　⑤选举　　　　　　　　⑥宅基地
　　⑦征地补偿费　　　　　⑧低保
　　⑨计划生育　　　　　　⑩财务收支情况
　　⑪上级下拨资金

49.如果您和别人发生了矛盾，您会找谁帮忙解决（可选择3项并根据其可能性排序）第一[　　　]第二[　　　]第三[　　　]
　　①村党支部书记　　　　②村民委员会主任
　　③家族里的长者　　　　④老干部、老党员
　　⑤有声望的能人　　　　⑥医生、教师
　　⑦宗教人士

50. 您怎么看待村里的清洁工程？[　　]

①没有听说过

②听说过，但是不太了解

③走过场，做形式，瞎折腾

④尽管有走过场的成分，但还是带来了可喜的变化

⑤实实在在的惠民政策

51. 您怎么看待村里的新农村建设？[　　]

①没有听说过

②听说过，但是不太了解

③走过场，做形式，瞎折腾

④尽管有走过场的成分，但还是带来了可喜的变化

⑤实实在在的惠民政策

52. 您村里近几年的环境卫生？[　　]

①有很大改善　　　　　　②有点改善

③没什么变化　　　　　　④有点恶化

⑤有很大恶化

53. 您是如何处理家里的生活垃圾的？[　　]

①随意乱倒　　　　　　②交给村里上门收集的保洁人员

③倒在村内指定的地点

问卷已完成，请您检查问卷题目是否存在漏答、误答情况，对您的配合再次表示感谢！